KB236316

당신이
알아야 할
일본 가수들

발행일 2016년 10월 15일

지은이 / 황선업

편집 / 유경아

디자인 / 이주원

영업 / 현석호

관리 / 남영애

발행인 / 최우진

발행처 / (주)스코어

등록 / 2012년 6월 7일 제313-2012-196호

ISBN 979-11-5780-067-4 13670

주소 / 서울시 마포구 동교로 13길 34(04003)

전화 / 02)333-3705

팩스 / 02)333-3748

www.allmu.co.kr

www.openhousebooks.com

제이팝 *j-pop*
아티스트 대백과

당신이
알아야 할
일본 가수들

이 책이 가장 필요한 사람은 나였다. 뮤지션들의 이야기를 통해 일본 대중음악의 맥락을 알아보고 싶지만, 개론서는 있되 개개인을 상세하게 다룬 서적을 찾기가 어려웠다. 그렇다고 처음부터 직접 쓰겠다 결심한 것은 아니었다. 일천한 경력이었을 뿐더러 자신도 없었다. 쓰더라도 훨씬 더 나중 일일 것이라 생각했지만 그래도 주위에서 용기를 북돋워 준 덕분에 작업을 시작할 수 있었다. 그런데 진행을 하다 정신을 차려보니 분량은 어느덧 기획했던 것의 두 배 가까이 불어나 있었다. 처음이니만큼 소박하게 시작하려 했던 초반의 마음가짐이 어떻게 보면 무모한 의욕으로 번져버린 셈이다.

기본적으로 이 책은 바이오그래피의 성격을 띄고 있다. 각 인물의 커리어를 객관적으로 다루되, 그들이 가지는 대중음악사적 의의에 사견을 덧붙여 집필했다. 정해진 분량 내에 각 뮤지션의 커리어를 정리하다 보니 의도치 않게 글 자체가 약간 딱딱해져 버린 감이 있다. 그래도 '일본 대중음악사 시각에서' 중요한 아티스트들을 다루는 서적이 없었다는 점을 들어 본문의 지루함에 대한 양해를 구하고자 한다. 이제 막 제이팝(J-Pop)에 관심을 가지게 되었지만 어디에서 정보를 얻어야 할지 몰라 난감했다면, 이 책을 통해 반드시 거쳐야 할 '뷰 포인트' 정도는 체크할 수 있으리라 생각한다.

이 책을 통해 전달하고 싶은 바는 확실하다. 일본음악은 많은 편견을 받아온 콘텐츠 중 하나다. 이는 오랜 시간동안 일본 국민이 보편적으로 누려온 음악보다는 비주얼계나 시부야계 및 애니송 등 일부 마니아에 국한된 서브컬처가 먼저 소개된 탓이 크다고 생각한다. 물론 수많은 소수문화를 통해 풍성한 마켓을 구축하는 일본음악시장의 다양성은 분명한 장점 중 하나이며, 수요부족을 근거로 정식유통을 허하기 어려운 현지 사정도 무시할 수는 없는 일이다. 그렇지만 나무를 떠받치는 몸통에 대한 이해가 없이, 몇 개의 잔가지로 인해 비호감으로 판명되는 작금의 상황이 안타까웠다.

제이팝도 크게 보면 '외국의 음악'이라는 점에서 팝을 대하듯 일본음악을 바라보았으면 하는 우선적인 소망이 이 책에 담겨 있다. 이를 위해 일부가 아닌 '일본 국민 모두가 인정하는 음악과 아티스트'를 소개해 진짜 일본음악의 매력을 느낄 수 있게 본문을 구성했음을 일러둔다. 물론 정해진 분량상 부득이하게 누락된 이들도 많다. 그래도 고개를 끄덕일만한 이들로 그 명단을 꾸렸으니, 1960년대 이후 일본대중음악의 흐름을 파악하기엔 부족하지 않은 면면이라 생각한다.

더불어, 중간중간 덧붙인 주석은 가볍게 읽을 수 있는 관련 정보로 꾸렸으며, 그냥 넘어가더라도 본문을 읽는 데는 지장이 없을 것이다. 여기에 길잡이로서 각 아티스트의 추천앨범을 하나씩 덧붙였다. 단. 대다수가 한국에 정식발매되지 않은 작품이라는 점을 알아두었으면 한다.

이제껏 많은 이가 가져왔던 일본음악에 대한 오해가 이 책을 통해 조금이나마 풀리기를 기원해 본다. 단언컨대 일본은 대중음악 강국이다. 피지컬 음반시장은 미국을 능가하고 있는 실정이며, 셀 수도 없는 다양한 장르가 고르게 사랑받고 수많은 공연과 페스티벌이 상시 만원사례를 이루는 곳이다. 이처럼 제이팝이 가지는 매력도 가요나 팝만큼이나 만만치 않음을 조금이나마 많은 사람이 알아주었으면 좋겠다. 일본음악은, 우리가 생각해왔던 것보다 훨씬 더 매력있는 콘텐츠임이 분명하기 때문이다.

먼저 사랑하는 우리 가족, 항상 격려를 아끼지 않으시는 임진모 선생님과 이제는 떼어놓을 수 없는 정말 소중한 인연들이 되어버린 웹진 〈IZM〉 멤버들, 어려운 여건인데도 출판 결정을 내려주신 스코어의 최우진 대표님, 짧다면 짧은 시간 동안 내 삶의 많은 것을 바꾸어 놓은 이사단. 덧붙여 한없이 부족한 이 책을 읽고 계신 독자들께도 고마움을 전한다. 글을 쓰는 일은 분명 어렵지만 그 끝은 측정하기조차 어려운 보람에 도달한다는 사실을 이번 기회를 통해 확실히 알게 되었다. 그 즐거움이 읽으시는 분들에게도 전달되기를, 마음 속 깊이 소망한다.

2016년 10월
다사다난한 한 해의 중간점에서 황선업

가깝지만 먼 나라 일본이라는 인식은 일본음악에도 고스란히 적용된다. 1980년대에 일본의 대중문화 유입이 불허된 상황을 악용해 표절이 공공연했음에도 일본의 것에 대해서는 막연한 반감을 가지는 그 이중성에 당시 음악관계자들은 분통을 터뜨리기도 했다. 구미의 대중문화가 아직은 글로벌 시장을 석권하고 있지만 인구와 잠재력에서 곧 아시아가 세계 문화콘텐츠 시장을 주도할 것임은 분명한 사실이다. 이는 우리 입장에서 동행해야 할 일본 대중문화에 대한 개념과 심리적 거리감을 새로이 정립해야 한다는 것을 시사한다.

솔직히 사석에서 술자리에서 일본 음악이나 가수에 대해 장광설을 펴는 사람은 적지 않다. 전문가가 꽤 있는 것 같지만 그럴듯한 일본 대중음악 관련 서적은 아직 접한 적이 없다. 그런 점에서 젊은 평론가 황선업의 책은 너무나 반갑다. 아시아비전을 위해서, 아니 일본 대중음악이 갖는 한국과의 쌍방향 관계를 전제하더라도 노고가 빛나는 그의 정리는 우리가 챙겨야 할 기본과 상식을 새삼 일깨워준다.

게다가 일반적으로 일본음악을 듣는다고 하면, X재팬 같은 비주얼 계나, 아니면 애니 송이나 아이돌 뮤직, 조금 더 나아가 시부야계 정도에 멈추어 있는 우리의 일반인식을 깨고 실은 그 이상의 보편성을 지닌 일본 음악과 뮤지션들이 켜켜이 쌓여 있음을 대놓고 알려준다. 그런 고정관념을 깨는 것이야말로 일본 음악가 사전이라 할 이 책의 진정한 수확이다. 저자의 폭넓은 집대성에 놀라고, 결코 간단치 않았을 노력에 감사를 드린다. 오랜만에 회심작이자 역작을 본다.

음악평론가

임진모

당신이
알아야 할
일본 가수들

일 러 두 기

◆ 음반, 음반사, 팬클럽, 투어 타이틀, 잡지, 영화는 《 》를 사용했고, 단일 곡이나 신문사, 게임소프트, 방송 프로덕션의 경우 〈 〉를 사용했다.

◆ 음반 제목과 곡 제목은 모두 한국어 해석을 나란히 적었다. 카타카나로 적은 일본어 원문은 영어로 적었다. 이때 조사는 부드럽게 읽을 수 있도록 한국어 해석에 맞춰 적었다. 이를테면 〈花(꽃)〉은 조사를 일본어 발음 '하나'에 맞추지 않고 '꽃'에 맞췄다.

◆ 아티스트나 앨범 또는 곡 제목 표기에 무척 엄격한 일본 관례에 따라 되도록 일본내 표기를 따르려고 노력했다.

미소라 히바리 美空ひばり 1937~1989

시대를 짊어졌던
불세출의 가희

《オリジナルベスト50〜悲しき口笛, 川の流れのように》
(Original Best 50〜슬픈 휘파람, 강물이 흐르듯이)
1996

공식적으로 취입한 곡만 1000곡이 훌쩍 넘어가는
그의 명곡을 대부분 만나볼 수 있는 작품. 그 다양한
레퍼토리의 발자취를 일목요연하게 좇을 수 있을 것이다.

한 아티스트의 모습에서 지난 세월의 흔적이 묻어난다면, 그제야 역사적 의미를 가진 존재로 재탄생하게 되는 것이 아닐까 싶다. 전후 시대 일본 대중가요의 흐름과 실상을 일목요연하게 보고 싶다면, 미소라 히바리의 발자취를 따라가 볼 필요가 있다. 그만큼 이 우타히메(歌姬)는 재건 과정에 있던 일본인의 아픔을 보듬어준 상징적인 인물이다.

대부분 미소라 히바리 하면 엔카를 떠올리겠지만, 사실 그녀가 데뷔했던 1940년대는 아직 엔카의 개념조차 잡혀 있지 않을 때였다. 이제야 재즈에 기반한 스탠더드 곡들이 '유행가(流行歌)' 및 '가요곡(歌謠曲)'이라는 이름으로 전후(戰後) 일본 대중에게 퍼져가고 있었고, 그런 흐름에 맞춰 11세에 첫 레코드 데뷔곡으로 부르게 된 것이 바로 아사이 타카아키(浅井 擧曄) 작곡의 〈河童ブギウギ(캇파[1]부기우기)〉1949였다. 8비트 히트곡의 창시자인 작곡가 핫토리 료이치(服部 良一)가 촉발시킨 '부기우기 붐', 그 연장선에 있던 이 노래를 통해 남들에게는 없던 세련미를 독점하고 있었다. 이어 선보인 〈東京キッド(Tokyo Kid)〉1950까지, 도시 문화의 상징으로 군림하던 시절이었다.

이를 기점삼아, 폭넓은 표현력을 기반으로 여러 노선의 싱글들을 발표했다. 전후를 살아가는 젊은이들의 모습을 그려내는가 하면, 도시화로 인해 고향을 떠나야만 했던 상황을 대변하기도 했다.[2] 샹송이나 흑인 창법에 영향을 많이 받았던 에리 치에미(江利チエミ), 루이 암스트롱(Louis Armstrong)과 비슷한 창법을 구사했던 유키무라 이즈미(雪村いずみ) 등 영화 《ジャンケン娘(가위바위보 아가씨)》1955를 통해 '三人娘(산닌무스메-세 아가씨)'라고 불렀던 동료들도 대단했지만, 미소라 히바리만큼 서민

---

1 일본 민담에 자주 등장하는 상상속 동물.
2 전자의 예로 〈悲しき口笛(슬픈 휘파람)〉, 〈越後獅子の唄(에치고지시의 노래)〉를, 후자는 〈リンゴ追分(사과갈림길)〉를 들 수 있다.

의 마음에 다가간 이는 없었다. 될성부른 잎을 알아본 일본 음악계는 일찌감치 그녀의 존재감을 부각시키며 일렉트릭 기타와 로큰롤에 대항할 '시대의 가희' 탄생에 일조했다.

그런 의미에서 제7회 레코드 대상을 수상했던 〈柔(유)〉1964는 중요하다. 엔카를 최대 무기로 만들어 주고자 했던 마부치 겐조(馬淵 玄三)의 의지를 이어받아, 프로듀서 아메노모리 야스지(雨森 康次)가 작곡가 코가 마사오(古賀 政男)를 참여시켜 만든 이 곡은 이미 전성기를 지났다는 평가를 받던 그녀를 단숨에 국민가수로 만들었다. 다만 유행과는 한참 비켜난 엔카 장르가 대상을 수상하자 비틀즈에서 비롯된 로큰롤 및 일렉트릭 기타의 흐름을 잠재우기 위한 밀어주기에 불과하다는 반발도 많았다. 당시 일본 대중음악계가 서구음악에 대한 동경에 준하는 열등감 또한 가지고 있었음을 엿볼 수 있는 대목이다.[3]

베트남 전쟁으로 촉발된 사회정신은 포크라는 형식을 통해 분출되기 시작했으며, 카야마 유조(加山 雄三) 등의 뮤지션들은 에레키(エレキ-일렉트릭 기타의 일본식 약칭) 열풍으로 새로운

무리를 형성했다. 젊음은 기성세대와 거리를 두었고, 그 안에서도 여러 갈래로 나누어지기 시작했다. 이런 다양한 세대의 흐름을 통합하는 게 마치 그녀의 사명인 듯했다. 재빠르게 자국의 스탠더드를 실은 《この歌をひばりと共に(이 노래를 히바리와 함께)》1965와 냇 킹 콜(Nat King Cole) 등의 재즈 넘버를 부른 《ひばりジャズを歌う(히바리 재즈를 부르다)》1965를 발표했고, 서민의 애환을

---

3 열등감의 대표적인 예시로 들 만한 것이 바로 비틀즈의 부도칸 공연이었다. 당시 주최측인 요미우리신문(読売新聞)의 사주 쇼리키 마츠타로(正力 松太郎)가 일본 고유의 상징적 무대인 부도칸을 내주고 싶지 않다고 〈サンデー毎日(선데이 마이니치)〉에 공식적으로 발언한 바 있다.

그린 〈悲しい酒(슬픈 술)〉1966, 〈真赤な太陽(새빨간 태양)〉1967 등의 곡들을 통해 일본 국민의 현실과 정서를 대표하는 여가수로 거듭났다.

이런 성공의 뒤편엔 어머니 키미에(喜美枝)가 있었다. 어린 딸의 노래에서 가능성을 본 혈육의 본능은 적극적으로 꿈의 초행길을 열어주었다. 사재를 털어 설립한 '아오조라악단(青空楽団)'과 함께한 마을공연은 시작에 불과했을 뿐, 프로 데뷔를 거쳐 코가 마사오에 연이 닿기까지 노력을 아끼지 않았다. 배우 코바야시 아키라(小林 旭) 사이의 결혼 생활에 끊임없이 간섭하며 이혼의 빌미를 주기도 했지만, 그녀만큼 미소라 히바리에게 헌신한 이도 없다는 것은 분명한 사실이다.

그러던 중 제동이 걸렸다. 〈人生将棋(인생장기)〉1973의 작곡가이기도 했던 남동생 카토 테츠야(かとう 哲也)와 야쿠자 집단의 불온한 관계가 발각된 탓이었다. 이로 인해 10년 연속 마지막 무대를 장식해오던 《NHK 홍백가합전》 출연을 사퇴해야 했고, 한 동안 매스컴에 얼굴을 비추지 못했다. 머지 않아 어머니와 남동생이 차례로 세상을 뜬 후 슬픔을 이기지 못한 미소라 히바리는 과도한 흡연과 음주를 일삼으며 스스로 건강을 해쳤다. 아니나 다를까, 1985년에 고비가 왔다. 서서히 진행되던 요통에도 활동을 강행하던 그녀가 결국 대퇴골두괴사와 간경변을 동시에 앓게 된 것이다. 이후 병은 악화해 1988년 도쿄돔에서 개최 예정이던 《不死鳥コンサート(불사조 콘서트)》의 진행여부마저 불투명했다.

하지만 서서히 스러져 가는 대신 활활 타다 사라질 것을 각오한 듯 서른아홉 곡을 열창하며 그 날을 인생의 클라이맥스로 만들었다. 자신의 목숨을 깎아 만든 영혼의 힘으로 예의를 다한 미소라 히바리는 위태롭게 활동을 이어가다 1989년 6월 24일, 자신의 시대를 뒤로 한 채 간질성 폐렴으로 인한 호흡부전으로 삶을 마감하였다.

마지막 싱글 〈川の流れのように(강물이 흐르듯)〉1989[4]을 비롯해 그녀가 취입한 수많은 노래는 지금도 큰 힘을 주고 있으며, 그 업적을 인정해 후쿠시마현 이와키시에 기념비와 동상이 세워지기도 했다. 1989년 7월, 여성 최초 국민영예상 수상을 통해 공식적으로 그 공로를 인정받는 등, 그녀의 자태는 사후에도 헤아릴 수 없을 정도로 위대함을 뽐냈다. 이렇게 악몽같은 과거와 불투명한 미래 사이에서 희망적인 현재라는 역할에 충실했던 미소라 히바리, 그 빼어난 목소리는 지금까지도 일본의 상처를 보듬어주고 있다.

---

4 작사는 현재 에이케이비48(AKB48)의 총 프로듀서를 맡고 있는 아키모토 야스시(秋元康).

사 카 모 토 / 큐 / 坂本九 / 1941~1985

처음이자 마지막이었던
아시아권 빌보드
1위의 금자탑

《坂本九 メモリアルベスト》
(사카모토 큐 Memorial Best)
2002

앨범미학이 자리 잡기 전 아티스트라 그의 주요 곡들을 들을 수 있는
베스트앨범을 선택했다. 〈上を向いて歩こう(위를 향해 걷자)〉뿐만 아니라
빌보드 58위를 기록했던 싱글 〈China nights〉가 첫 수록된 앨범.

바야흐로 일본 로커빌리 싱어들이 엘비스 프레슬리(Elvis Presley)의 워너비를 자처하고 있던 1950년대, 그가 경험했던 영광까지 손에 넣은 '진짜 추종자'가 있었다. 아시아권에서 '빌보드 1위'를 거머쥔 최초이자 최후의 가수로 지금까지 찬란한 영광의 갈기를 휘날리는 전설, 바로 사카모토 큐다.

그가 등장했던 1960년대는 혼란의 시기였다. 빠른 회복을 통해 안정을 찾는 듯 보였지만 잠시 멈춘 시대의 간극을 메우는 과정에서 여러 갈등이 수면 위로 떠올랐다. 도시 위주의 산업화는 대규모 인구 이동과 가치관 변화를 야기했고, 미국에 지나치게 우호적이었던 안보조약[1]은 사회적 반발을 일으키며 내외부로 마찰을 일으켰다.

일본의 가요도 변화의 과도기에 있었다. 패전에 대한 콤플렉스와 문화에 대한 갈증은 재즈에 대한 수요를 촉발시키며 핫토리 료이치(服部 良一)라는 작곡가를 단숨에 정상급으로 끌어올렸다. 반대편에서는 전전(戰前)에 유행했던 단음계 멜로디의 처연함을 일본의 대표정서로 위치시킨 코가 마사오(古賀 政男)를 1등으로 쳤다. 이제 시대는 이들에게 융합의 길을 요구하기 시작했다. 그 중심에 있었던 음악가가 바로 재즈 피아니스트이자 작곡가인 나카무라 하치다이(中村 八代)였다.

'재즈는 고풍스러운 반면 가요는 천박하다'는 인식에 불복하듯, 그는 이 두 장르의 원만한 화해를 시도했다. 이 경향은 와다 히로시토 마히나스타즈(和田弘とマヒナスターズ)의 〈誰よりも君を愛す(누구보다도 그대를 사랑해)〉1959를 작곡한 요시다 마사시(吉田 正)가 원류였다고 볼 수 있다. 하지만 그 뿌리가 잘 언급되지 않는 것은 〈上を向いて歩こう(위를 향해 걷자)〉1961가 이뤄

---

1 기존 안보조약을 미일공동방위에 적합하게 개정하는 과정에서 '재일미군에 대한 공격에 대해서 자위대와 재일미군이 공동으로 방어 행동을 취함' 등의 조약이 전쟁에 대한 불안을 가중시켰고, 이를 강제로 강행체결시켰던 자민당의 태도와 맞물려 이를 반대하는 전국민적인 투쟁으로 전개되었다.

낸 성과가 워낙에 컸던 탓일 것이다.

노래를 부른 이에게 스포트라이트가 돌아가는 건 당연지사. 드리프터즈(ザ・ドリフターズ), 대니 이이다토 파라다이스 킹(ダニー飯田とパラダイス・キング)을 거쳐 솔로로 데뷔한 뒤 소속사 몰래 로커빌리 페스티벌이었던 《日劇 ウエスタン カーニバル(니치게키 웨스턴 카니발)》에 참여하기도 했던 사카모토 큐는 레코드사 이적 후 첫 싱글인 〈悲しき六十才(슬픈 60세)〉1960를 통해

처음 두각을 나타냈다. 그 후 작사 에이 로쿠스케(永 六輔)에 작곡 나카무라 하치다이, 노래 사카모토 큐로 이루어진 '6,8,9 트리오'[2]로 본격적인 활동을 이어나가기 시작했다.

〈上を向いて歩こう〉가 3개월 동안이나 1위를 독식한 뒤, 〈見上げてごらん夜の星を(올려다 본 밤의 별을)〉1963, 〈明日があるさ(내일이 있잖아)〉1963로 연달아 일본에서 승승장구를 이어나가던 중 심상치 않은 기류가 보이기 시작했다. 영국 《Pye Records》의 사장 루이스 벤자민(Louis Benjamin)이 계약 건으로 일본을 방문했을 때 〈上を向いて歩こう〉의 싱글을 받은 게 시작점이었다. 곡이 마음에 들었던 루이스 벤자민은 재즈 버전 재취입을 결정, 〈SUKIYAKI〉라는 제목으로 서양인을 공략했다. 리메이크를 위해 딕시랜드 재즈(Dixieland Jazz)의 트럼펫 주자 케니 볼(Kenny Ball)을 발탁했는데, 싱글 발매 후 입소문을 타고 영국 차트 10위까지 오르는 쾌거를 이루었다. 이 선풍을 접한 미국의 《Capitol Records》는 아예 오리지널 버전을 발매했다. 얼마 지나

---

2 에이 로쿠스케(永 六輔)의 로쿠(六), 나카무라 하치다이(中村 八代)의 하치(八), 사카모토 큐(坂本 九)의 큐(九).

지 않아 오직 리퀘스트의 힘만으로 1963년 마침내 빌보드의 정상을 밟고야 말았다. 기적도 이런 기적이 없었다.

트렌드도 성향도 다른 일본의 노래가 어떻게 영미권 청자들을 홀릴 수 있었을까. 잘 살펴보면, 당시 여타 히트곡들에 비해〈上を向いて歩こう〉는 지극히 서구지향적 노래였다. 각계에서 극찬을 받고도 단지 미국색이 강하다는 이유로 제3회 레코드 대상을 놓쳤을 정도였으니, 이 싱글 하나가 가져온 바람이 얼마나 새로웠는가를 짐작해 볼만하다. 로커빌리 창법에서 비롯된 유려한 가창과 곡 전체 선율에 맞게 써내려간 가사, 당시 대세였던 미즈하라 히로시(水原 弘)나 하시 유키오(橋 幸夫) 같은 중후하고 젠틀한 음색과 동떨어진 밝고 명랑한 목소리가 어우러진 이 명곡은 전전의 가요곡과 연계시켜 새로운 대중가요를 만들어내길 원했던 평론가 및 음악인들의 염원을 현실화 시켜준 노래였다.

이를 출발점으로 삼아 사카모토 큐는 무대와 버라이어티 방송, 영화를 오가며 국민가수 역할을 충실히 수행했다. 세계를 정복한 영웅의 전파송신은 그 자체만으로 좌절을 딛고 일어날 수 있는 의지를 담고 있었다. 이렇듯 무거워진 어깨 반대편에는 고통도 있었다. 이후 활동에 대한 중압감이었다. 빌보드 정상이라는 화려했던 과거는 현재 자신에게 큰 상실감을 안겨주기도 했다. 감당하기 벅찼던 영광의 '명과 암'이라고 해도 지나치지 않다.

그런 상황에서도 꿋꿋이 활동했던 사카모토 큐의 마지막은 믿을 수 없을 만큼 허무했다. 오사카로 이동하기 위해 탑승한 비행

기가 갑작스레 동력을 잃고 추락해 마흔 셋이라는 나이로 세상을 등지고 만 것이었다. 1985년 8월 12일, 일본 전역은 잇달아 그의 영면을 기리는 방송을 내보내 마지막을 함께 추억했다. 고도성장기 일본의 상징적 존재였던 그는 동경해 마지않던 엘비스 프레슬리처럼 짧고도 굵은 삶을 축복 속에 마감했다.

이후 수많은 아티스트가 〈上を向いて歩こう〉의 리메이크를 통해 곡에 영원한 생명을 불어넣고 있으며, 지금까지도 아시아권의 유일한 빌보드 넘버원으로 이름을 드높이고 있다. 국적 없는 가요의 시작, 이른바 '무국적 가요곡'은 그렇게 정립되며 일본 대중음악계 구축의 초석으로 자리매김했다. 오리지널리티로 가득했던 사카모토 큐의 생애. 그것은 과거에도 없었으며 앞으로도 나오기 힘든 내용으로 채워진 고전이자, 모두가 우러러보는 거목으로서 평생 뿌리 뻗어 있을 것이다.

Ø 멤버
타나베 쇼치(田邊 昭知, 드럼. 1938~)
카토 미츠루(加藤 充, 베이스. 1938~)
카마야츠 히로시(かまやつ ひろし, 기타, 보컬. 1939~)
오노 카츠오(大野 克夫, 오르간, 스틸 기타. 1939~)
이노우에 타카유키(井上 孝之, 기타, 보컬. 1941~)
사카이 마사아키(堺 正章, 보컬, 탬버린, 플루트. 1946~)
이노우에 쥰(井上 順, 보컬, 탬버린, 퍼커션. 1947~)

더 스파이더즈

ザ・スパイダース

비틀즈 열풍이 정착시킨
GS 신의 주인공

《The Spiders Album No. 3》

1967

〈夕陽が泣いている(석양이 울고 있어)〉, 〈チビのジュリー(꼬마쥴리)〉와
〈太陽の翼(태양의 날개)〉, 〈空の広場(하늘광장)〉 등의 히트곡이 담겨
있는 세 번째 정규작. 당시 GS가 어떤 경향의 음악이었는지
함축해 보여주는 한 장이다.

1966년 6월 30일, 일본은 어느 때보다도 강한 영국발 폭풍을 맞았다. 3회 공연에 배정된 3만석을 차지하기 위해 몰려든 지원자는 무려 23만명. 그들을 보기 위해 오전 세시부터 공항을 빼곡히 메우고 있던 팬들과 취재진, 부도칸 입성을 반대하는 동시에 일본음악 위기론까지 들먹이며 비아냥거리던 관계자들과 특별예산을 편성해 배치한 8천명이 넘는 경비병력까지, 'Fab Four' 비틀즈(The Beatles)의 일본 방문은 이처럼 어마어마한 뉴스들을 연일 쏟아내고 있었다.

엔카와 가요곡 사이에, 일본에서 벤처스(The Ventures), 애니멀스(The Animals) 등을 필두로 한 에레키 붐이 눈에 띄게 고조되던 때였다. 이미 1950년대 중반 엘비스 프레슬리의 로큰롤[1]이 유입되었고, 《ザ ヒット パレード(The Hit Parade)》[2] 등의 TV 프로그램이 영미 음악의 창구로 분했기에 가능한 일이었다. 이런 조건 속에서 지금까지도 유난히 비틀즈의 방문이 회자되는 이유는, 이것이 단순한 공연을 넘어 흐름을 뒤엎는 변화의 물길을 가져다주었기 때문이다.

그때까지 일본식 로커빌리의 핵은 '카피'와 '개인의 스타성'에 있었다. 비틀즈의 공연은 그 중심을 단숨에 '창작'과 '멤버간의 조화'로 옮겨놓았다. 브리티시와 머지 비트를 따르던 기존의 일본 음악 지망생들이 적극적으로 밴드를 결성해 자작곡을 써내려가면서 1967년부터 이른바 'GS시대'가 본격적으로 열리게 된다. 그 안에서 가장 주목할 만한 그룹이라고 한다면 바로 재키 요시카와토 블루 코메츠(ジャッキー吉川とブルー・コメッツ)와 함께 초창기 신의 바탕을 마련한 스파이더즈라고 할 수 있다.

영국 음악의 선풍에 크게 영향을 받은 타나베 쇼치(田邊 昭知)

---

1 당시 일본의 로큰롤은 로커빌리에 좀 더 치우쳐져 있었다. 장르적 기세를 등에 업고 히라오 마사, 미키 커티스, 야마시타 케이지로 등이 참여한 《日劇 ウエスタンカ ニバル(니치게키 웨스턴 카니발)》만 봐도, 제리 리 루이스(Jerry Lee Lewis)나 리틀 리처드(Little Richard) 같은 끈적끈적한 흑인 감성보다는 그것을 잘 포장한 백인 취향 로커빌리에 그 맥이 닿아있음을 알 수 있다.

와 무슈 카마야츠(ムッシュ かまやつ)를 주축으로 전성기 시절의 7인 멤버가 갖춰진 것은 1964년. 스파이더즈는 일본을 찾은 피터 앤 고든(Peter and Gordon)과 벤처스, 애니멀스, 비치 보이스(The Beach Boys)의 공연 오프닝에 서며 이름을 알리기 시작했다. 무슈 카마야츠의 오리지널 곡 〈フリフリ/モンキー・ダンス(팔랑팔랑/Monkey dance)〉1965가 뛰어난 음악 감각과 코믹한 퍼포먼스로 주목 받았던 것도 이 무렵. 그런데도 미디어는 엔카에 대한 구애를 멈추지 않았다. 당대 스타였던 하시 유키오(橋 幸夫)의 〈霧氷(무빙)〉1966이 제8회 레코드 대상을 차지한 것은 GS 신이 아직은 대중이나 평단 중 어느 쪽의 인정도 받지 못하는 상황임을 알려주는 결과였다.

그런데 그 상황이 슬슬 뒤집어지기 시작했다. 하마구치 쿠라노스케(浜口 庫之助)가 참여한 〈夕陽が泣いている/チビのジュリー(석양이 울고 있어/꼬마 줄리)〉1966가 120만장의 대히트를 기록했고, 이듬해 〈太陽の翼/空の広場(태양의 날개/하늘광장)〉1966과 〈風が泣いている/君にあげよう(바람이 울고 있어/너에게 줄게)〉1967 역시 좋은 성적을 거두며 GS의 전성기가 시작된 것이다. 반주와 보컬, 코러스의 안정된 삼각기둥, 무엇보다 리듬과 하모니를 강조하기 시작했다는 점이 현대 제이팝 형성에 큰 영향을 끼쳤다.

애석하게도 폭발력에서는 한 수 위의 존재가 있었다. 150만장이라는 대히트와 함께 제9회 레코드 대상을 거머쥔 재키 요시

---

2 재즈 뮤지션 와타나베 신(渡辺 晋)이 설립한 《와타나베 프로덕션》 제작의 음악 프로그램. 커버중심의 방송이었지만, 이것이 인기를 얻으며 음악과 미디어의 관계를 완전히 바꾸어놓음과 동시에 레코드 회사 없이 프로덕션만으로 음반을 제작할 수 있는 환경을 만들었다. 1959년 방영을 시작해 1970년에 종영.

카와토 블루 코메츠. 〈ブルー・シャトウ(Blue Chateau)〉1967다. 장발족과 같은 언더그라운드 문화를 GS의 악영향이라 생각했던 NHK 고위층에서 이들에 대한 방송금지명령을 내리던 상황이었기에 더욱 의미가 컸던 상이었다. 밴드 멤버들조차 갑작스러운 수상자 호명에 당황한 것 같았지만, 이내 마음을 추슬러 침착하게 내뱉은 한마디는 지금도 회자되는 유명한 문구이다. "레코드 대상을 받는 게 너무 빠르니까, 이걸로 끝나버릴지도 몰라." 실제로 1, 2년 뒤 GS는 급격히 내리막길을 걷게 된다.

스파이더즈 역시 1969년을 기점으로 후배 GS 그룹인 타이거즈(ザ・タイガース), 쟈가즈(ザ・ジャガーズ) 등에게 밀리며 서서히 메인스트림에서 자취를 감추게 된다. 그후 인기 멤버 사카이 마사아키(堺 正章)는 드라마에 출연했고 무슈 카마야츠와 이노우에 쥰(井上 順)은 솔로가수로 각자 길을 걸어갔다. 여기에 타나베 쇼치는 《田辺エージェンシー(타나베 에이전시)》 대표이사와 《長良プロダクション(나가라 프로덕션)》 이사, 《JASRAC(일본 음악 저작권 협회)》 이사 등 굵직굵직한 자리에 오르며 연예계의 큰 손으로 군림하게 된다. 또한 틈틈이 재결성도 이루어지고 예능 프로그램에 함께 출연하는 등, 아직도 친교를 유지하며 일본인에게 예전 추억을 선물해주는 가수이자 예능인으로 활약중이다.

여기서 GS의 짧은 수명에 대해 몇 가지 생각해볼 문제가 있다. GS는 지금 흔히 생각할 수 있는 '록밴드'의 개념과 달랐다.[3] 브리티시 넘버들의 커버에 치중한 나머지 창작곡은 기존 가요곡의 패턴을 벗어나지 못했던 탓이 컸다. 스파이더즈 역시 윌슨 피켓(Wilson Pickett)의 〈Land of 1000 Dances〉와 애니멀스의 〈House

---

3 국내에 비유하자면, '록'과 '창작'이 주였던 신중현의 애드훠(Add4)보다는 '팝'과 '외부 작곡가'를 핵심으로 두었던 키보이스(Key Boys)에 더 가깝다고 할 수 있다.

of the Rising Sun〉 커버곡과 〈夕陽が泣いている〉 같은 오리지널을 앨범 한 장에 함께 담았지만, 그 스타일은 엄연히 달랐다. 또한 스스로 곡을 만드는 밴드가 줄어들고 그 자리를 양산형 프로 작곡가가 대신했으며, 가사는 하시모토 쥰(橋本 淳)[4]이 전체 신의 70% 이상을 담당하면서 그 주체성이 퇴색해갔다. 청춘이 숭배해왔던 저항적 크리에이티브의 소멸. 뒤이어 오카바야시 노부야스(岡林 信康)나 요시다 타쿠로(吉田 拓郎) 같은 싱어송라이터가 나타나 GS의 바통을 이어 받은 건 어쩌면 당연한 일이었는지도 모르겠다.

짧은 활동 기간 동안 스파이더즈는 영욕의 세월을 보냈다. 잠시나마 십대와 이십대들의 이름 모를 감정의 분출구가 되어 주었으며, 후에 나타날 튤립(チューリップ)이나 오프코스(オフコース) 같은 뉴뮤직의 탄생 또한 이끌었다. 이처럼 눈 깜짝할 새에 폭발적인 에너지를 풀어놓고 사라진 그들, 지금도 일본음악의 곳곳에서 그 영향력을 과시하고 있다.

---

4 원래 작곡가이자 유명 TV 디렉터였던 스기야마 코이치(すぎやま こういち)의 운전수였다. 참고로 현재 스기야마 코이치는 게임 소프트인 〈드래곤 퀘스트〉 시리즈의 음악감독으로 더 유명하다.

요시다 타쿠로 吉田拓郎 1946~

포크의 새 길을 제시한
위대한 싱어송라이터

《元気です》
(건강합니다)
1972

포크가 저항의 음악에서 벗어나 대중에게 뿌리 내릴 수 있었던
계기를 마련할 수 있게 해준 작품. 요시다 타쿠로의 계속된
자기전복의 증거이기도 하다.

일본 음악계는 서양의 영향을 직접적으로 받으며 그 흐름의 궤를 같이 해왔다. 본격적으로 대중음악이 정착하던 1950~60년대의 미국을 재즈그룹의 흥망성쇠와 《日劇 ウエスタン カーニバル(니치게키 웨스턴 카니발)》의 대성공, 로커빌리의 호황 및 GS시대의 도래라는 흐름이 얼추 비슷하게 재현되었다고 해도 지나친 말은 아닐 터. 포크 역시 예외는 아니었다. 주목할 만한 것은 포크가 정착되는 과정의 상이함이었다. 이전까지 영미의 흐름을 일본화 시키는 데 한 신의 거대한 공동체적 움직임이 유효했다면, 이 사회적 송가의 맥락은 한 사람의 운신이 그 속성과 경향을 변화시키고 결정지었다. 청춘은 가요곡으로 대변될 수 없다는 젊은이들의 불만이 속출할 무렵, 그 대표자 역할을 일임하며 나타난 요시다 타쿠로. 그의 커리어는 짧게 말해 '안정의 거부, 변화의 연속'이었다.

킹스턴 트리오(Kingston Trio)의 〈Tom Dooley〉1959가 대학가를 중심으로 큰 반응을 얻으며 칼리지 포크 붐의 단초를 마련하던 시기에 그의 음악인생도 첫걸음을 떼었다. 고등학생 시절과 아마추어 시대에 비틀즈와 벤처스의 카피로 워밍업을 하던 그는 제2회 야마하 라이트 뮤직 콘테스트에 출장해 〈好きになつたよ女の娘(그 여자아이를 좋아하게 됐어)〉1968로 보컬·그룹 부문 4위를 차지했다. 또한 아마추어 포크 단체를 묶은 히로시마 포크무라(広島 フォーク村)를 조직하는 등 정식 데뷔도 하기 전부터 여러 일을 벌여나갔다.

슬슬 그의 이름이 알려지던 1960년대 말은 젊은이들의 분노와 기성세대의 불안으로 점철되던 시기였다. 사회적 포크의 물결이 흐르지 않을 수 없었다. 1969년 2월, 베트남 반전을 외치

던 운동가들이 신주쿠 지하철 광장으로 속속 모여들어 노래하기 시작했다. 민중가요에 가까웠던 일명 '니시구치 포크(西口 フォーク)'의 흐름 안엔 '포크의 신(フォークの神様)' 오카바야시 노부야스(岡林 信康)로 대표되는 저항성이 가장 큰 핵심을 이루고 있었다. 요시다 타쿠로 역시 학원투쟁 자금을 얻기 위한 앨범기획에 참여하는 등, 기꺼이 세대의 요구를 이끄는 리더의 모습을 보였다.

상황의 변화는 생각보다 이르게 찾아왔다. GS시대가 몰락하며 그들이 발휘했던 창조력을 포크 뮤지션에게서 찾기 시작함과 동시에, 사회문제를 다루던 프로테스트 송으로서 포크가 가진 역할은 나날이 축소되어 갔다. 《エレックレコード(ELEC RECORDS)》와 계약을 맺고 발표한 첫 싱글 〈イメージの詩(이미지의 시)〉1970와 두 번째 싱글 〈青春の詩(청춘의 시)〉1971까지만 해도 요시다 타쿠로의 반사회적 기조는 유지되었다. 하지만 1971년 8월 7일부터 2박3일에 걸쳐 열렸던 《第3回全日本フォークジャンボリー(제3회 전일본 포크 잼버리)》에서 보여준 전설적인 라이브[1]를 마지막으로 그런 기조는 자취를 감추었다. 《CBS SONY》로 이적한

것이 바로 이듬 해, 전과 달리 사적인 내용과 팝적인 멜로디로 기존 포크의 문법을 재정립한 〈今日までそして明日から(오늘까지 그리고 내일부터)〉1971는 포크도 상업 음악이 될 수 있음을 인식시킨 통렬하고도 당황스러운 한방이었다.

네 번째 싱글인 〈結婚しようよ(결혼하자)〉1972는 포크에 팝을

---

1 당시 장비 고장으로 스피커와 마이크가 작동되지 않는 상태에서 로쿠몬센(六間銭)과 함께 〈人間なんて(인간이란)〉를 약 두 시간에 걸쳐 불렀다. 공연 주최 측의 과도한 상업성으로 자신의 무대가 축소된 데에 불만을 품고 있던 그는 작정하고 관중을 선동했고, 결국 2일째의 공연으로 행사가 중지되고 만다.

내재한 결정적 트랙이었다. "나의 머리카락이 어깨까지 닿아 당신만큼이 된다면"이라는 가사는 시대적 좌절감으로 생겨난 프로테스트 포크의 길을 벗어남과 동시에, 'flower movement'로 대표되는 히피의 평화추구 관념이 정착했음을 의미하고 있다. 이와 동시에 기존 팬들에게서는 – 마치 1965년 《뉴포트 포크 페스티벌》에서 일렉기타를 연주해 엄청난 야유를 들었던 밥 딜런(Bob Dylan)처럼 – 엄청난 야유를 듣기 시작했다. 그러나 그는 자신의 뜻을 꺾지 않았다. 좀 더 내면에 치중했고, 무언가를 바꾸기 위한 사명감이 아닌 내가 하고 싶은 것을 하는 자유로움의 씨앗을 음악 혼에 심었다. 이런 행보는 그때까지 전무했던 '싱어송라이터'라는 개념을 규정짓기에 이르렀다.

이는 당시의 '전속가수' 시스템을 송두리째 흔들어버릴 만한 것이었다. 자신의 곡을 창작함은 물론, 당시 유명 엔카가수였던 모리 신이치(森進一)[2]에게 준 〈襟裳岬(에리모미사키)〉1972〉[3]가 레코드 대상을 수상하며 상업 작곡가로서 위치도 견고해졌다. '포크와 가요곡의 새로운 접점'을 마련하려는 본인의 시도가 점점

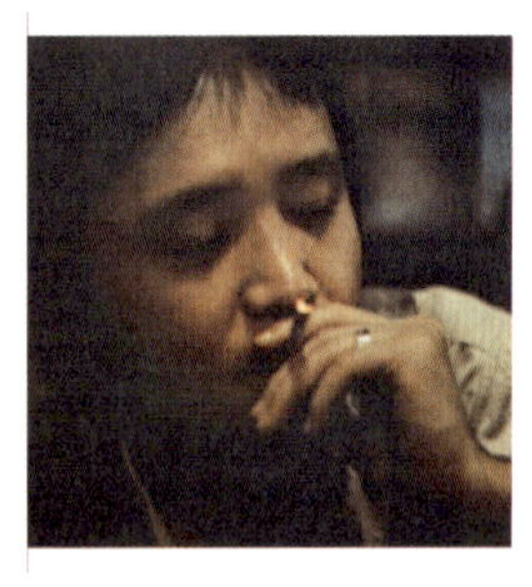

본격화되어 가던 시기였다. 이후 이노우에 요스이(井上陽水), 코무로 히토시(小室 等), 이즈미야 시게루(泉谷しげる)와 함께 《フォーライフ・レコード(FOR LIFE RECORDS)》 레이블을 발족시키며 아티스트들에게 주체성을 부여하려 노력했다.

그가 개척한 것은 이것만이 아니다. 당시 《ザ・ヒットパレード(THE HIT PARADE)》와 같은 프로그램의 인기로 TV의 영향력

---

2 아들이 바로 원 오크 록(ONE OK ROCK)의 타카(Taka).
3 홋카이도에 있는 곳의 명칭이다.

이 점차 커져가던 시기에, 그는 모든 영상매체를 보이콧하고 라디오 및 라이브를 중심으로 활약했다. 노래를 짧게 편집해 보여줘야 하는 방송관행이 마음에 들지 않아 그랬다는 의견이 대부분이었지만 특별하게 보이기 위한 전략에 불과했다는 의견 역시 만만치 않았다. 분명한 것은 이런 행보로 인해 심야 라디오 방송이 좋은 음악의 활로로 개척되었다는 사실이다. 이는 당시 사생활을 노출하며 인기를 얻었던 후지 케이코(藤 圭子)[4]와 정반대 맥락이기도 했다. 요시다 타쿠로의 세 번째 앨범 《元気です°(건강합니다)》1972가 엄청난 히트를 기록했는데도 반TV 의사 탓에 그 어느 연말 행사에도 초대받지 못했다.[5]

밥 딜런은 《John Wesley Harding》1967과 《Nashville Skyline》1969을 통해 포크의 정착지를 '컨트리'로 명명했지만, 한참 떨어진 일본에서 그 길까지 따라갈 수 없었다. 그렇게 포크의 무용론이 대두될 시기에 '청춘을 대표하는 팝음악'이라는 간판을 제시한 행보는 꽤나 큰 의미를 지닌다. 어쿠스틱 음악 및 대중적인 선율이 발달할 수 있는 계기를 마련하였고, 그 밑거름은 사잔 올 스타즈(サザンオールスターズ)의 쿠와타 케이스케(桑田 佳祐), 보위(BOØWY)의 히무로 쿄스케(氷室 京介) 등 많은 위대한 가수를 키워냈다. 《フォーライフ・レコード(FOR LIFE RECORDS)》의 2대 사장을 거치기도 했고, 지금까지 투어를 계속하며 꾸준한 활동을 보이는 요시다 타쿠로. 그의 영역은 자신도 미처 몰랐을 정도의 광활함을 지니고 있다는 것을 지금에서야 더욱 절감하고 있다.

---

4 딸이 바로 우타다 히카루(宇多田 ヒカル).
5 그런 그가 연말 시상식에 출연한 일이 있었는데, 그것이 1974년에 있었던 제 16회 일본 레코드 대상이었다. 모리 신이치의 '襟裳岬(에리모미사키)'가 대상을 수상하며 그의 출연 여부가 굉장히 주목받았는데, 정작 그는 아무 일도 없었다는 듯 출연해 태연하게 상을 받았다.

이노우에 요스이 井上陽水 1948~

최초의 밀리언셀러를
기록한, 일본 팝포크의
상징적 존재

《氷の世界》
(얼음의 세계)
1973

가요곡, 포크, 뉴뮤직을 한데 아우르는 결과물로 대중의 지지를 얻어낸
일본 대중음악사상 첫 밀리언셀러. 개인의 자의식을 대중적인 작법에
얹어 트렌드화 시킨 그 솜씨가 시간이 지나도 바래지 않는 제이팝의
유산을 탄생시켰다.

아이유의 일본 데뷔 싱글인 〈Good Day (Japanese Version)〉2012를 듣다보면 타이틀 곡을 지나 다음의 가사와 함께 시작되는 유려한 어쿠스틱 트랙을 접할 수 있을 것이다.

**夏が過ぎ 風あざみ(여름이 지나 바람은 엉겅퀴를 흔들고) /
誰のあこがれにさまよう(누구를 동경해 방황하는지)**

이 곡의 제목은 〈少年時代〉1990. 현지에선 신인인 아이유가 서먹함을 없애려 고른 것이 이 노래였다는 것을 생각해 본다면, 이 가수의 입지를 어느 정도는 짐작할 수 있을 것이다. 1960년대에 상처 입은 젊은이들의 마음을 어루만져 주었던, 누구보다도 상냥했던 포크 메신저 이노우에 요스이의 이야기를 지금부터 시작해보려 한다.

음악 인생의 기원은 1963년으로 돌아간다. 비틀즈의 마법에 심취해 있던 한 치과의사 지망생은 수험에 세 번 낙방하며 그게 자신의 길이 아님을 직감하고 곧바로 프로 뮤지션으로 삶의 노선을 돌렸다. 당시 〈帰ってきたヨッパライ(돌아온 주정뱅이)〉1967[1]를 부른 포크 크루세이더즈(フォーク クルセイダーズ)와 포크영웅 밥 딜런(Bob Dylan)의 영향을 받은 심플한 형식에 캐치한 멜로디를 얹어 가요계에 도전장을 내밀고 있던 참이었다. 그러던 중 큰 기회가 찾아왔는데, RKB 마이니치 방송의 프로그램 《スマッシュ!!11(스매쉬!!11)》이었다. 청취자들의 창작곡을 소개해주던 코너에 그가 안드레 칸드레(アンドレ・カンドレ)라는 예명으로 보낸 〈カンドレ・マンドレ(칸드레 만드레)〉로 많은 리퀘스트를 받게 된다.[2]

1GS시대에 대히트했던 곡 중 하나. 첫 주에 무려 180만장이라는 경이적인 판매율을 보였다. 포크 크루세이더즈는 이 곡을 발표하고 얼마 지나지 않아 해체 수순을 밟았는데, 그 후 곡이 알려지며 1년간 '한정적 재결성'을 통해 활동하게 된다. 정식 해산날에 "우리가 속해있던 레코드 회사를 사버릴 정도의 돈을 벌었다"고 발언해 당시 GS 붐의 규모를 짐작케 할 정도.

이를 계기로 갑작스럽게 메이저에서 데뷔하지만 자신만만했던 본인의 생각과 달리 프로의 높은 벽을 실감하며 안드레 칸드레 활동을 짧게 마무리해야만 했다. 이르게 맛본 좌절감이었다. 그래도 평생의 파트너라 할 만한 코무로 히토시(小室 等)와 야스다 히로미(安田 裕美)[3], 첫 전성기를 이끌었던 호시 카츠(星 勝)[4]와 시대를 풍미한 그룹 알씨석세션(RCサクセション)의 리더 이마와노 키요시로(忌野 清志郎)까지, 당시 인연을 맺게 된 하나하나의 이름은 그야말로 일생의 자산이 되었다.

그러던 중 1971년 《ポリドール・レコード(Polydor Records)》로 이적, 상승곡선을 탔던 요시다 타쿠로(拓郎)의 기운을 얻고자 같은 두 글자 이름인 요스이(陽水)로 개명 후 〈人生が二度あれば(인생이 두 번 있다면)〉1972으로 재데뷔한다. 격한 감정의 창법, 어쿠스틱 색조의 편곡으로 독특한 감수성을 표출해내며 주목을 받기 시작해, 〈傘がない(우산이 없어)〉1972에 이르러 그만의 스타일을 확립하기에 이른다. TV에서 이 나라의 장래를 논하는 어른과 당장 비 피할 우산도 없는 현실에 처해있는 젊은이의 세대단절을 여과 없이 보여주고 있는 이 곡은 평단에서 먼저 언급되며 주목 받기 시작했다. 이 스포트라이트를 놓칠세라 철저히 대중성을 노린 〈夢の中へ(꿈 속으로)〉1973로 오리콘 17위라는 성적표를 받게 된다. 그래도 아직까지는 때마침 일어난 포크붐의 수혜자 중 한 명에 지나지 않았다.

첫 번째 전성기는 《氷の世界(얼음의 세계)》1973와 함께 찾아

---

2 하지만 이 중 다수는 본인이 친구에게 엽서를 보내달라고 부탁한 덕분이기도 했다.
3 각각 록밴드 로쿠몬센(六文銭)의 리더와 기타리스트.
4 몹스(モップス)의 기타리스트.

왔다. 일본 음반시장이 낳은 첫 밀리언셀러 작품은 활화산 같
은 파급력을 내뿜었다. 격정적인 애수가 목소리에 그대로 투영
된 〈心もよう(마음모양)〉도 수작이지만, 백미는 역시 앨범 타이틀
곡 〈氷の世界(얼음의 세계)〉다. 가스펠 타입 코러스에 혼 세션
과 하모니카를 얹어 특유의 서정성으로 마감, 일본 음악사의 한
자리를 꿰찰 만한 곡을 완성시켰다. 한마디로 1960~70년대 서
양에서 유행하던 재료를 가져다 일본의 레시피로 손을 봐 차려
낸 정식이라고 할 수 있겠다. 요시다 타쿠로의 음악이 자유롭게
휘갈긴 수필이라고 한다면, 이노우에 요스이의 음악은 그야말로
섬세함과 배려 가득한 서정시였다. 그렇게 이 둘은 1970년대 이
후 포크 신을 비롯한 뉴뮤직 계열까지 많은 영향을 주고받은 세
기의 라이벌이었다.

　그 역시 여느 포크 가수들과 마찬가지로 전혀 TV에 얼굴을 내
비치지 않는다는 활동 전략을 갖고 있어서, 그나마 앨범 재킷 사
진에서나 얼굴을 볼 수 있었다. 〈氷の世界〉 이후 예전 곡들이 주
목받는 상황에서도 그는 신비주의를 고수했다. 그가 노래하는 모
습을 일반 가정집 브라운관으로 보는 것은 거의 불가능한 일이라
고 생각했다. 그러던 그가 갑자기 뉴스 헤드라인에 모습을 드러
냈는데, 바로 대마소지혐의로 체포되었던 1977년의 일이었다.
　사건 직후의 신작 《White》1977가 오리콘 차트 3위를 기록했지
만, 부정적인 여론의 뭇매와 함께 성적은 조금씩 악화일로를 걷
기 시작했다. 이시카와 세리(石川 セリ)와 재혼 후 선보인 《ス
ニーカーダンサー(Sneakers dancer)》1979 역시 예전의 명성을 되
찾진 못했지만, 음악적으로 새로운 길을 개척하려는 의지가 조
금씩 꿈틀대는 시기이기도 했다. 앨범 《あやしい夜をまって(수상

한 밤을 기다려)》1981부터는 편곡에서 큰 도움을 주었던 호시 카츠가 완전히 손을 놓았다. 그를 대신한 카와시마 유지(川島 裕二)의 도움을 통해 〈ジェラシー(Jealousy)〉1981, 〈リバーサイドホ

テル(Riverside hotel)〉1982 같은 대표작을 연달아 발표했다. 마이너 선율이 중심을 이루는 성인 취향의 스탠더드. 그렇게 그는 조금씩 가수 생활의 두 번째 정점을 준비하고 있었다.

그 무렵 연주를 맡아주던 자신의 백밴드가 정식으로 데뷔한다는 소식을 듣고 바쁜 와중에도 손을 걷어붙이고 작사가로서 작업을 해주었다. 그 때 가사를 주었던 곡들이 엄청난 히트를 기록하게 되는데, 바로 그 팀이 유명한 안젠치타이(安全地帶)다. 우리나라에도 제법 많이 알려져 있는 〈ワインレッドの心(와인레드의 마음)〉1983, 〈恋の予感(사랑의 예감)〉1984 등의 넘버가 모두 그의 손을 거친 것이다. 나카모리 아키나(中森 明菜)에게는 〈飾りじゃないのよ涙は(장식이 아니야 눈물은)〉1984을 제공하며 이미지의 전환점 또한 마련해주었다. 이후 자신이 준 곡들을 모아 본인이 다시 부른 셀프 커버집《9.5カラット(9.5 캐럿)》1985이 자신의 두 번째 밀리언셀러에 등극함과 동시에 그 해 가장 많이 팔린 앨범에 오르며 기염을 토했다. 제 2의 전성기였다.

이후 1988년에는 드라마 주제가로 사용한 〈リバーサイドホテル〉이 6년을 뛰어넘어 히트하고, 〈少年時代〉는 영화의 주제가로 사용해 조금씩 입소문을 타더니 1997년에야 밀리언셀러로 인정을 받으며 긴 생명력을 자랑하기도 했다. 여기에 퍼피(Puffy)가

부른 〈アジアの純真(아시아의 순진)〉1996[5]의 가사를 담당하는 등 다른 뮤지션들과 작업도 꾸준히 이어나갔다. 또한 조금씩 작품과 작품 사이의 공백이 길어질지언정 꾸준히 신보를 발표하는 현재진행형 뮤지션이기도 하다.

《氷の世界》가 나온 지 어언 40년이 흘렀다. 그렇게 긴 시간이 지났지만 그는 여전히 트렌드와 자신의 스타일 사이의 접점을 찾는 여정 중이다. 이로 하여금 대중이 무사히 발걸음을 따라올 수 있도록 여전한 친절을 베풀고 있다. 한때 포크의 기둥이었던 그는 이제 때로는 추억을 되새기고, 함께 현재를 노래하며 남은 인생을 함께할 삶의 동반자라는 이름의 전설이 되어가는 중이다.

---

5 작곡은 유니콘의 리더이자 록 신의 마당발로 평가받는 오쿠다 타미오(奥田民生).

Ø 멤버
호소노 하루오미(細野 晴臣, 베이스, 보컬, 기타,
키보드, 1947~)
오타키 에이치(大瀧 詠一, 보컬, 기타, 1948~2013)
마츠모토 타카시(松本 隆, 드럼, 1949~)
스즈키 시게루(鈴木 茂, 기타, 보컬, 1951~)

핫피엔도

はっぴいえんど

그들이 있기에
'일본어로 록을 한다'

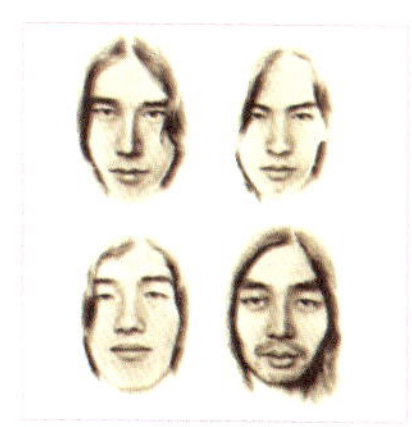

《風街ろまん》

(바람 거리의 로망)

1971

일본어 록에 대한 의구심을 단번에 사그라들게 만든 명작.
마츠모토 타카시의 시 세계가 일본어 가사의 명분과
대중음악으로서 포용력을 동시에 안게 되는 순간이었다.

'일본의 록 밴드들은 일본어로 노래를 부른다.' 재미있게도 이 당연한 명제를 받아들이지 못하던 때가 있었다. 벤처스(The Ventures)로 시작해 비틀즈(The Beatles)의 방일과 부도칸 공연으로 일렉트릭 기타와 영국 팝의 광풍이 몰아쳤던 1960년대. 이를 기점으로 발화된 GS시대의 밴드들은 록 사운드와 일본어의 어감이 어울리지 않는다고 섣불리 단정 짓고, 영어로 불러 해외에서 히트시키는 것을 목표로 하고 있었다. 1963년 사카모토 큐(坂本九)의 〈上を向いて歩こう(위를 향해 걷자)〉가 〈SUKIYAKI〉라는 제목으로 빌보드 정상에 올랐지만, 여전히 '일본어는 안된다'는 흐름이 일본의 록을 감싸고 있었다.

그 와중에 나타난 이단아 무리의 중심이 바로 핫피엔도였다. 당시 브리티시 록의 영향과 무관하게, 버펄로 스프링필드(Bufallo Springfield)와 버즈(Byrds)의 영향이 묻어나는 포크 록으로 무장해 미처 공략되지 않은 급소를 노렸다. '브리티시 록이 미국 록을 카피해 태어났으니, 일본 록도 미국의 것을 카피해야 한다'는 사상이 바로 그 고집의 시발점이었다. 이와 함께 그들은 일렉기타와 드럼, 베이스가 자국의 오십음도와 공존할 수 있다는 것을 증명하며 전설의 첫 페이지를 써나가기 시작했다.

사실 그 전에도 '일본어 록'의 움직임은 있었다. 잭스(ジャックス)의 〈からっぽの世界(거짓투성이 세상)〉1968[1]이나 스파이더즈(ザ・スパイダース)의 곡들이 미세한 물줄기를 만들었지만, 시선을 끌만한 파도는 이끌어내지 못했다. 영어 가사가 음악성의 토대라는 인식만 도리어 팽배해져갔다. 팀 멤버인 호소노 하루오미(細野 晴臣)와 오타키 에이치(大瀧 詠一)[2]마저도 일본어 가사에 대해 불만을 제기했지만, 작사를 맡았던 마츠모토 타카시

---

1 마츠모토 타카시는 훗날 이 곡이 없었다면 핫피엔도는 없었을 것이라 말하기도 했다.
2 2013년 12월 30일에 65세의 나이로 사망했다. 갑작스런 비보에 많은 팬들과 뮤지션들이 충격에 빠지기도 한 날이었다. 참고로 명반으로 회자되는 《A Long Vacation》(1981)은 세계 최초로 CD화 된 20작품 중 하나. 그러나 비싼 가격, 시디 플레이어의 보급률 저조로 초반 3년간은 CD 인세가 제로였다고 한다.

(松本 隆)의 굳건한 신념은 양보를 허용치 않았다. 1969년에 처음 모여 붙인 발렌타인 블루(Valentine Blue)라는 밴드명을 해피엔드(Happy End)로, 그리고 다시 한 번 핫피엔도(はっぴいえんど)로 바꾸고 나서야 본격적인 레코딩에 착수하였다. 외래어는 가타카나로 표기한다는 상식을 전복시킨 의미 있는 이름이었다.

그렇게 완성된 《はっぴいえんど(핫피엔도)》1970는 초기 일본어 록의 걸작으로 인정받으며 《ニューミュージック・マガジン(뉴 뮤직 매거진)》이 주최한 제 2회 일본 록 상을 받았지만, 기존 가치관에 들이댄 문제의식은 본격적인 논쟁으로 점화되며 반대파와 마찰을 야기했다. 당시 반대편에 서 있던 대표적인 이가 뮤지션 겸 배우인 우치다 유야(内田 裕也)였다. 그는 이 당시 있었던 대담에서 "핫피엔도의 〈春よ来い(봄이여 오라)〉를 들어보면 무슨 말을 하는지 알기 힘들다. 가사와 멜로디, 리듬의 밸런스가 좋지 않은 탓으로, 일본어와 록의 결합이 성공적이었다고 생각하지는 않는다"고 언급하며 당시 이들이 소속되어 있던 레이블인 《URC》의 작품들을 우대해주는 경향이 있다는 의견까지 피력했다.

사실 당시의 분위기로 보자면 영어로 노래를 하던 아티스트들이 일방적으로 일본어 가사에 대해 트집을 잡는 형국이었다. 당시 대담에 참여했던 대다수가 핫피엔도를 옹호하며 첨예한 공기를 누그러뜨렸다는 사실만 봐도, 밴드의 행보는 이미 그 가치를 인정받고 있었다. 그런데도 마츠모토 타카시는 이런 과정의 결과물이 완전하지 않다고 인정하는 대인의

기질을 보였다. 그리고 이듬해 《風街ろまん(바람 거리의 로망)》 1971을 선보이면서 사태는 종료되었다. 더 이상 이야기하는 것이 무의미할 정도로. 시대를 앞서감과 동시에 대중과 호흡할 수 있는 '일본어 록'의 완전체를 제시했기 때문이었다.

　도쿄 올림픽으로 대표되는 근대화 이후 사라져가는 옛 정취에 대한 향수와 그리움을 '風街(카제마치)'라는 가상의 공간으로 형상화 한다는 콘셉트로 탄생한 두 번째 작품. 그것은 전의 부족함을 메우고도 남는 명반으로 그렇게 모습을 드러냈다. 그 걸출한 완성도는 '일본어로 불러도 문제없다'는 명분과 대중음악으로서 공감대를 동시에 안겨주었다. 나른함과 평온함이 공존하는 거리를 세련된 멜로디와 연주, 편곡으로 재현하며 마치 지금 그 곳에 있는 듯한 시공간 초월의 순간을 창조해냈다.

街のはずれの 背のびした 路地を散歩してたら
(마을 변두리의 쭉 뻗은 길을 산책하면) /
汚点(しみ)だらけの霞(もや)ごしに (얼룩투성이인 아지랑이 너머) /
起きぬけの路面電車が (잠에서 막 깬 노면전철이) /
海を渡るのが見えたんです (바다를 건너는 것이 보였어요) /
それでぼくも(그래서 나도) /
風をあつめて 風をあつめて 風をあつめて
(바람을 모아서 바람을 모아서 바람을 모아서) /
蒼空を翔けたいんです蒼空を
(파란하늘을 날고 싶어요 파란하늘을)

-〈風をあつめて(바람을 모아서)〉 중에서

시인 미야자와 겐지(宮澤 賢治)의 영향을 받은 작품으로 하여금 깊은 울림을 지닌 가사, 언덕 위에서 시원한 바람을 맞는 느낌을 환기시켜주는 반주, 덤덤하게 이야기해주듯 읊어 나가는 보컬

이 완벽히 삼각기둥을 이루는 〈風をあつめて(바람을 모아서)〉는 이들을 이야기할 때 가장 많이 언급하는 대표 트랙이다. 이 한 곡으로 '일본어 록'의 완전체가 드러났다고 해도 무방하다. 이를 기점으로 캐롤(キャロル)과 요시다 타쿠로(吉田 拓郎)까지 힘을 보태며 1972년을 '일본어 록의 원년'으로 역사에 새겼다.

이후 밴드는 한 장의 작품을 더 남긴 채 1972년 말 해산한다. 이후 호소노 하루오미는 세계적인 돌풍을 일으킨 일렉트로니카 그룹 옐로 매직 오케스트라(Yellow Magic Ochestra)의 일원으로, 오타키 에이치는 야마시타 타츠로(山下 達朗)와 함께 재패니스 팝의 원류로, 스즈키 시게루(鈴木 茂)와 마츠모토 타카시는 수많은 가수의 세션과 작사로 각각 일본 대중음악사에서 배제할 수 없는 고유명사가 되었다. 그렇지만 분명한 사실은 그들 중 누구도 '핫피엔도'로 활동한 커리어를 제외하고는 완전할 수 없다는 점이다. 밴드명이 해피 엔드(Happy End)로 표기되는 것을 거부한 그 고정관념의 타파, 그것이야말로 이들의 위대함이자 우리가 이들을 반드시 '핫피엔도'라 읽어야 하는 이유다.

새 시대의 여성,
뉴뮤직을 통해 태어나다

《Delight Slight Light KISS》
1988

전반적인 유밍의 커리어를 살펴보기에는 베스트인 《Neue music》(1998)이나 최근에 발표한 《日本の恋と`ユーミンと°(일본의 사랑과, 유밍과)》(2012)가 더 좋은 선택일지도 모르나, 유밍식 팝의 정수를 맛보려면 역시 이 작품이다. 후에 자드(ZARD) 사운드의 근간이 되기도 하는 〈リフレインが叫んでる(리플레인이 외치고 있어)〉, 그만의 섬세함이 그대로 묻어나오는 〈nobody else〉 등 곧 팝의 트렌드가 될 사운드들을 한발 앞서 구사하고 있는 그의 감각을 엿볼 수 있다.

기존 아티스트들이 이미 존재한 것을 극대화시켜 자신의 이름을 역사에 새겼다면, 그녀는 아무 것도 없는 황무지에서 꽃을 피워낸, 그야말로 무에서 유를 창조해낸 인물이었다. 우리나라에는 김윤아의 〈봄날은 간다〉의 작곡가로, 혹은 엠씨 스나이퍼(MC Sniper)의 〈봄이여 오라〉에서 샘플로 쓰인 〈春よ, 来い(봄이여, 오라)〉의 원곡자로 알려져 조금은 친숙하게 다가올 이름이기도 하지만, 반대로 이 곡 하나만 알고 있기에는 너무나 아까운 음악인이기도 하다.

여성 뮤지션은커녕 여성을 위한 음악조차 전무한 곳이 바로 1960년대 일본이었다. 일단 악기를 가지고 있는 가정이 극소수였으며, 그들마저 가요곡을 저속하게 바라봤다. 경제활동인구 역시 남성에 치우쳐져 있는 탓에 여성이 밖으로 나가 일한다는 개념이 없었다. 음악계 역시 세션을 제외한 여성 뮤지션은 카야마 유조(加山 雄三)의 가사를 썼던 이와타니 토키오(岩谷 時子), 그리고 야마구치 모모에(山口 百恵)의 노랫말을 담당했던 아키 요코(阿木 燿子) 정도였다는 사실이 이를 잘 말해주고 있

다. 더불어 일반 여성 역시 남자 가수들을 '듣는 이'라는 수동적 역할을 자처하던 시절이었다.

이런 시기에 혜성처럼 나타난 것이 바로 아라이 유미(荒井 由実)였다. 여성 싱어송라이터의 시초 격이었던 그녀는 '코드는 색채, 멜로디는 형태, 가사는 구도'라는 자신의 철학을 가지고 어릴 적부터 곡을 써오기 시작했다. 대상의 강한 이미지를 상상하며 써내려가는 곡들에,

여성의 감수성을 디테일하게 표현하는 가사가 더해지며 그의 작품세계가 만개하기 시작했다. 뉴뮤직(New Music)이라는 새로운 장르의 태동이었다.

그의 음악들은 전례 없는 새 시대의 아티스트가 탄생했음을 알렸고, 그 존재감 만큼 여성의 지위 또한 상승하며 맞벌이 부부라는 개념이 생겨나게 되었다. 결혼해 함께 콘서트를 보러가는 등 친구 같은 관계를 유지하는 '뉴 패밀리'의 등장은 음악으로 거둔 새로운 풍속도였다.

물론 이런 발자취가 가능했던 것은 그녀의 천부적인 감각 덕분이었다. 미술학도였던 고등학생 때부터 '유밍'이라는 닉네임과 함께 GS무브먼트를 주도한 이들과 첫 만남을 가진 후, 타이거즈(ザ・タイガース)를 탈퇴한 카하시 카츠미(加橋 かつみ)에게 〈愛は突然に(사랑은 돌연히)〉1971를 주며 작곡가로 데뷔한 것이 겨우 17세 때 일이었다. 이것이 계기가 되어 이듬해 7월 카마야츠 히로시(かまやつ ひろし)가 프로듀스한 〈返事はいらない(답장은 필요없어)〉1972를 발표하며 가수 역할도 겸하게 된다. 이에 탄력을 받아 아라이 유미로 첫 앨범이자 초기 커리어의 대표작 《ひこうき雲(비행기구름)》1973을 선보이게 된다. 디테일한 생활 묘사가 주류를 이뤘던 당시 경향과 달리, 감정 자체를 조명하는 문학적 가사로 차별화된 세계관을 펼쳐보였다.

이후 작업을 하며 알게 된 편곡가 마츠토야 마사타카(松任谷 正隆)와 결혼해 마츠토야 유미라는 이름으로 새로이 경력을 쌓아나가게 된다. 그중에서도 특히 1978년부터 1983년은 무서울 정도의 페이스를 보였던 시기. 여러 가수에게 곡을 주는 것은 물론, 매년 두 장의 페이스로 꾸준히 앨범을 발표했다. 그렇게 쌓아나

간 노하우와 포텐셜은 《Delight Slight Light KISS》1988에서 절정을 맞으며 이후 8작품 연속 밀리언 셀러를 기록했다. 특히 《天国のドア(천국의 문)》1990을 통해 오리콘 차트 200만장 시대를 열며 누구도 접근하지 못한 영역에 한발 먼저 안착했다. 또한 〈守ってあげたい(지켜주고 싶어)〉1981, 〈ダンデライオン~遅咲きのたんぽぽ(Dandelion~늦게 핀 민들레)〉1983 등의 싱글 히트는 전초전이었다는 듯 〈Anniversary〉1989, 〈Hello my friend〉1994, 〈春よ´來い(봄이여, 오라)〉1994 등의 명곡이 시기를 가리지 않고 앞다투어 유밍의 레퍼토리를 장식하고 있다.

독특한 코드감을 기조로 한 곡들은 그녀의 음악에 큰 주축을 이룬다. "어렸을 때부터 C코드 같은 개방음 외의 음을 더함으로서 변하는 미묘한 표정을 캐치할 수 있었다"는 말이 허세가 아닌 이유는 여타 작곡가들이 흉내낼 수 없는 독자성이 있기 때문이었다. 남편 마츠토야 마사타카도 1996년 있었던 공연 《Yumi Arai The Concert with old Friends》에서 〈ひこうき雲〉의 코드진행에 쇼크를 받아 결혼을 결심했다고 밝혔을 정도로, 새로운 감성을 창조해내는 능력은 가히 압권이라 하겠다.

또한 그녀는 남들이 하지 못한 스펙터클한 공연 연출을 시도한 것으로도 유명하다. 마츠토야 마사타카가 연출해 구현한 퍼포먼스는 억 단위 돈을 들인 최신 기술을 통해 당시는 상상할 수도 없던 것들을 현실화시켜갔다.[1] 유밍의 공연은 단순히 노래를 듣는 것만이 아닌, 한 공연장에서 오감을 모두 만족시키는 엔터테인먼트로 진화시켜 음반을 통해 얻은 수익으로 팬들과 함께 꿈을 나누고 싶다는 깊은 뜻의 발현이었다.

'난 너희들과 다르다'는 일종의 우월의식으로 곧잘 태도논란

---

[1] 가장 유명한 것이 엄청난 물량공세를 펴부은 《YUMING SPECTACLE SHANGRI-LA》 시리즈였는데, 세 번의 투어 동안 100억엔이 넘는 제작비를 투입한 초대형 블록버스터 투어였다.

에 오르내리곤 했지만,[2] 여성의 지위향상에 있어 그녀는 분명 큰 부분을 차지하고 있다. 하나의 영역을 창조해낸 것에 그치지 않고, 지금까지 《RoadShow》2011와 《POP CLASSICO》2013 등 작

품 활동을 게을리 하지 않으며 시들지 않는 존재감을 어필하는 중이다. 여성에게 청취라는 수동적인 자세 대신 제작이라는 능동적인 마인드를 심어주며 제이팝의 스탠더드를 만들어간 유밍. 이 레전드의 탄생은 그렇게 후대에 태어날 수많은 여성 뮤지션의 씨앗이 자랄 비옥한 토양을 만들어냈다.

2 한창때는 저급하다는 이유로 청바지조차 입지 않던 때가 있었다. 그밖에 인터넷 검색만으로도 논란 에피소드가 줄줄이 나올 정도.

나카지마 미유키 中島みゆき 1952~

'시대'를 노래함으로써
시대를 초월한 음악장인

《予感》
(예감)
1983

싱글 한 장 실려 있지 않지만, 그렇기에 더욱 완성도 높은 작품으로
정평이 나 있는 앨범이다. 〈ファイト!(Fight!)〉는 10년 후인 1994년
에 CM 송으로 사용하게 되는데 그때 리컷싱글로 발표했다.
좋은 음악엔 시간의 장벽도 무의미하다는 사실을 일깨워준 좋은 예였다.

마츠토야 유미(松任谷 由実)와 정확히 반대편에 있었는데도 같은 여성 싱어송라이터라는 이유만으로 라이벌 구도를 연출하게 되는 나카지마 미유키. 그만큼 두 아티스트는 한 시대를 장식한 주요인물이었다. 교류를 통해 성장해 나갔던 유밍과, 조력자가 있을지언정 철저히 자신의 세계에서 운신했던 나카지마 미유키는 확연히 대조적인 접근법을 지니고 있었다. 자신이 아니면 할 수 없는 것들을 작품에 투영하며 정체성을 구축해나갔던 나카지마 미유키는 대중적이면서도 어렵고, 단순한 것 같으면서도 복잡한 인물이었다.

그녀가 가지고 있는 올곧은 이미지는 아무래도 초기 커리어에 기대고 있는 면이 크다. 이를 상징하는 곡이 바로 〈時代(시대)〉1975라고 할 수 있다. 이 곡은 프로 활동을 막 시작한 그녀의 기반을 마련해준 작품이기도 하다. 대학 신입생 당시인 1972년 포크 음악제 전국대회에 입상하며 음악 재능의 완비를 뽐냈지만, 데뷔를 미룬 채 아마추어로 무대에 오르며 대학생활을 계속했다.[1] 3년 후인 1975년에 다시금 야마하가 주최한 제9회 포퓰러송 콘테스트에 나가 〈傷ついた翼(상처입은 날개)〉로 재입상, 바로 다음 대회에서 그랑프리를 거머쥐게 된다. 그 때 불렀던 곡이 바로 〈時代〉였다.

まわるまわるよ 時代はまわる (돌고 돌아요 시대는 돌아) /
喜び悲しみくり返し (기쁨과 슬픔을 반복하며) /
今日は別れた 人たちも (오늘은 헤어진 연인들도) /
生まれ変わって めぐりあうよ (새롭게 다시 태어나 만나게 될 거야)

- 〈時代(시대)〉 중

---

[1] 훗날 언급하길, 콘테스트 출장은 그저 아르바이트 대신이었다고 한다.

유밍과 미유키를 확실히 구분할 수 있었던 지점은 바로 사회성의 유무 여부였다. 1960년대에는 패션이나 스타일링으로 상징되는 트렌드적인 측면과, 당시 안보조약에 대한 반대시위의 창궐로 대표되는 실존적인 측면이 공존하고 있었다. 전자가 유밍이었다면, 후자가 바로 미유키였다. 당시 남자들도 등에 업기 힘들었던 '시대'라는 단어를, 그녀는 흐트러짐 없는 시선을 정면으로 유지하며 담담하게 노래했다. 잠시나마 사회운동에 몸담았던 경험을 투영하며, '시대란 돌고 도는 것'이라는 불변의 법칙을 대중에게 알렸던 것이다. 그 상징성을 인정받아 음악교과서에 실리는 등 계속해서 재학습이 이루어지는 노래이기도 하다.

그렇다고 해도 이 곡 발표 당시 엄청난 인기를 얻은 건 아니었다. 본격적인 여성 싱어송라이터의 시대를 열어젖힌 것은 분명했지만, 메가히트의 시작은 싱글 차트 1위, 70만장의 판매고를 통해 단숨에 지명도를 올리게 되는 〈わかれうた(이별노래)〉1977부터였다. 드라마 《3年B組金八先生(3학년 B반 킨파치 선생님)》에 삽입된 〈世情(세상물정)〉1978 역시 대표곡으로 자리매김했다. 동시에 사쿠라다 쥰코(桜田 淳子)의 〈しあわせ芝居(행복연극)〉1977, 켄 나오코(研 ナオコ)의 〈かもめはかもめ(갈매기는 갈매기)〉1978 등을 제공하며 전업 작곡가의 입지도 굳혀가게 된다.

초창기 곡들을 들어보면 바로 알 수 있겠지만, 이 시기의 작품들은 포크에 가까웠다. 요시다 타쿠로가 이룩해낸 포크의 대중화를 기반으로, 가요곡에 가까운 정서와 자신의 표현법을 얹어낸 단출한 구성의 곡이 대부분이었다. 여기에 당시 싱어송라이터들이 자신과 비슷한 연령대의 가상인물을 주인공으로 삼아 개인 감정을 노출하는 데 주력했다면, 그녀는 연령을 초월한 스케일 큰 노래를 추구했다. 점차 실험적인 측면이 강해지고 있는 와중에도, 메시지에서는 철저히 이 점을 고수하며 단기간에 소비되고 잊혀지는 소모품에서 벗어나 오랜 시간 듣고 부를 수 있는 노래로 남는 데 기여했던 것이다.

가늘게 떨리는 불안한 비브라토, 언제나 불행의 일면을 안고 사는 듯한 노래의 주인공들로 인해 나카지마 미유키라는 인물은 '어두운' 이미지로 비춰지곤 했지만, 여기에 반전을 가져다준 것이 바로 라디오 방송인 《中島みゆきのオールナイトニッポン(나카지마 미유키의 올나잇 일본)》이었다. 무대와 다른 밝고 명랑한 페르소나로 많은 청취자를 끌어모으기 시작했다. 이러한 디제이로서 인지도 상승과 함께 선보인 싱글 〈悪女(악녀)〉1981가 두 번째 1위를 획득했고, 그렇게 전성기가 시작되었다. 앨범 《寒水魚(한수어)》1982 역시 1위를 기록, 이듬해에는 작곡가로서 카사와바라 요시에(柏原 芳惠)에게 제공한 〈春なのに(봄인데도)〉1983의 열풍이 일어나며 일본 레코드 대상 작곡상을 수상하는 등, 그를 빼놓고는 아무 것도 설명할 수 없는 시대를 맞이했다.

그토록 화려했던 시기가 약간 저문 후, 개척자다운 면모답게 여러 시도를 반복하던 그녀에게 있어 〈つめたい別れ(차가운 이별)〉1985은 기념비적인 노래라 할만하다. 스티비 원더(Stevie Wonder)가 하모니카 연주로 참여한 덕분이다. 언뜻 보면 이 조합에 의문을 가질 수 있겠지만, 서로의 감성을 정확히 캐치하며

윈윈효과를 거뒀다. 미유키는 서구 팝 감성에 접근하는 데 초점을 맞췄고, 스티비 원더는 간주와 엔딩에 혼을 담은 연주를 보여주는 데 집중했다. 서로의 음악 시야가 얼마나 넓은지, 또 각자를 얼마나 배려하며 존중하고 있는지 느낄 수 있는 곡이기도 하다.

또 하나 빼놓을 수 없는 것이 바로 연극과 콘서트, 뮤지컬을 융합한 《夜会(야회)》이다. '언어의 실험극장(言葉の実験劇場)'이라는 콘셉트로 출발한 이 정기공연은 나카지마 미유키의 백미를 고스란히 담아낸 궁극의 퍼포먼스다. 초반에는 콘서트의 연장선에 가까웠으나, 이후 고전이나 일본 신화를 차용한 오리지널 요소를 담기 시작하며 독자적인 노선을 구축해갔다. 투어 대신 이런 형식을 채택한 것 자체가 지금까지도 찾아보기 힘든 사례로 남아있을 정도로, 왕성한 창작력[2]과 실험정신을 대변한 정기공연이었다. 단순히 세일즈를 넘어 진정한 예술가로서 평가받는 지점이 바로 이 《夜会》인 것이다.[3]

21세기에 들어와 우리는 그녀의 존재감을 재발견하고 있다. 새 시대 첫 싱글인 〈地上の星/ヘッドライトテールライト(지상의 별/Headlight Taillight)〉2000의 대히트는 그녀의 음악이 시대와 무관한 포용력을 지니고 있음을 새삼 깨닫게 했다. NHK TV 프로그램 《プロジェクトX~挑戦者たち~の(프로젝트 X~도전자들~)》의 수록곡으로 사용한 이 곡은, 중노년층에게 큰 지지를 받으며 위클리 100에 연속 174주 동안 차트인하는 어마어마한 기록을 남겼으며, 이를 통해 2002년 홍백가합전에 출연하

---

2 기존 발표곡 외에도, 《야회》만을 위해 만드는 오리지널 곡들이 있었다. 후에 《야회》의 오리지널 곡들만 모아 앨범을 발표하기도 했다. 《10 WINGS》(1995), 《日-WINGS》(1999), 《月-WINGS》(1999), 《転生 TEN-SEI》(2005), 《DRAMA!》(2009) 등이 그런 앨범이다.

며 오랜만에 지상파에 얼굴을 비추었다. 그리고 방송 후, 마침
내 차트 1위를 거머쥐었다. 발표한 지 2년 반만에 이룬 쾌거인
동시에, 1970년부터 시작해 1980년대, 1990년대와 2000년대
까지 1위 싱글을 남긴, 지금까지 누구도 밟아본 적 없는 전인미
답의 경지였다.

토키오(TOKIO)의 〈空船(텅빈 배)〉2006, 나카시마 미카(中島
美嘉)의 〈愛詞(사랑의 말)〉2013, 모모이로 클로버Z(ももいろク
ローバーZ)의 〈泣いてもいいんだよ(울어도 괜찮아)〉2014의 작
사, 작곡을 도맡으며 장르와 세대를 초월한 음악활동을 펼쳐나가
고 있으며, 신보 역시 꾸준히 발표하는 중이다. 어떻게 지금까지
이런 음악에 대한 열정과 창작욕을 유지하고 있을까 싶을 정도로
무섭고도 반가운 '집착'을 보여주고 있는 세기의 아티스트. 그렇
게 나카지마 미유키는 여성의 진출 영역을 음악계로 확장시키는
결정적인 역할을 수행하며 일본 대중음악계에 한 획을 그었다.

---

3 1998년까지 연례행사였으나, 이후 부정기공연으로 전환된다. 2014년의 18번째 《야회》
가 현재까지는 가장 최근 공연이다.

Ø 전멤버
요시다 아키라(吉田 彰, 베이스, 보컬. 1948~)
이토 카오루(伊藤 薫, 드럼, 보컬. 1954~)
마츠모토 쥰(松本 淳, 드럼, 보컬. 1962~)
탄노 요시아키(丹野 義昭, 키보드, 보컬. 1960~)
타카하시 히로(高橋 ひろ, 보컬, 키보드. 1964~)

Ø 멤버
자이츠 카즈오(財津 和夫, 보컬, 기타, 키보드. 1948~)
히메노 타츠야(姫野 達也, 보컬, 기타, 키보드. 1952~)
아메 토시유키(安部 俊幸, 기타, 보컬. 1950~2014)
우에다 마사토시(上田 雅利, 드럼, 보컬. 1950~)
미야기 신이치로(宮城 伸一, 베이스, 보컬, 기타. 1955~)

튤립 チューリップ

제이팝의
보편적 대중성을 규정한
멜로디어스 밴드

《TULIP 40〜すべてのシングル40曲デビュー40周年を記念して〜》
(모든 싱글 40곡 데뷔 40주년을 기념해서)
2012

자이츠 카즈오의 작곡 능력은 베스트 앨범을 들어보면
그 진가를 금방 알게 된다. 모든 트랙이 각기 생명력 있는
멜로디를 머금고 있다는 점에서 경탄을 금치 못하게 될지도.

뉴뮤직이라는 새로운 카테고리가 1970년대 초반을 뒤흔들고 있었다. 잡지 《ニューミュージック・マガジン(New Music Maga-zine)》에서 처음 사용한 이 용어[1]는 당시 뮤지션들의 음악을 지칭할 때 사용하고 있는데, 명확한 기준이 없어 그 의미가 모두 동일하게 해석되지 않는다. 예를 들어 마츠토야 유미(松任谷 由実)에게는 종래에 없던 완전히 새로운 음악으로 바라봐야 하지만, 튤립에게는 GS에서 록으로 넘어가는 과도기 스타일이자 어느 장르에서건 대중적인 선율을 놓치지 않는 제이팝의 특성을 구축한 음악으로 풀이해야 한다.

일본의 록이 일반 서민들과 접점을 이루는 징검다리를 마련한 팝 밴드가 바로 튤립이었다. 무분별한 기성곡 커버와 상업 작곡가의 과도한 지분율로 급격히 몰락한 GS는 짧은 영예를 뒤로 한 채 사라졌지만, 이미 많은 이들과 친분을 쌓은 뒤였기 때문에 그 흔적까지 지워지진 않았다. 바로 그 GS가 지닌 대중성을 기반으로 뚜렷한 음악적 성취를 거머쥔 자가 있었으니, 당시 대학생이었던 하카타 출신의 자이츠 카즈오(財津 和夫)였다. 비틀즈에 영향 받아 음악을 시작한 그는 1970년 밴드를 결성하기로 마음먹고는 주위 사람들을 하나 둘 부르기 시작했다. 여러 멤버가 들어오고 나가고를 수없이 반복한 후, 드디어 요시다 아키라(吉田 彰), 무네타 신지(宗田 慎二), 스에히로 노부유키(末広 信幸)의 4인 라인업을 확정했고, 라이브 다방 쇼와(照和)[2]에서 트레이닝을 거쳐 마침내 상경 준비를 끝냈다.

데뷔는 순조로웠다. 이미 1969년 포 싱어즈(フォー・シンガーズ)라는 이름으로 출전했던 제3회 야마하 라이트 뮤직 콘테스트[3]에서 입상한 바 있던 그는 현 《EMI MUSIC JAPAN》의 전신인

---

1 처음에는 비틀즈와 밥 딜런에 영향 받아 태어난 음악들을 지칭하는 뉘앙스가 강했으나, 지금은 당시 목격되었던 신경향의 모든 음악을 아우르는 용어로 널리 쓰고 있다. 이 용어를 본격적으로 쓰기 시작한 시기는 야마시타 타츠로(山下 達朗)의 슈가 베이브(Sugar Babe)가 활동했던 1975년.

《東芝音楽工業(도시바 음악 공업)》을 통해 〈魔法の黃色い靴(마법의 노란 구두)〉1972를 발표하며 본격적으로 가요계에 첫발을 내딛게 되었다. 스에히로 노부유키와 무네타 신지가 탈퇴한 후,

히메노 타츠야(姫野 達也), 아베 토시유키(安部 俊幸), 우에다 마사토시(上田 雅利)가 가입하는 등 다시금 내홍을 겪은 뒤였다. 데뷔 1년이 채 안 돼 세 번째 싱글이었던 〈心の旅(마음의 여행)〉1973이 대히트하며 명실상부 인기밴드의 반열에 오르게 된다. 포크도 아니고 록도 아닌, 그렇다고 GS라 부르기에도 애매한 이들의 음악은 일단 'NEO GS'라고 급조한 용어로 지칭했다.

이렇게 전성기가 시작되었다. 스타일리시한 선율의 〈靑春の影(청춘의 그림자)〉1974, 애잔한 분위기와 함께 깔리는 코러스와 단음의 기타 리프가 인상적인 〈悲しきレイン・トレイン(슬픔의 Rain Train)〉1975, 〈サボテンの花(선인장 꽃)〉1975에 이어 "멋대로인 것은 남자의 죄, 그것을 용서하지 않는 것은 여자의 죄"라는 명가사를 남긴 〈虹とスニーカーの頃(무지개와 스니커즈의 시절)〉1979까지, 30년이 훌쩍 지난 지금도 꾸준히 회자되는 골든 넘버들이다.

튤립의 강점은 무엇보다 시대와 세대의 장벽을 무의미하게 만드는 보편적인 멜로디에 있다. '일본의 폴 매카트니'라 부르기도 하는 자이츠 카즈오의 재능은 다른 멤버들을 위축시킬 정도로 압도적이었다. 그 영민함은 영미 밴드만 좇다 자신의 색깔을 잃어버렸던 과거 GS 밴드들의 과오를 되풀이하지 않았다. 이들은 포

2 1970년에 문을 연, 수많은 큐슈 출신 아티스트를 배출한 라이브 다방이다. 당시 후쿠오카는 수많은 연예인을 배출해 일본의 리버풀이라 불렀다. 그중에서도 쇼와는 포크 붐을 이끈 상징적인 곳으로 통한다. 튤립을 비롯해 이노우에 요스이(井上 陽水), 카이엔타이(海援隊), 카이 밴드(甲斐バンド), 시나 앤 로케츠(シーナ&ザ・ロケッツ), 나가부치 츠요시(長渕 剛) 등이 이곳을 통해 음악활동을 시작했다.

크와 록, 팝스와 가요곡의 울타리를 자유로이 넘나들었고, 자신에게 최적화된 프로듀싱으로 '이것이 우리의 음악'이라는 느낌을 확실히 심어놓았다. 서구 요소들이 비로소 제이팝과 동등한 위치에서 연결고리를 짓게 된 것이다. 일본어 가사에 대한 근원적인 물음과 정립의 주체가 핫피엔도(はっぴいえんど)였다면, 그 언어에 일본의 정서가 녹아들도록 매만진 것이 바로 튤립이었다.

하지만 한 명의 재능이 뛰어나면 뛰어날수록 팀워크에 문제가 생길 확률 역시 높아지는 법. 앞서 언급했던 무네타 신지와 스에히로 노부유키의 탈퇴와 마찬가지로, 1980년엔 우에다 마사토시와 요시다 아키라가 밴드를 나가게 된다. 그리고 시간이 흘러 1994년, NHK의 특집 프로그램을 통해 무네타 신지와 스에히로 노부유키가 당시 자이츠 카즈오 때문에 마음에 상처를 입었던 일화를 밝히면서 옛 사건의 전말이 명백해졌다. 이 방송을 통해 자이츠 카즈오는 반성과 사과의 뜻을 표했고, 두 사람이 자신에게 있어 최강 멤버였다고 이야기하며 화해의 제스처를 취했다. 독재자나 마찬가지였던 자신의 모습을 인정했고,[4] 불만이 있었는데

도 결국 그 재능에 따를 수밖에 없었다는 다른 멤버들의 증언이 뒤를 이었다. 확실히 천재는 천재였던 것이다.

앨범 《Well》1989을 마지막으로 해산해 각자 길을 걷던 중 1997년에 다시금 한자리에 모여 활동을 재개하였고, 그 뒤로도 네 번이나 재결성을 단행했다. 이처럼 잦은 해체 번복이 상업적으로 비춰질 여지도 다분하겠지만, 그만큼 그리움이 큰 밴드라고 해석하는 편이 더 옳다. 시

---

3 어느 때보다 고수들이 즐비했던 대회였는데, 1위는 아카이도리(赤い鳥)였고 2위는 오프 코스(オフ コース)가 차지했다. 전자는 많은 가수가 커버한 명곡 〈翼をください(날개를 주세요)〉의 원곡자이며, 후자는 오다 카즈마사(小田 和正)가 솔로 전 활동한 그룹이다. 오프 코스는 튤립, 그리고 타니무라 신지(谷村 新司)가 이끌었던 아리스(アリス)와 함께 뉴뮤직의 중핵을 이루기도 했다.

작은 비틀즈를 레퍼런스로 삼았을지언정 끝은 온전한 '튤립'으로 남은 그들. 지금 들어도 전혀 촌스럽지 않은 가사와 멜로디는 지금도 일본인에게 힘을 주는 한송이 꽃으로 활짝 피어 있으며, 일상의 휴식이 되는 기분 좋은 향기를 내뿜고 있다.

4 아마추어 시절 라이벌 관계였던 카이엔타이의 타케다 테츠야(武田 鉄矢)의 이야기에 따르면, 자이츠 카즈오는 연습 중 누군가 코러스를 틀리면 그 멤버에게 실수를 자백하게 한 뒤 뺨을 때릴 정도로 멤버들을 엄하게 연습시켰다고 한다.

일본 록에도
보스가 있다

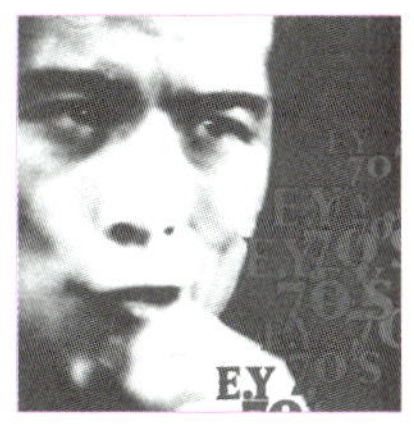

《E.Y 70's》

1997

그의 레퍼토리는 특정한 시기에 집중되어 있지 않다. 1970년대에는 앞서 언급했던 〈時間よ止まれ(시간아 멈춰다오)〉, 〈黑く塗りつぶせ(까맣게 칠해버리자)〉, 1980년대에는 〈YES MY LOVE〉와 〈止まらないHa-Ha(멈추지 않아 Ha-Ha)〉, 1990년대에는 〈いつの日か(언젠가는)〉 같이 폭넓은 시대에 그의 대표곡들이 존재한다. 이 1970년대 셀렉션을 통해 그 시작점부터 살펴보는 것이 보스에 대한 예의가 아닐까 싶다.

미국에 브루스 스프링스틴(Bruce Springsteen)이라는 이름의 보스가 있다면, 일본에는 야자와 에이키치라는 또 다른 이름의 보스가 있다. 1980년대 세계적인 성장을 기록하게 만든 베이비 붐 세대[1]로 태어난 그는 단기간에 떴다 사라지는 것이 아닌, 연속되는 투쟁과 수없는 패배를 통해 지금과 같은 영속성을 얻으며 일본의 '킹 오브 록 싱어'로 굳건히 자리매김 중이다. 말 한마디 몸짓 하나에도 무한한 카리스마가 살아 숨 쉬는 이 '거물'의 생존기를 들여다보면, 1970~80년대로 시간여행을 하는 듯한 생생한 현장감을 얻을 수 있다.

학교를 졸업한 후 요코하마 상경을 택했던 1968년. 야자와 에이키치는 왼쪽 손에 가난으로 인한 강한 성공 욕구를, 오른쪽 손에 비틀즈와 벤처스를 통해 발화된 록스타의 꿈을 쥐고 있었다. 이런 의지와 무관하게 GS는 몰락하고 있었고, 뉴뮤직의 호황은 그나마 남은 록의 지분마저 빼앗아가고 있었다. 이런 상황에 개의치 않고 여러 지역 라이브 하우스나 클럽에서 노래하며 근근이 생활을 이어나가는 밑바닥 생활을 몇 년이나 겪고 난 후에야 예비 영웅의 기회가 겨우 찾아왔다. 조니 오오쿠라(ジョニー大倉)와 우치우미 토시카츠(内海 利勝)를 영입해 결성한 자신의 밴드 캐롤(キャロル)이 1940~50년대의 로커빌리 스타 미키 커티스(Mickey Curtis)의 눈에 띄게 된 것이었다.

그렇게 시작된 스타로서 첫출발은 순조로웠다. 일본어 록의 또 다른 가능성을 선보이며 새로운 장을 열었다는 평가와 함께 침체기에 있던 신에 커다란 활력을 가져다주었다. 로큰롤의 원점인 8비트의 심플함, 가죽바지와 리젠트 및 오토바이로 대변되던 독자적 스타일을 통해 자신들의 쿨한 색채를 세상에 흩뿌

---

1 정확히 '団塊の世代(단카이노세다이)'라 부른다.

렸다. 〈ルイジアンナ(루이지 애나)〉1972, 〈フアンキー・モンキー・ベイビー(펑키-몽키-베이비-)〉1973 등은 간만에 상업적으로 성과를 거둔 로큰롤 트랙이 되었고, 짧은 기간 동안 적지 않은 인

기도 누리게 해주었다. 그렇다고 해도 당시 록은 고군분투 상태였다. 캐롤을 비롯해 새디스틱 미카밴드(サディス ティック・ミカ・バンド),두뇌경찰(頭 脳警察), 슈가 베이브(Sugar Babe) 등 이 참여한 《One Step Festival》은 5천 만엔 적자를 통해 세상과 거리감을 적

나라하게 맛봐야만 했다.

그렇게 1975년 팀은 해산을 맞고, 그는 혈혈단신 음악계와 싸움을 계속해 나갔다. 애초에 불리했던 계약으로 분노했던 그는 《フォノグラム(Phonogram)》을 떠나 《CBS SONY》와 계약을 하게 되고, 기존 스태프를 완전히 갈아치우며 새로운 음악을 향한 의욕을 강하게 내비쳤다. 이런 생각을 담아 만든 〈I love you, OK〉1975를 발표했지만 팬들이 기억하던 스타일리시한 록 히어로는 더 이상 존재하지 않았다. 〈Hound Dog〉을 부르던 엘비스 프레슬리가 군 제대 후 〈Are You Lonesome Tonight〉 같은 스탠더드로 완전히 그 지향점을 바꿔버린 충격에 비할 만하다고 하면 될까. 엔카 창법이 스며든 성인 취향 발라드였던 이 곡은 캐롤 활동에 대한 완벽한 단절 선언이었다.

그렇게 셀프 프로듀스 체제를 갖추며 자신이 하고 싶은 음악을 맘껏 펼칠 수 있었지만, 솔로 초반의 낯선 행보를 대중은 잘 받아들이지 못했다. 무엇보다 캐롤 해산 후 우자키 류도(宇崎 竜童)

가 이끄는 다운타운 부기우기 밴드(ダウンタウン ブギウギ バン
ド)[2]가 곧바로 바통을 이어받아 그 부재를 무색케 했고, 1400석
규모의 공연장에 100명도 찾아오지 않는 등 또 다른 암흑기가
찾아왔다. 그 심연의 고리를 확실하게 끊어버린 것은 지금도 회
자되는 명곡〈時間よ止まれ(시간이여 멈춰다오)〉1978. 사카모토
류이치(坂本 龍一)가 피아노를 담당한 이 곡으로 단숨에 정상을
밟았다. 록 뮤지션으로서는 최초로 부도칸에서 콘서트를 연 지
1년 만에 도쿄돔의 전신이 되는 고라쿠엔에서 단독 공연을 갖는
등, 그를 향한 러브콜이 쇄도했다.

그는 뮤지션으로서 자신의 작품에 대한 권리를 주장한 최초의
인물이었다. 자신의 악곡에 대해 레코드 회사를 상대로 소송을
건 것은 그가 처음이었다. 지금도 사무소 승낙을 통해서만 관련
기사를 게재하게 하는 등 실연자 및 작곡가로서 응당 가져야 할
권리들에 대해 목소리를 내는 중이다. 어려운 유소년기를 보냈
고, 캐롤 활동 시절에도 불리한 계약으로 피해를 본 데다가, 술
로가 되어서도 콘서트 매상 사기를 당했다. 결정적으로 오스트
레일리아 토지 거래로 30억엔이라는 엄청난 금액을 횡령당하는
등, 그에겐 유난히 주위사람들에 의한 사기사건이 많았다. 이로
인해 자신의 것을 지켜야겠다는 생각이 점점 커졌고, 이것이 자
연스레 저작권 행사로 이어지게 되었다.

그의 활동방식은 당시 포크 및 뉴뮤직 아티스트들과 맞닿아 있
었다. 브라운관에는 모습을 내비치지 않은 채 알앤비와 소울 중
심의 라디오 프로를 진행하는 행보가 카마야츠 히로시(かまやつ
ひろし), 요시다 타쿠로(吉田 拓郎), 타니무라 신지(谷村 新司)
등과 닮았기 때문이다. 당시 라디오는 텔레비전에 뒤지지 않는

---

2 캐롤이 상업적으로 성과를 거뒀다고는 했지만 크게 화제가 될 만한 수준은 아니었다. 정작
1975년에 연간 20위 이내에 랭크된 밴드는 다운타운 부기우기 밴드(ダウン・タウン・ブギ
ウギ・バンド) 뿐. 밴드의 중심 멤버이자 작곡을 도맡았던 우자키 류도(宇崎 竜童)는 아내
인 작사가 아키 요코(阿木 燿子)와 콤비를 이뤄 야마구치 모모에(山口 百惠)의 히트곡을 만
들어내기도 했다.

주요한 매체 중 하나였으며, 영상 없이도 뮤지션들의 활약을 가능케 했던 마법의 전파였다. 여기에 누구나 한번 보면 극찬과 함께 다시 찾게 된다는 라이브 퍼포먼스도 빼놓을 수 없다. 흰색의 마이크 스탠드를 휘두르는 그의 전매특허 액션과, 〈止まらないHa-Ha(멈추지 않아 Ha-ha)〉[3]1986에 맞춰 관중이 타월을 던지는 광경은 그의 공연을 본 사람만 누릴 수 있는 즐거운 혜택이다.

1980년대에 들어서 완전히 왕좌를 거머쥔 그는 《Warner Pioneer》로 이적해 미국 활동을 도모하기 시작했다. 그렇게 세계를 향해 시작된 여정은 《YAZAWA》1981를 비롯해 두 장의 앨범을 더 남기는 것으로 이어졌지만, 아쉽게도 큰 성과를 거두지는 못했다. 아이러니하게도 미국 진출에 대한 미련을 떨치고 난 후에야 자신의 이름을 세계에 알리게 되는데, 엘비스 프레슬리 사후 20년을 기념하여 열린 《Songs and Visions》에 그가 아시아 대표로 참여하게 되면서다. 〈Don't Be Cruel〉을 열창하며 로드 스튜어트(Rod Stewart), 본 조비(Bon Jovi), 샤카 칸(Chaka Khan) 등과 함께 뜨거운 감동의 무대를 선사했다.

앞서 이야기했던 것처럼 그는 많은 아픔을 겪었다. 만약 거기서 주저앉았다면 실패의 상징이 되었을 테지만, 이겨내고 또 이겨내 결국 극복의 아이콘이 됨과 동시에 영원한 보스라는 지위를 손에 넣었다. 이러한 그의 행보는 그룹 시절의 영광을 어떻게든 이어보려 안일하게 솔로 커리어를 이어가는 이들에게 경고의 메시지를 보낸다. 보위(BOØWY)의 히무로 쿄스케(氷室 京介), 체커즈(チェ

---

3 선글라스를 애용하는 가수 박상민이 〈허리케인 투나잇〉으로 리메이크하기도 한 곡이다.

ッカーズ)의 후지이 후미야(藤井 フミヤ) 등이 야자와 에이키치라는 교과서의 선행학습을 마치고서야 성공할 수 있었던 것처럼, 단순히 한 사람의 가수라는 좁은 영역으로는 그의 업적을 쉽사리 설명할 수 없다. 성공하는 데 3년이 걸렸지만 행복해지는 데에는 15년 이상이 걸린 그의 인생, 진정 음악으로 행복해질 수 있는 길은 어떤 길인가에 대한 대답을 지금 그는 몸소 보여주고 있다.

야마구치 모모에 山口百恵 1959~

7년 반의 활동만으로
전설이 된, 여성 솔로
아이돌의 시작점

《ドラマチック》
(Dramatic)
1978

그녀는 누가 뭐래도 '노래를 잘하는' 가수였다. 첫 곡 〈サンタマリアの熱い風
(산타마리아의 뜨거운 바람)〉의 웅장한 편곡과 함께 펼쳐지는 그의 절창은
유명 곡을 모은 베스트 앨범으로는 느껴볼 수 없는 앨범 수록곡만의 매력이기도
하다. 여기에 상징적인 〈プレイバックPart2(Playback Part2)〉와 〈絶体絶
命(절체절명)〉까지, 그의 디스코그래피 중 가장 먼저 손이 갈만한 명곡집이다.

일본에 거주하는 중장년층에게 1970년대 당시 최고의 여자 아이돌이 누구냐고 물어본다면 고심 끝에 아마 이 이름을 듣게될 확률이 크지 않을까 싶다. 14세에 데뷔해 영화계와 가요계를 통틀어 여리면서도 꼿꼿한 장미 한송이로 군림했던 야마구치 모모에. 7년 반이라는 짧은 활동기간 동안 내딛어온 그녀의 발자취는 하나하나가 역사요 서사시라 할 만하다. 아이돌인데도 남녀노소가 빠져들 수밖에 없었던 중후한 음색과 노래 실력, 여기에 기획사의 전략이 뒷받침되어 탄생한 이 틴스타는 그야말로 압도적인 존재감을 발했다.

난 사람은 알아본다고 했듯, 그 스타성은 일찌감치 주목 받았다. 1972년 12월 오디션 프로그램《スター誕生!(스타 탄생)》에서 준우승을 차지하며 20개가 넘는 회사의 오퍼를 받았기에 연예계 생활은 탄탄대로를 이어갈 것만 같았다. 그다지 길지 않은 시간을 거쳐 이듬해 3월 영화《としごろ(시집갈 무렵)》출연, 그리고 같은 제목의 노래로 가수 데뷔까지 이뤄내지만, 갑자기 나타난 이 어린 소녀의 등장에 대중은 어색해 했다. 그러다 〈青い果実(파란 과실)〉1973부터 전략을 수정해 이율배반적인 이미지를 구축하자 조금씩 반응이 오기 시작했다. 이 관심은 〈ひと夏の経験(한여름의 경험)〉1974을 통해 임계점을 맞이하며 열광적인 함성이 터져나오도록 만들었다.

이 당시 주효했던 전략이 '푸른 성 노선(青い性路線)'이었다. 예시를 위해 한 구절을 살펴보자.

あなたに女の子の一番大切なものをあげるわ
(당신에게 여자의 가장 소중한 것을 줄게요) /

…汚れてもいい泣いてもいい 愛は尊いわ
(더럽혀져도 좋아요 울어도 좋아요 사랑은 고귀한 것) /
誰でも一度だけ 経験するのよ 誘惑の甘い
(누구도 한번 밖에 경험할 수 없는 거예요, 유혹의 달콤한 덫)

-〈ひと夏の経験(한여름의 경험)〉中

대충 감이 오리라 생각한다. 어린 나이의 소녀가 성행위를 연상시키는 노래를 부름으로써 파생되는 짜릿함과 아슬아슬함. 왠지 모를 스릴이 이제껏 경험하지 못한 희열을 대중에게 선사했다. '비주얼과 가사'가 만들어내는 갭은 섹시 노선을 대놓고 지향했던 여타 여가수들과 명확한 선을 그었고, 동시에 유일무이한 캐릭터를 만드는 데 성공하고 있었다. 은근히 성적인 마케팅을 구사하곤 하는 지금의 AKB48 노선도, 생각해보면 이런 성향이 이어진 결과물이라 할 수 있다. 〈ひと夏の経験〉으로 탄력을 받은 그녀는 몇 년의 시간이 지나면서 아키 요코(阿木 燿子), 우자키 류도(宇崎 竜童) 부부로 대표되는 흡인력 강한 노래들로 기존 노선을 대체하기 시작했다. 〈横須賀ストーリー(요코스

카스토리)〉1976를 비롯해 〈イミテイション·ゴールド(Imitation gold)〉1977, 〈プレイバックPart2(플레이백 파트 2)〉1978, 〈絶体絶命(절체절명)〉1978 등이 이 시기에 탄생한 명곡이었다. 황금기를 만들어낸 이 콤비의 기용도 알고 보면 모모에 본인의 선택이었다는 점이 놀랍다. 그녀는 대중이 자신에게 무엇을 원하는지 정

확히 알고 있었다.

변신은 멈추지 않고 이어졌다. 뉴뮤직계 아티스트인 사다 마사시(さだ まさし)와 〈秋桜(Cosmos)〉1977를, 타니무라 신지(谷村新司)와 〈いい日旅立(여행하기 좋은 날)〉1978를 작업하며 뮤지션으로서 성숙함도 제법 쌓여갔다. 1978년에는 《NHK 홍백가합전》에 출연해 십대 가수로서는 처음이자 마지막으로 홍조의 토리(새(鳥): 마지막 무대를 맡는 아티스트를 일컫는 용어)를 맡으며 그 기세가 끝도 없이 이어지는 듯 했다. 하지만 그 힘은 예상치 못하게 자신에 의해 꺾이게 된다. 1979년 미우라 토모카즈(三浦 友和)와 연인관계였다고 밝히고, 이어 약혼 및 은퇴 수순을 밟겠다고 발언해 당시 사회에 어마어마한 파장을 일으켰다.

당황해하는 팬들을 뒤로 한 채 그녀는 1980년 10월 5일 부도칸에서 치른 마지막 콘서트를 통해 "제멋대로인 저를 용서해주셔서 감사합니다. 행복하게 살겠습니다.(私のわがまま´許してくれてありがとう° 幸せになります)"라는 메시지와 함께 〈さよならの向う側(이별의 저편)〉1980을 눈물과 함께 흘려보내며 연예

계 생활에 종지부를 찍었다. 절창 후 정중히 인사를 한 뒤, 마이크를 무대 중앙에 놓은 채 밖으로 퇴장하는 모습은 지금까지 회자되는 명장면이다. 일본음악사를 통틀어 봐도, 이렇게 아름다우면서 아쉽고, 후에 다시 방송에 복귀하는 일이 없었던 은퇴식은 전무했을 정도로 그녀의 마지막은 각별했다.

이후 몇 개의 방송을 마친 후, 감쪽같이 브라운관에서 자취를

감추었다. 그래서 일본인은 언제나 그녀에 대한 그리움으로 가득하다. 동시대에 큰 인기를 얻었던 핑크 레이디(ピンク・レディー)나 캔디즈(キャンディーズ)가 공백기가 있으면서도 드문드문 활동을 이어간 것과 달리, 야마구치 모모에는 완전히 연예계와 거리를 두어 왔기 때문이다. 모리 마사코(森 昌子)와 사쿠라다 쥰코(桜田 淳子)가 포함되어 있던 '꽃의 중3 트리오(花の中三トリオ)' 중에서도 언제나 그녀의 이름은 첫 번째 손가락에 꼽히곤 한다.

호흡의 미묘한 강약을 조절해 마음속 감정을 풀어내는 가창력은 십대라고는 믿을 수 없는 성질의 것이었다. 그런 이유로 인해 - 바라보고 있으면 자연스레 미소를 띠게 되는 또 다른 후대의 우상 마츠다 세이코(松田 聖子)와 달리 - 그녀에게는 경탄의 사인을 보내게 되는 게 아닐까 싶다. 무대의 화려함과 일상의 행복은 양립할 수 없음에 대한 슬픔을 너무 일찍 깨달았던 야마구치 모모에의 8년에 걸친 성인식. 짧다면 짧은 시간 동안 남긴 그 흔적이 쉽사리 지워지지 않는 이유는 보고 싶어도 볼 수 없는 애틋함에서 비롯된 것은 아닐까.

야마시타 타츠로 山下達郎 1954~

아메리칸 팝이
일본대중음악에
스며들다

《Melodies》

1983

그의 작품들은 편차가 없기로 유명하지만, 그래도 하나를 꼽는다면 자신의 스타일을 확실히 정립함과 동시에 〈クリスマス・イブ(Christmas eve)〉라는 명곡을 탄생시킨 이 앨범이다. 노래도 노래지만, 펑키 리듬을 자유자재로 구사하는 그의 날선 커팅 스트로크 또한 한껏 느껴볼 수 있다.

1970년대 중반, 아직 '팝'이라는 정의를 내릴만한 소리를 찾지 못하던 시기였다. 록은 그 갈래가 분파되어, 한 쪽은 GS를 거쳐 뉴뮤직에 작은 흔적을 남겼고 한 쪽은 정통 하드록으로 그 세력을 집결했다. 한편, TV시대로 접어들면서 그와 함께 여성 아이돌 신이 개화했으며, 가요곡들은 여전히 전통의 강호로 군림하고 있었다. 그 사이 격한 장르간 다툼을 중화시켜줄 '스탠더드'는 부재중이었다. 이 때, '아메리칸 팝'을 일본 땅에 들여놓은 한 위대한 가수의 배가 그 빈자리로 들어오기 위해 닻을 올렸다. 1960년대 모타운을 주축으로 미국에 불어닥쳤던 알앤비와 소울, 더 나아가 펑크(Funk)를 본토의 진한 향취 그대로 로컬라이징한 야마시타 타츠로라는 배 말이다.

에레키 열풍을 몰고 온 벤처스(The Ventures)를 보고 음악을 동경하게 된 중학생 시절의 그는 막연하게 직업 뮤지션의 꿈을 꾸고 있었다. 저작권법에 대한 관심으로 메이지 대학 법학부에 입학했지만, 싱어송라이터의 열정을 버릴 수 없었던 그는 3개월만에 학교를 나와 자주제작으로 프로에 입문하게 된다. 그러던 중 결성한 것이 오오누키 타에코(大貫 妙子)와 무라마츠 쿠니오(村松 邦男)를 끌어들인 3인 팝 그룹 슈가 베이브(Sugar Babe)였다. 결성 후 발표한 《Songs》1975는 당시 시대의 소리였던 포크와 하드록의 인기에 밀려 별다른 빛을 보지 못했지만, 지금에 와서는 다시없을 명작으로 재평가 받고 있다. 영미팝을 본인의 감성으로 재해석한 특출했던 프로듀싱, 그리고 무엇보다 16비트 리듬을 본격적으로 도입한 음반이라는 점에서 이 작품의 의의를 찾을 수 있다.

결과적으로 앨범은 실패했고, 세 멤버 모두 마츠토야 유미(松

任谷 由実)(당시 아라이 유미(荒井 由実))의 백보컬을 하며 근근이 생활을 이어나갔다. 그렇게 절치부심 재기를 노리던 중 오타키 에이치(大滝 詠一), 이토 긴지(伊藤 銀次)와 발표한 《Niagara

Triangle Vol. 1》1976로 탄력을 받았다. 이 기세를 몰아 무려 뉴욕과 LA에 건너가 녹음한 첫 솔로작 《CIRCUS TOWN》1976을 발표하기에 이르렀다. 당시 신인인데도 해외 프로젝트를 성사시킬 수 있었던 것은 지금도 파트너 역할을 맡고 있는 코스기 류조(小杉 理宇造)의 안목 덕분이었다. 데뷔 전부터 최고의 인재들과 환경이 살아 숨 쉬는 미국으로 건너가 그 곳의 스태프들과 함께 작업해보고 싶다는 이야기를 공공연히 했던 그였지만, 이름이 알려지지 않는 이의 오퍼를 받아들일 레코드사는 전무했다. 꿈을 접고 결국 《CBS SONY》로 가려던 그 때, 손을 내밀어준 이가 바로 《RCA Records, Inc》[1]의 코스기 류조였다.

그렇다고 그 꿈의 실현이 순탄하게 성공으로 이어지진 않았다. 현지 세션이 참여해 완성도 높게 구현된 연주, 브로드웨이 튠과 흑인 음악을 소스로 밀도 있게 채운 데뷔작은 크게 관심을 끌지 못한 채 그에게 또 좌절을 맛보게 했다. 그 이후로 《SPACY》1977, 《GO AHEAD!》1978 등을 비롯한 네 장의 정규작을 연달아 발표하지만, 그 작품성을 알아보기엔 시대가 너무 일렀던 탓인지 저조한 판매량만 기록했다. 음악을 계속해야 하는가, 생각보다 높은 벽에 직면해 넘어지기를 반복했던 것이 1970년대의 그였다.

그래도 역시 인생은 어떤 드라마나 영화보다 더 극적이지 않던

---

1 이후 빅터와 합병, 《RVC(RCA Victor Corporation)》으로 사명을 변경하게 된다. 현재는 《RVC》를 흡수한 《BMG JAPAN》이 《SONY MUSIC ENTERTAINMENT》로 합병된 상태에 있다.

가. 《RIDE ON TIME》1980의 동명 곡이 CM에 타이업되며 드디어 그도 히트가수 반열에 올라서게 되었다. 이후 작품 활동을 계속할지 장담할 수 없던 그이기에 〈RIDE ON TIME〉이라는 곡이 갖는 상징성은 굉장히 크다고 할 수 있다. 거듭되는 실패에도 끝끝내 고집했던 장인정신은 그렇게 처음으로 빛을 보았다.

상승세를 타던 그는 《RCA Records, Inc》에서 발표한 마지막 작품 《FOR YOU》1982와 《Moon Record》에서 처음 발표한 《MELODIES》1983를 통해 완연한 팝스타의 길로 접어들었다. 이때부터 필 스펙터(Phil Spector)가 창시한 월 오브 사운드(Wall of Sound)[2]의 기조가 강해지기 시작했으며, 베이스와 혼 섹션을 적극 도입해 그루브를 극대화하기 시작했다. 펑키 노선의 〈Sparkle〉과 〈Loveland, island〉, 멜로디의 고저차로 명확하게 대중적 포인트를 보여주는 〈悲しみのJody(슬픔에 잠긴 Jody)〉, 전매특허인 코러스 워크를 적극 활용한 〈高気圧ガール(고기압 걸)〉 등의 히트곡이 이때 쏟아져 나왔다. 기존 뮤지션들이 가지지 못했던 서정성 또한 발휘하며, 명발라드라 할만한 〈Your eyes〉 같은 곡들을 만들어내기도 했다.

무엇보다 시그너처 트랙인 〈クリスマス·イブ(Christmas eve)〉를 빠뜨려서는 안 된다. '아카펠라·두왑에 있어 제1의 권위자'라는 그답게 절정부에서 터져 나오는 그의 1인 아카펠라는 귓가에 잔상을 남기며 쉽게 이 곡을 잊지 못하게 만든다. 30년이 지난 지금까지 몇 차례에 걸쳐 재발매되고 드라마 주제곡으로 타이업 되는 등 국민가요이자 대

2 필 스펙터(Phil Spector)는 멜로디와 리듬을 강조하기 위해 각 악기를 몇 대씩 또는 몇 번씩 겹쳐 녹음하였다. 그 결과 전체적으로 소리가 두꺼워져 울리는 효과를 가져오게 되는데 이를 소리의 벽, 즉 월 오브 사운드(Wall of Sound)라 불렀다. 1960년대 초반 프로듀싱을 맡았던 여성 그룹 로네츠(The Ronettes)의 앨범에서도 이런 특징을 느낄 수 있지만, 아무래도 많이 이야기 되는 것은 비틀즈(The Beatles)의 《Let It Be》(1970)에 수록한 〈Let it be〉나

표적인 크리스마스 송으로 자리매김해 있다.

레코딩 시 작사, 작곡, 편곡은 물론, 모든 악기 및 코러스에 관여하며 작업하는 것으로 유명한데, 그만큼 공을 들이는 탓에 오랜 활동기간에 비해 그가 남긴 작품은 그렇게 많지 않다. 대신 작곡가로서 활약이 두드러졌는데, 대표적으로 킨키 키즈(Kinki Kids)의 〈硝子の少年(유리의 소년)〉1997이 유명하다. 그의 아내인 타케우치 마리야(竹内 まりや)를 비롯해 사쿠라다 준코(桜田淳子), 뉴스(NEWS) 등 세대와 장르를 가리지 않고 양질의 곡을 제공해주었다. 또한 포크와 뉴뮤직 아티스트에서 시작된 라디오 진행 붐을 그대로 이어 지금까지 라디오 진행자로 큰 인기를 끌고 있다.

아직까지도 그의 활동은 왕성하다. 《Ray of Hope》2011를 내놓으며 식지 않는 창작열을 과시했으며, 이어 자신이 걸어온 족적을 되돌아보는 솔로 커리어 모음집 《OPUS》2013를 내놓았다. 그의 역사를 훑는 데에 좋은 참고서가 될 만한 이 베스트 앨범 안의 50여곡을 듣고 있자면 정적인 스타일 안에 얼마나 역동적인 고민이 있었는가를 짐작케 한다.

그는 TV에 나오지 않겠다는 활동 초기의 모토를 지금도 지키고 있으며, 관객이 편하게 음악을 들을 수 있도록 정해진 공연장에서만 콘서트를 여는 등 음악에 관한 한 확고한 신념과 철학이 있다. 그 우직한 고집을 바탕으로 시대에 뒤쳐지지 않는, 아니 시대라는 한계를 벗어난 결과물을 남기고 있는 야마시타 타츠로의 위대한 업적. 좋은 음악은 유통기한이 없다는 사실, 그의 작품들에 가장 들어맞는 이야기가 아닐까.

〈The Long And Winding Road〉이다. 원래 심플하게 편곡한 결과물을 원했던 폴 매카트니가 필 스펙터의 작업에 분노해 훗날 갖가지 효과를 걷어낸 《Let It Be… Naked》(2003)를 다시 내놓기도 했다.

Ø 멤버
미(ミー.1958~)
케이(ケイ.1957~)

Ø 멤버
미(ミー.1958~)
케이(ケイ.1957~)

일본이 '아이돌이란
무엇인가'라는 질문에
대답하다

|추천앨범|

《BEST ONE》

1993

철저한 싱글형 가수였던 만큼, 앨범보다는 요점을
정확히 짚어주는 이 베스트 앨범이 가장 좋은
길잡이가 될 것이다.

　2000년대 들어 한국과 일본 가요계는 가히 아이돌 천하에 가깝다. 브라운관을 넘어 세계의 러브콜을 받는 틴스타들을 가만히 보고 있노라면, 한 가지 의문이 생길 법하다. 우리가 말하는 아이돌이라는 개념은 언제 정립된 것일까? 일본에서 이 질문에 대한 답을 찾으려면, 우선 1970년대로 돌아가야 한다. 그 곳에서 만날 핑크 레이디라는 그룹이 물음표를 느낌표로 바꿔주는 데 큰 도움을 줄 것이기 때문이다.

　핑크 레이디는 요즘 우리가 접하는 아이돌의 시초에 가깝다. 아마치 마리(天地 真理), 캔디즈(キャンデイーズ)와 야마구치 모모에(山口 百惠), 사쿠라다 준코(桜田 淳子) 등이 비교적 '가수'라는 역할 안에서 사랑받은 이들이었다면, 핑크 레이디는 여기서 한발 더 나아가 팀이 하는 모든 것을 '엔터테인먼트화'시키며 새로운 계보를 써내려갔다. 여전히 많은 이가 기억하고 있는 핑크 레이디의 의상과 안무는 단순한 가창자가 아닌 '킬러 콘텐츠'로서 아이돌사를 새롭게 써내려갈 수 있게 한 가장 큰 요인이기도 했다.

　이들의 시작은 중학교 시절로 거슬러 올라간다. 동급생이었던 미이(ミー)와 케이(ケイ)는 야마하 주최 오디션에 합격해 보컬 스쿨에 다니던 중, 《スター誕生!(스타 탄생!)》에 출연해 주목을 받았다. 당시 포크 스타일의 곡으로 순박한 이미지를 연출했던 이들은 로커빌리 스타 이이다 히사히코(飯田 久彦)의 눈에 띄어 단숨에 《ビクターエンタテインメント(VICTOR ENTERTAIN-

MENT)》 레이블로 스카우트되었고, 성인층을 노린 섹시함으로 노선을 변경하기에 이르렀다.

원래 B면으로 사용하려 했던 〈ペッパー警部(페퍼경부)〉1976를 A면으로 바꾸면서까지 관능미를 내세웠지만, 8000여 장의 초라한 세일즈만 남겼다. 거물이었던 아쿠 유(阿久 悠)와 토쿠라 순이치(都倉 俊一)의 참여, 차별화를 위해 내세웠던 큼직큼직한 동작의 안무는 그저 유행타기에 급급한 철부지 듀오라는 악평만 얻었다. 허벅지가 드러나는 짧은 치마와 이를 부각시킨 댄스가 그런 인상을 심어줄 만 했지만, 다행히 그것이 퇴폐적이 아닌 밝고 건강한 노선이었다는 점에서 아직 기회는 남아있었다.

이후 그들의 매력을 알아보는 이들이 생기기 시작했다. 인트로에 삽입한 모르스부호가 귀를 잡아챘던 〈S.O.S〉1976의 오리콘 차트 1위 등극이 핑크 레이디의 시간이 임박했음을 암시하고 있었다. 그런데도 레이블 관계자들은 당황스러워 했다. 애초부터 성인 지향 팝을 만들고 싶어 했던 스태프들의 의도와 달리, 엉뚱하게도 아이들에게 그 불이 붙어버린 탓이었다. 손동작이 많았던 안무가 어린 세대의 관심을 유발했고, 점차 범세대적 인기의 가속도를 올리게 하는 요소가 되었다.

1977년부터 2년간은 가히 천하무적이었다. 〈カルメン'77 (Carmen' 77)〉1977을 필두로 〈渚のシンドバッド (물가의 신드밧드)〉1977가 8주간 정상행진을 이어갔고, 155만 장 초대박을 터뜨린 시그너처 송 〈UFO〉1977로 레코드 대상까지 거머쥐었다. 남녀노소를 가리지 않는 시대의 아이콘으로 정착했고, 그들의 이미지를 이용한 캐릭터 상품이 불티나게 팔렸다. 현대 용어인 '원 소스 멀티 유즈'의 출발점이라 할 수 있으며, '가수'라는

상품성을 머천다이징으로 연계시킨 최초의 사례였다. 이렇게 생겨난 신드롬은 당시 호황을 누리던 열도에 어마어마한 경제효과를 낳기도 했다.

이 화제의 중심에는 당시의 유행을 노래의 소재로 사용했다는 사실도 한 몫 했다. UFO붐을 반영한 〈UFO〉도 그렇지만, 역시 기억에 남는 곡은 〈サウスポー(사우스포)〉1978다. 오 사다하루(王 貞治)의 홈런 세계신기록 달성에 맞춰 왼손잡이 투수의 심정을 연애에 대입한 이 곡은 그나마 남아있던 성인 지향의 성격을 완전히 배제하게 만든 싱글이었다. 마이크를 내려놓고 투구폼을 취하는 안무가 눈을 휘둥그레 하게 만들기도 했는데, 지금까지 사람들이 가장 많이 기억하고 있는 핑크 레이디의 퍼포먼스이기도 하다.

11번째 싱글 〈ジパング(지팡구)〉1979에서 연속 1위의 기록이 깨지며 조금씩 이상기류를 보이고 있었지만, 싱글 판매 1000만 장 돌파라는 기록으로 여전히 그 적수가 없음을 보여주었다. 본국에서 활동이 잠시 소강상태에 접어들었을 즈음, 미국 진출을 결심하고 싱글 〈Kiss In The Dark〉1979를 발매했다. 전면에 섹스어필을 내세운 이 곡은 빌보드 핫100 차트 37위에 랭크되었다. 사카모토 큐(坂本 九)의 뒤를 잇는 좋은 성적이었다.

이처럼 성공적인 시작이었지만 불투명한 전망 등 여러 이유로 다시금 본국으로 회귀해야만 했던 두 사람. 일본으로 금의환향을 꿈꿨지만 대중의 인내심은 그렇게 크지 않았다. 방송사와 마찰[1]과 더불어 그들 앞에 기다리고 있던 것은 바로 슈퍼 아이돌 마츠다 세이코(松田 聖子)였다. 이 대체재를 넘어서기엔 이미 세상이라는 바람이 그들을 비켜가고 있었다.

---

[1] 1978년도 《NHK 홍백가합전》 출연을 고사하고 니혼 TV계열의 프로그램에 나가며 NHK와 관계가 틀어지게 되었다. 귀국 후 방송활동이 원활하지 못했던 것은 이 이유가 컸다.

　결국 1980년 9월 1일에 해산을 선언, 1981년 3월 31일 고라쿠엔 구장에서 마지막 콘서트를 개최하기에 이른다. 흥미로운 사실은, 한 발 앞서 나와 있던 여성 트리오 캔디즈 역시 1978년에 같은 곳에서 고별공연을 펼쳤다는 점이다.[2] 보이시함과 여성스러움이 묘하게 조화를 이뤘던 이 듀오는 아무도 밟지 않았던 미지의 영역을 사유화한 뒤 그것을 공공재로 내주며 수많은 후대 아이돌을 탄생시켰다.

　그렇게 작별을 고했지만 2011년에도 전국투어를 개최하는 등 수차례 재결성해 많은 이들의 아쉬움을 달래주고 있다. 예전만큼의 반짝거림은 없지만, 이를 대신하는 것이 바로 두 사람의 우정이다. 공정하지 못했던 정산에도 가수라는 직업 자체에 감사하며 활동했던 이들의 열정은 어느덧 서로간 신뢰로 자리매김했다. 인생의 황금기를 보낸 뒤 속절없이 무너져가는 다른 아티스트와 달리, 여전히 사이좋은 모습으로 남아 대중이 원하는 것을 보여주고 있다는 점에서 이들은 분명 남다른 존재다. '아이돌 신의 개척자들'을 넘어선 존재감, 1970년대의 그리움을 오롯이 채워주는 핑크빛 아우라는 지금도 많은 이들을 홀리고 있다.

2 일반적으로 캔디즈와 이들을 같은 노선에 놓고 비교하는 시선이 많지만, 사실 핑크 레이디의 원형은 1960년대 초반 《ザ ヒット パレード(The Hit Parade)》에서 활약했던 더 피넛츠(ザ・ピ ナッツ)였다.

사와다 켄지 沢田研二 1948〜

GS의 유산이 만든
희대의 쇼 스타퍼

《思いきり気障な人生》
(충분히 같잖은 인생)
1977

아쿠 유(阿久 悠), 오노 카츠오(大野 克夫) 콤비의 3부작 중 첫 번째 작품.
〈時の過ぎゆくままに(시간이 흘러가는 대로)〉를 통해 얻은 인지도를 완벽하게
인기로 환원시켰다. 전작까지만 해도 전 트랙의 작곡을 도맡았던 사와다
켄지가 창작에서 완전히 손을 메고 스타일링을 비롯한 퍼포먼스에 충실했던
것도 성공의 한 요인.

TV 보급 확대가 뮤지션들에게 미친 영향은 지대했다. 일찌 감치 브라운관의 중요성을 알아챈 《渡辺プロダクション(와타나 베 프로덕션)》은 《ザ・ヒットパレード(The Hit Parade)》를 통해 1960년대 매니지먼트 론을 뒤흔들었고, 1970년을 자신의 해로 만든 후지 케이코(藤 圭子)는 불우했던 개인사를 브라운관에 노 출시켜 얻은 공감대로 큰 성공을 거두었다. 반면 오디오의 약세 를 우려한 포크 뮤지션들은 TV 출연을 보이콧하며 이런 경향의 대항마로 분전하기도 했다. 이렇게 팽팽한 긴장관계 속에서 불현 듯 나타난 한 아티스트의 활약이 결국 '전파'의 힘을 공식적으로 인정하게 만드는 계기가 되었다. '쇼와의 줄리(Julie)'[1]와 '헤이세 이의 줄리'를 넘어, 지금은 '기적의 줄리'로 여전한 활기를 보여 주고 있는, 사와다 켄지의 외모는 그 누구도 눈을 뗄 수 없을 만 큼 매력적이었다.

그를 언급할 때 가장 먼저 떠오르는 것이 바로 1977년에 있었 던 제 19회 일본 레코드 대상이다. 시청률 51.6%를 기록한 이 시상식에서 그는 대상을 받고 하염없이 눈물을 흘렸다. 당시 라 이벌이었던 핑크 레이디를 누르고 거머쥔 이 트로피는 단순한 상 이 아니었다. 역경과 고난이 가득했던 서사와 이를 재조명했던 방송 연출의 합작품이었다. 마치 우리가 어려운 상황에서 우승 을 일궈낸 《슈퍼스타K 2》의 허각을 보았듯.

사와다 켄지는 항상 새로운 길을 걸어왔던 아티스트였다. 그 래서 그런지 미처 시대가 받아들이지 못한 탓에 겪는 설움이 많 았다. GS 시대에 활약했던 더 타이거스(ザ タイガース)의 리드 보컬 시절 역시 그랬을 것이다. 최초의 장발그룹이었던 이들은 시대적 보수성에 가로막혀 NHK에서 방송금지를 당하기도 했

---

1 영화 《사운드 오브 뮤직》의 마리아 역으로 유명한 줄리 앤드류스(Julie Andrews)의 팬 을 자처하며 스스로 붙인 별명.

고, 밴드뮤직의 개념이 확립되지 않은 시기였기에 '음악이 아니다'는 편잔을 듣기까지 했으니 말이다. 이와 같은 장벽은 〈モナリザの微笑(모나리자의 미소)〉1967, 〈君だけに愛を(그대에게만 사랑을)〉1968 등의 히트와, 십대 소녀를 중심으로 한 사와다 켄지의 팬덤으로 조금씩 무마되기 시작한다.

그렇다고 태풍이 완전히 지나간 것은 아니었다. 1971년 더 타이거스가 해산한 뒤 결성한 슈퍼밴드 피와이지(PYG) 때도 그를 향한 비난 여론은 여전했다. 더 템프터즈(ザ・テンプターズ)의 하기와라 켄이치(萩原 健一)와 오오구치 히로시(大口 広司), 더 스파이더즈(ザ・スパイダース)의 이노우에 타카유키(井上 堯之)와 오노 카츠오(大野 克夫), 그리고 더 타이거스의 키시베 슈조(岸部 修三) 같은 화려한 멤버들로 스타트를 끊었지만, 그런 상황에서도 GS 말기의 부정적인 이미지는 쉽게 가려지지 않았다. 여기에 더해, '기획사가 만들어낸 밴드'라는 꼬리표를 떼어내지 못하고 장르의 정통성을 더럽히는 팀이라는 평가절하까지 받았다. 무대 위에 토마토나 빈 깡통이 떨어지는 건 예사였다. 와

타나베[2] 소속, 이것이 이들의 발목을 잡은 격이었다.

결국 그는 솔로의 길을 모색하게 된다. 여전히 트렌드에 반보 앞서 나가는 자세를 견지한 이 끈기의 아이콘이 이번에 선택한 것은 바로 '시각적 충격'이었다. 이를 위해 스타일리스트인 하야카와 타케지(무川 タケジ)를 합류시켜 획기적인 패션을 선보이기 시작했다. 〈危険なふたり(위험한 두사람)〉1973을 통해 시

---

2 저항의 이미지가 있는 록을 대형기획사에 소속되어 있는 이들이 한다는 것에 대중은 반발심을 감추지 못했다. 여기에 본인의 의도도 소속사와 부딪히기 일쑤였기 때문에, PYG는 애초에 여러 한계가 있는 팀이기도 했다.

도한 첫 승부수는 65만장이라는 대히트를 이끌었다. 이후 〈巴里にひとり(파리에 홀로)〉1975의 불어버전인 〈Mon Amoure Je Viens Du Bout Du Monde〉를 발표해 일본인 최초로 프랑스에서 골든디스크를 수상하기도 했다.

경력의 절정은 〈時の過ぎゆくままに(시간이 흘러가는 대로)〉1975를 통해 찾아왔다. 92만장의 히트와 함께 자신이 주연을 맡은 드라마 《悪魔のようなあいつ(악마같은 녀석)》의 삽입곡이기도 했던 이 노래로 자신이 시대의 엔터테이너임을 만방에 알렸다. 제 19회 레코드 대상의 주인공이 된 〈勝手にしやがれ(멋대로 해라)〉1977도 빼놓을 수 없다. 이 싱글로 그간의 고생을 보상 받음과 동시에 TV와 아티스트 사이의 밀접한 관계를 다시금 재조명했기 때문이다. 한 가수의 커리어뿐만 아니라 일본대중가요사 측면으로도 절대 잊을 수 없는 한 페이지는 그렇게 완성되었다.

그의 공적은 어느 누구도 접근하지 못했던 '퇴폐미'의 확립에 있다. 한 쪽 눈이 보이지 않도록 비스듬하게 쓰던 모자를 비롯해 마린 룩, 파나마 모자, 나이프, 권총 같은 소재를 장식물로 사용했고, 진한 색조 화장을 한 채 담배를 피면서 노래하는 등 그때까지 없었던 충격적이고 색다른 비주얼을 만들어냈다. 여기에 약간의 손짓과 표정으로 관중을 매료시키는 무대매너는 그야말로 독보적인 경지에 있었다. 1980년에 발표한 사진집에는 남성 팝 가수 최초로 올 누드를 싣기도 했다. 종종 그를 일본의 데이비드 보위(David Bowie)라 부르기도 했는데, 이는 음악보다 서구 글램 록에 영향 받아 선보인 스타일링에 기반을 두고 있다고 보아야 할 것이다.

어느 정도 자신감을 얻은 그는 조금씩 업템포를 표방하는 록 사

운드로 옮겨가게 된다. 항상 더 타이거스 출신이라는 꼬리표로 인해 남성 팬이 생기지 않던 것에 큰 회의감을 느꼈던 그가 조금씩 변화를 도모하던 시기라고 풀이할 수 있다. 〈サムライ(Samurai)〉1978와 〈LOVE(抱きしめたい)(안고 싶어)〉1978를 지나, 〈TOKIO〉1980를 기점으로 트렌디한 요소를 챙기는 동시에 보컬 역시 쉿소리를 강조한 거친 음색을 주무기로 가져갔다. 작사/작곡 재능도 있어 〈ス・ト・リ・ッ・パ・ー(Stripper)〉1981, 〈灰とダイヤモ

ンド(재와 다이아몬드)〉1985 등의 곡을 직접 만들기도 했으며, 안 루이스(Ann Lewis)에게 제공한 〈ラ セゾン(La Saison)〉1982은 톱 10에 랭크되기도 했다.

이런 음악 배경 뒤에는 GS 시절 한솥밥을 먹던 이들의 노고가 숨어있다. 특히나 스파이더스(ザ・スパイダース)의 오노 카츠오와 와일드 원즈(ワイルドワンズ)의 카세 쿠니히코(加瀬 邦彦)는 그 중심인물이라 할만하다. 한물갔다 취급받던 이들이 사와다 켄지라는 뮤즈를 통해 내놓은 곡들은 빠르게 침몰한 GS와 별개로 반짝반짝 빛나는 생명력을 가지고 있었다. 결국 유행의 실마리는 과거에 있음을 증명해낸 것이다. 한마디로 말해, 짧았던 GS 시대의 영광과 회한을 쏟아내 피운 마지막 불꽃, 그것이 바로 사와다 켄지였다.

《渡辺プロダクション(와타나베 프로덕션)》에서 독립한 지 벌써 30년, 그간 이혼과 재혼, 더 타이거스로 홍백가합전에 출전했거나 반전과 평화를 테마로 한 활동 등 다양한 길을 걸어왔다.

2008년에는 60세를 기념한 돔 투어를 개최해 이틀간 5만 4000 명을 운집시키며 레전드의 위용을 다시 한 번 실감하게 했다.

가수 활동뿐만 아니라 다수의 영화나 드라마에 출연한 덕분에 겉모습만 보면 화려한 삶을 살았던 인물로 그야말로 '엔터테이너'라는 칭호가 잘 어울린다고 기억할지 모르겠지만, 그 이면에는 수많은 편견과 냉혹한 시선을 견뎌오며 생긴 그만의 흉터와 굳은살이 있다. 백조의 우아함이 결국 보이지는 않지만 끊임없이 이어진 발길질에서 비롯되듯, 어떤 상황에서도 자신의 뜻을 놓지 않고 계속 발전을 궁리해온 흔적인 것이다. 끊임없는 진화로 쌓아올린 '쥴리의 시대', 그 공든 탑은 놀랍도록 튼튼한 모습으로 여전히 화려함을 뽐내고 있다.

Ø 멤버
이마와노 키요시로(忌野清志郎, 보컬, 기타. 1951~2009)
코바야시 카즈오(小林 和生, 베이스, 코러스. 1951~)
하렌 켄치(破廉 ケンチ, 기타, 코러스. 1951~)
나카이도 "챠보" 레이치(仲井戸 "CHABO" 麗市,
　　　　　　　　　　　　　　기타, 보컬, 코러스. 1950~)
니이다 코조(新井田 耕造, 드럼. 1953~)
오가와 긴지(小川銀次, 기타. 1956~)
시바타 요시야(柴田 義也(Gee2wo라고도 표기),
　　　　　　　　　　　키보드, 코러스. 1954~)
카스가 히로후미(春日 博文, 기타, 드럼. 1954~)
아츠미 레이(厚見 玲衣, 키보드. 1957~)

알씨 석세션 RCサクセション

록이라는
불꽃을 삼킨
열혈남아들

《RHAPSODY》

1980

복귀작을 라이브 앨범으로 하겠다는 시도, 이것은 이마와노 키요시로이기에
가능한 선택이었다. 다듬어지지 않은 날것의 로큰롤 정신을 대중에게 설파
하는 동안 어느덧 시대의 트렌드가 되어 있더라는 당시 이들의 이야기,
앨범을 들어보면 결코 과장이 아니라는 걸 단번에 알아챌 수 있을 것이다.

1970년에 데뷔했던 요시다 타쿠로(吉田 拓郎)와 핫피엔도(は
っぴいえんど)의 충격파 때문이었는지, 1980년이 가까워지자
많은 이가 새로운 스타의 출현에 촉각을 기울이고 있었다. 아
니나 다를까, 사노 모토하루(佐野 元春)가 로큰롤을 다시금 청
춘의 음악으로 회생시켰고, 같은 날 데뷔한 하운드 독(HOUND
DOG)은 1988년 개장 후 최초로 도쿄돔을 대관한 뮤지션으로
역사에 등재되었다. 야마시타 타츠로(山下 拓郎)도《RIDE ON
TIME》1980의 히트를 통해 일본 팝을 정의 내렸고, 하마다 쇼고
(浜田 省吾)는 꿈과 현실의 낙차를 진술하게 읊으며 그 시대의
젊은층을 대변했다. 그리고 이 새로운 시작에 방점을 찍은 것이
바로 일본의 롤링 스톤스(The Rolling Stones)라 부를 만한 알씨석
세션의 부상이었다. 록스타 중에서도 가장 날것에 가까웠던, 불
꽃과 같이 타올랐던 이들의 여정은 그야말로 록이 가진 '저항'이
라는 의미에 가장 걸맞은 것이었다.

이들이 본격적으로 스포트라이트를 받기까지 거의 10년의 세
월이 필요했다. 워낙 기존 체제에 길들여지지 않으려 했던 이들
이었기에, 도리어 거쳐야만 하는 고난의 강도는 더욱 심했다. 그
중심에는 바로 프런트맨 이마와노 키요시로(忌野 清志郎)가 있
다. GS 시대의 광풍을 리얼타임으로 체험하고 있던 그는 중학교
친구였던 코바야시 카즈오(小林 和生), 하렌 켄치(破廉 ケンチ)
와 더 클로버(ザ・クローバー)를 결성했다. 해체와 결성을 반복
한 더 클러버는 결국 그 이름을 리메인더즈 오브 더 클로버 석세
션(The Remainders of The Clover Succession)의 축약형인 알씨석세
션으로 최종 확정, 1968년에야 정식으로 시작을 선언하게 된다.
그 후 TBS《ヤング 720(영 720)》의 오디션에 출전해 합격했

고, 《カレッジ・ポップス・コンサート(College Pop Concert)》에서는 3위를 차지하며 프로 무대에 대한 리허설을 끝마쳤다. 결성 2년 만에 데뷔 싱글 〈宝くじは買わない(복권은 사지 않아)〉1970를 발표했다. 당시만 해도 우드 베이스와 포크 기타를 동반한 어쿠스틱 노선을 타고 있었지만 코드 진행이나 기타 솔로를 통해 자신의 뿌리는 알앤비와 록의 교차점에 있음을 분명히 했다. "복권은 안 사. 난 사랑을 하고 있어서 아무것도 필요 없거든"이라는 스트레이트한 가사가 젊은층의 마음을 뒤흔들었다. 간단한 단어로 정곡을 찌를 수 있는 팀은 많지 않았다. 모두 치장에 신경 쓰고 있을 때, 이렇게 이들은 자신의 본질로 접근했던 것이다.

점점 상업적으로 변질해가던 GS 팀들과 달리, 스스로 작사, 작곡, 편곡을 모두 도맡으며 음악에서 주권을 가지고 있다는 점도 주요 포인트였다. 앨범 《初期のRCサクセション(초기의 알씨석세션)》1972과 싱글 〈ぼくの好きな先生(내가 좋아하는 선생님)〉1972으로 인지도를 높이며 순풍을 예고했지만, 기적은 여기까지였다. 꾸준히 이어진 음악 발표에도 대중의 반응은 시큰둥했다. 설상가상으로 소속사 《ホリプロダクション(Hori Production)》의 프로듀서 오쿠다 요시유키(奧田 義行)가 당시 대인기였던 이노우에 요스이(井上 陽水)를 데리고 나가 독립 사무소 《リボン(Ribbon)》을 설립하는 사건이 일어났다. 이 때문에 오쿠다의 밑에 있었던 알씨석세션이 눈 밖에 나게 되었고, 사무소는 이들에게 어떤 일도, 어떤 녹음도 허용하지 않았다. 계약만료 시점인 1976년이 되어서야 이 횡포에서 벗어날 수 있었다.

이 당시 발표한 세 번째 앨범 《シングルマン(Singleman)》1976은 안타깝게도 1년 만에 폐반, 여기에 하렌 켄치의 정신상태가

불안정해지며 밴드의 미래는 앞날을 기약할 수 없는 상황으로 치달았다. 그러나 위기는 기회라고 했던가. 하렌의 탈퇴 후, 카스가 히로후미(春日 博文)[1], 나카이도 레이치(仲井戸 麗市), 니이다 코조(新井田 耕造), 오가와 긴지(小川 銀次)가 차례로 가입한 후 일렉기타를 밴드 사운드에 적극 수용하며 제 2의 출발을 선언하기에 이른다. 그 시작이 되는 것이 바로 기념비적인 라이브 앨범 《RHAPSODY》1980다.

오랜만에 발표한 작품인 만큼 스튜디오 작품을 원했던 소속사의 의향과 달리, '라이브의 열기를 그대로 담아내고 싶다'는 이마와노 키요시로의 생각에 따라 작업한 이 결과물은 그 에너지를 고스란히 대중에게 전하며 커리어의 터닝 포인트가 되었다. '일본의 롤링 스톤스'라는 평대로 블랙뮤직과 록의 결합이 보다 강한 응집력을 발휘하고 있었고, 글램 록에서 영향 받은 이마와노의 메이크업 또한 센세이션을 일으켰다. 머리를 세우고 화장을 한 채 유니섹스를 표방한 '키요시로 룩'으로 거리를 활보하던 사람들이 당시의 젊음을 대변하던 이들이었다. 이렇게 이 작품은 '알

씨석세션 스타일'을 확립하며 1980년대 일본 뉴웨이브의 시작점으로 규정되었다.

이어 이마와노 키요시로는 사카모토 류이치(坂本 龍一)와 함께한 〈い·け·な·いルージュマジック(못된 루즈매직)〉1982의 뮤직비디오에서 동성의 키스신을 연출하며 강도 높은 파격을 선사했다. 더욱 큰 환호가 뒤따른 건 당연한 일이었다. 싱글 〈サマーツアー(Summer

---

Tour）〉1982 및 앨범 《OK》1983까지 인기를 바탕으로 한 강행군
이 이어졌다. 원래 생활습관이 좋지 않았던 이마와노 키요시로
의 몸 상태는 가요계에서 이들이 누린 위치와 다르게 최악의 상
태로 치달았다.

　이처럼 자신의 이름을 알린 뒤에도
그의 삶은 '록', '펑크' 그 자체였다. 체
제에 종속되지 않은 자유분방한 태도
를 끝까지 고수했고, 그 탓에 많은 사
건을 일으키기도 했다. 1982년 출연
했던 《夜のヒットスタジオ(밤의 히
트 스튜디오)》에서 씹던 껌을 텔레비전 카메라에 뱉었던 일이
나, 원치 않던 베스트 앨범을 기어이 발매한 사무소를 《FEEL SO
BAD》1984를 통해 비판했던 것은 유명한 에피소드다. 그 순간순
간의 감정을 날것 그대로 내뱉었던 시대의 풍운아이자 트러블 메
이커. 돈이나 명예와 관계없이 그 순간 부르고 싶은 것을 부르고
행하고 싶은 것을 행했던 그 대담함이 알씨석세션을 록의 아이
콘으로 자리 잡을 수 있게 한 가장 큰 요인이었다.

　이들의 디스코그래피에서 가장 이야깃거리가 많은 작품이 블
루스와 로큰롤 명곡들을 일본어로 개사해 커버한 작품 《COV-
ERS》1988다. 원자력 발전소를 대놓고 비판한 〈サマータイム ブ
ルース(Summertime Blues)〉의 가사 때문에 당시 원자력 관련 기
업을 모회사로 가지고 있던 레코드사가 임의로 발매를 중지시
키는 초유의 사태가 벌어지게 되었다. 이에 거처를 《キティレ
コード(Kitty Records)》로 옮겼고, 이 앨범으로 결국 첫 오리콘
차트 1위에 오르는 영광을 맛봤다. 언더그라운드의 반골정신을

그대로 메이저로 끌고 왔다는 것도 대단하지만, 이 작품으로 첫 정상을 밟았다는 것 또한 참으로 그들답다고 생각될 만한 에피소드이다.

미래의 일본어 록을 예지했던 음악 스타일, 직설적인 모습의 이면에 살아 숨 쉬던 유려한 서정성, 오티스 레딩(Otis Redding) 같은 소울 레전드에게 계승받은 그루비한 리듬, 누구도 따라할 수 없을 만큼 독보적이었던 퍼포먼스 등은 '1980년대의 시작'을 알리는 뮤지션 중 하나로 이 팀을 꼽아야 하는 가장 큰 이유이다. '록 밴드가 하는 라이브'의 원형을 정립시킨 팀이기도 하며, 무엇보다 프런트맨 이마와노 키요시로의 '스피릿'은 수많은 후배 뮤지션이 음악을 시작하게 만들었다.[2]

2009년 5월 2일, 암성 림프관증으로 고통을 겪던 그는 결국 안타깝게 숨을 거두고 말았다. 그것은 곧 일본 음악계 전체의 비극이었다. 5월 4일 관계자들만 참여해 밀장을 치른 후, 5월 9일 록 장례식 《이마와노 키요시로(忌野 淸志郎) AOYAMA ROCK'N ROLL SHOW》를 정식 개최해 그를 추모하는 많은 이와 함께 마지막 작별인사를 나누었다.[3] 그렇게 최후까지도 '킹 오브 록'이라는 수식어에 걸맞는 모습을 보였던 그. 그렇게 물려준 열정이라는 유산은 아직 수많은 이의 가슴 속에 살아 숨 쉬며 이렇게 부르짖고 있다.

"愛し合ってるかい?!(서로 사랑하고 있나요?!)"

---

2 대표적인 인물이 보위(BOØWY)의 히무로 쿄스케(氷室 京介)다. 노래를 포기하려던 때에 알씨석세션의 무대를 보고 다시금 마음을 고쳐먹었다고 한다.

3 4만 7000명 이상의 팬들이 몰렸고, 뮤지션을 포함한 각계 연예인도 참가해 마지막 가는 길을 배웅했다. 오랜 친구였던 배우 다케나카 나오토(竹中 直人)의 통곡에 가까운 연설은 두 사람의 깊은 관계를 짐작케 한다.

Ø 전멤버
오오모리 타카시(大森 隆志, 리드 기타, 코러스, 보컬. 1956~)

Ø 멤버
쿠와타 케이스케(桑田 佳祐, 기타, 보컬. 1956~)
세키구치 카즈유키(関口 和之, 베이스, 코러스, 보컬. 1955~)
마츠다 히로시(松田 弘, 드럼, 코러스, 보컬. 1956~)
하라 유코(原 由子, 키보드, 코러스, 보컬. 1956~)
노자와 히데유키(野沢 秀行, 퍼커션, 코러스. 1954~)

사잔 올스타즈

サザン オールスターズ

꾸준함을
미덕으로 하는
진정한 국민밴드

《KAMAKURA》

1985

최근 10년간의 사잔 올 스타즈를 떠올리고 듣는다면 낯설 수도 있다. 샘플러와 신시사이저를 중심으로 구성한 곡들이 대다수를 차지하고 있기 때문이다. 여러 시도와 실험으로 만들어낸 색다른 사운드가 이들의 높은 자유도를 방증한다. 지금 같은 중년의 느긋함도 좋지만, 음악적으로 치열했던 시기의 매력을 느껴보는 것도 좋지 않을까.

어디로 튈지 모르는 음악과 애티튜드로 무장해 오랫동안 사랑받아온 밴드가 바로 사잔 올 스타즈다. 강산이 세 번이나 변했는데도 여전히 관객 동원력에 있어 압도적인 힘을 발휘하며, 컴백 기사만으로도 소속사 주가가 폭등할 만큼의 영향력을 가지고 있는 전설이자 현재진행형 밴드. 그 성공 요인을 하나로 꼽는 것은 굉장히 어려운 일이지만, 음악성 자체를 넘어 대중가수의 덕목은 대중성에 있다는 것을 몸소 보여주고 있다는 점이 오랜 커리어의 핵심이라 해도 지나친 말은 아니다.

그 중심에는 바로 거의 모든 곡의 작사와 작곡을 담당하는 쿠와타 케이스케(桑田 佳祐)가 있다. 대학 시절 직접 사람들을 불러 모아 만든 이 미래의 국민밴드는 닐 영(Neil Young)이 부른 노래 제목 'Southern Man'과 살사 그룹 파니아 올 스타즈(Fania All Stars)의 조합을 통해 정식 이름을 가지게 되었다. 세키구치 카즈유키(関口 和之), 마츠다 히로시(松田 弘), 하라 유코(原 由子), 노자와 히데유키(野沢 秀行), 오오모리 타카시(大森 隆志)를 최종 라인업으로 확정, 본격적인 데뷔의 길로 나아가게 된다.

'포크송의 다음은 록'이라는 기치 하에 이들을 스카웃한 《アミューズ(Amuse)》의 오사토 요키치(大里 洋吉) 체제 하에, 5년이라는 어둑한 새벽을 지나 드디어 데뷔 싱글 〈勝手にシンドバッド(멋대로 신드밧드)〉1978를 발표하게 된다. 이 곡은 여러모로 화제를 불러일으켰는데, 우선 제목부터 이목을 끌었다. 그도 그럴 것이 당시 최고의 인기를 누리고 있던 사와다 켄지(〈勝手にしやがれ(멋대로 해라)〉)와 핑크 레이디(〈渚のシンドバッド(물가의 신드밧드)〉)의 노래 제목을 반씩 따와 만든 타이틀이었기 때문이었다.

노래의 구성도 예사롭지 않았다. 이국적인 삼바 리듬과 혼 섹션을 섞은 곡 구성에 쿠와타의 탁한 보이스 컬러가 가세하 여 가요곡도, 록도, 포크송도 아닌 '사잔 올 스타즈'라는 브랜드

를 단번에 만들어냈다. 당시 록밴드나 포크 가수가 일반적으로 취하고 있었 던 'TV 거부' 노선에 역대항하여 적극 적인 프로모션 활동을 펼쳐나간 점도 이들을 특이한 집단으로 바라보게 했 던 이유였다.

〈勝手にシンドバッド〉의 유쾌한 곡 조 때문에 '코믹 밴드'라는 원치 않은 딱지를 붙인 채 활동해야 했는데, 이를 벗어나기가 쉽지 않았다. 소속사에서는 같은 노선 의 곡을 종용하며 다른 스타일로 이탈하지 못하게 감시했다. 그 렇다고 가만히 있을 이들이 아니었다. 비틀즈의 〈Let It Be〉를 모 티브로 삼은 〈いとしのエリ (사랑스러운 엘리)〉[1]1979를 세 번째 싱글로 낙점해 발라드라는 초강수로 기존 이미지를 바꿔버렸 다. 이 승부수는 완벽히 맞아 들어가 엄청난 히트를 기록했으며, 1989년에는 레이 찰스(Ray Charles)가 영어 가사로 커버하는 등 대중성을 재확인받기도 했다. 이를 기점으로 보다 자유로운 음 악활동의 길이 열렸고, 동시에 방송활동을 조금씩 줄여가는 추 세를 보였다.

그렇다고 이들이 거치는 항로가 항상 잔잔하기만 한 것은 아니 었다. 줄어든 미디어 출연으로 인해 판매량은 급감했고, 싱글은 〈C調言葉に御用心(그럴싸한 말 조심해)〉1979를 제외하면 대부 분 10만장 안팎의 수치를 기록하는 데 그쳤다. 그러던 중 전환기

---

1 엘리는 쿠와타 케이스케가 좋아하는 뮤지션을 꼽을 때 항상 언급하는 에릭 클랩튼(Eric Clapton)을 짧게 줄여 말한 것이다. 쿠와타 케이스케와 하라 유코의 결혼식 당시 쿠와타가 '엘리'를 '유코'로 바꿔 부르기도 했다.

를 다시금 마련해 준 노래가 바로 〈チャコの海岸物語(챠코해안 이야기)〉1982였다. 당시 인기 아이돌이었던 타하라 토시히코(田原 俊彦)의 창법을 흉내 내고 1960년대 후반 GS의 향취를 살린 편곡을 무기로 삼아 하프 밀리언을 달성했다. 여기에 더해, 사잔 올 스타즈 앨범에서 수작으로 꼽는 《KAMAKURA》1985 발표, 멤버인 쿠와타 케이스케와 하라 유코의 결혼이라는 경사와 함께 이들의 가장 화려한 시절 가운데 한 페이지를 장식했다.

여기까지만 들어봐도 이들의 스타일이 상당히 유연함을 느낄 수 있을 것이다. 앞서 소개한 곡들만 봐도 삼바, 발라드, 록 등 한 장르에 국한되지 않는다. 싱글 〈太陽は罪な奴(태양은 나쁜 녀석)〉1996에서는 전자음악 요소를 도입했고, 〈愛の言霊(사랑의 언령)~Spiritual Message〉1996에서는 인도네시아어 랩을 삽입하기도 했다. 이는 극소수의 예시일 뿐, 그 밖의 다채로운 시도가 그 희소성을 더욱 강하게 만들어 주었다.

이 '보수성에 대한 반기'야말로 이들이 가진 대중성의 핵심이었으며, 앞으로 찾아올 세대의 문화를 미리 캐치해 전파할 수 있었던 원동력이었다. 또한 당시 고급스럽게 여겼던 '뉴뮤직'과 달리 서민적인 음악으로 사람들에게 파고들며 1970년대 이후 성장하는 일본사회를 이끌어왔다는 점은 바로 단순한 인기가수에서 나아가 일본의 대표 아티스트로 군림할 수 있는 또 다른 요인이기도 하다.

또한, 앞서 언급한 〈エロティカ・セブン(EROTICA SEVEN)〉 1993이나 〈マンピーのG★SPOT(망피의 G-SPOT)〉1995 같은 제목에서 알 수 있듯 이들은 활동 초기부터 성적인 요소를 자주 가사의 소재로 사용했다. 이런 곡들의 히트가 영화 《Saturday Night

Fever(토요일 밤의 열기)》의 세계적인 돌풍과 맞물려 쇼난 붐, 즉 여자 꼬시기 문화(ナンパ文化/난파 문화)가 유행하는 직접적인 원인을 만들었다는 시각도 존재한다. 밴드가 일조한 이 난파 문화의 흐름에서 이탈한 이들이 당시 《우주전함 야마토》 등의 애니메이션 붐에서 자신의 공간을 찾기 시작했고, 이것이 대략적인 오타쿠의 기원이라 보는 미야다이 신지(宮台 真司) 교수의 인터뷰[2]는 이들과 관련된 꽤나 흥미로운 일면이다.

결혼 후 3년간 공백을 가진 뒤, 새로운 파트너인 코바야시 타케시(小林 武史)의 프로듀싱을 거쳐 24번째 싱글 〈みんなのうた(모두의 노래)〉1988로 컴백했다. 1990년대에도 〈涙のキッス(눈물의 키스)〉1992, 〈エロティカ・セブン(EROTICA SEVEN)〉1993, 〈あなただけを(당신만을)~Summer Heartbreak~〉1995, 〈愛の言霊(사랑의 언령)~Spiritual Message~〉1996 등의 곡으로 밀리언 셀링을 달성해 완연한 안정기로 접어드는 모습을 보였다.

1997년은 대중성과 거리를 두었던 해로, 신규 팬 유입이 급격히 감소하게 된다. 1999년이 되어 팬클럽 라이브를 하고 나서야 결국 사람들이 좋아할만한 곡을 만드는 것이 자신의 소임임을 깨닫고 명곡 〈Tsunami〉2000를 만들게 된다. 290만 장의 판매고는 커리어에 비해 이상할 정도로 연이 없었던 일본 레코드 대상까지 품에 안을 수 있게 해주었다.[3] 2000년대 들어서도 〈涙の海で抱かれたい(눈물의 바다에 안기고 싶어)~SEA OF LOVE~〉2003, 〈I AM YOUR SINGER〉2008 등의 싱글을 발표했

2 http://ppss.kr/archives/10446

다. 잠시 휴식기를 거쳐 2013년에 복귀한 후 9년 만에 연말 카운트다운 콘서트를 개최하고 10년만에 정규작 《葡萄(포도)》2015를 발표하며 정력적인 활동을 펼치고 있다.

　한 음악 관계자는 이들에 대해 이렇게 말했다. 언제 만나더라도 순수한 학생 같은 열정으로 이야기를 이어나갈 수 있는 이들이라고. '꿈을 즐거이 좇던 학창시절의 모습', 이것은 꿈을 가지고 있어도 이루기 어려운 상황에 있는 이들에게나, 어느덧 꿈을 잊고 살아가는 이들에게나, 모두가 가지고 있을 법한 뜨거운 기억을 불러오는 매개체가 된다. 재즈와 라틴 및 가요곡의 기묘한 어우러짐을 기반으로 삼아 언제나 새로운 시도를 잊지 않는 그들. 시대의 영향에서 벗어난 팀 특유의 컬러와 함께, 지금까지 거쳐 온 35년이란 세월이 앞으로 40년, 50년으로 나아가기 위한 것이었음을 이들은 증명해 나갈 것이다. 누가 뭐래도 사잔 올 스타즈는 제이팝의 올 스타즈니까.

---

3 큰 인기를 누렸는데도 이때까지 단 한 번도 수상하지 못했다는 건, TV에 의존하던 레코드 대상과 라이브 및 레코딩을 중심으로 활동하던 록 밴드 간에 확실한 거리감이 있었음을 알려주는 내용이기도 하다.

Ø 멤버
호소노 하루오미(細野 晴臣, 일렉트릭 베이스. 1947~)
타카하시 유키히로(高橋 幸宏, 드럼, 보컬. 1952~)
사카모토 류이치(坂本 龍一, 키보드. 1952~)

몇 십 년을 앞서나갔던
전자음악의 선구자들

《SOLID STATE SURVIVOR》
1979

이들의 대표곡인 〈TECHNOPLIS〉와 〈RYDEEN〉을 비롯, 오키나와 민요를
덧입힌 〈ABSOLUTE EGO DANCE〉, 마이클 잭슨이 리메이크하기도 한
〈BEHIND THE MASK〉와 비틀즈의 곡을 커버한 〈DAY TRIPPER〉까지,
한계가 없는 이들의 음악세계를 엿보기에 가장 적합한 YMO의 걸작이다.

시대를 선도하려면 앞서 가야 한다. 앞서 가기 위해서는 남들이 하지 않은 것을 해야 한다. 이들은 이러한 명제에 무척 잘 어울리는 그룹이었다. 사카모토 큐(坂本 九)가 1963년 빌보드 정상에 오르며 초국가적 인지도를 얻었지만 결국 원 히트 원더에 그치며 그 흐름을 장기간 이어가지 못했던 것에 비해, 이들은 새로운 시대를 구축하며 확실한 '세계적 붐'을 일으켰다. 전자의 경우 우연성이 컸기에 지속성을 기대하기 힘들었던 반면, 후자는 국경을 넘어 수많은 대중과 아티스트에게 지금까지 회자되고 있기에 그 가치가 더욱 특별해진다. 이처럼 세계적인 영향력을 과시함과 동시에 후배 뮤지션들에게 음악적 영감을 남긴 이들의 업적은 분명 시대를 몇 년, 아니 몇 십 년이나 초월하고 있었다.

배경설명을 위해 1978년으로 잠시 돌아가 보자. 영화 《Saturday Night Fever(토요일 밤의 열기)》로 인해 한창 절정에 있을 디스코 붐이 떠오를 것이다. 이와 함께 음악 장비가 발전하면서 크라프트베르크(Kraftwerk)와 디보(Devo) 등이 음악의 기계화를 외치기 시작했고, 그 물결에 유럽과 아메리카의 소매와 바지 끝단이 조금씩 젖어가고 있던 상태였다. 일본의 경우, TV를 거부했던 과거와 달리 차(Char)와 하라다 신지(原田 眞二) 같은 스타들이 브라운관에 적극적으로 얼굴을 내밀며 록의 상업화 경향을 부채질하고 있었다. 옐로우 매직 오케스트라의 멤버들은 당시의 이런 국내외 트렌드를 모두 흡수하고 있었다. 디스코 리듬을 적극 반영하고 진일보한 컴퓨터 음악의 활용, TV를 중심으로 한 언론 플레이 등등. 막 등장한 워크맨과 이어폰으로 감상생활에 진보를 이뤘던 당시의 힙스터들이 열광할 수밖에 없는 요소를 모두 갖춘 그룹이라 해도 지나친 말이 아니다.

팀의 콘셉트를 주도한 전 핫피엔도(はっぴいえんど)의 멤버 호소노 하루오미(細野 晴臣), 새디스틱 미카 밴드(サディスティック・ミカ・バンド)를 통해 이미 역사의 한 페이지를 장식했던 다카하시 유키히로(高橋 幸裕), 그리고 오타키 에이치(大瀧 詠一)와 야마시타 타츠로(山下 達郎)의 세션에 참가하는 등 실력으로는 이미 정평이 나 있던 사카모토 류이치(坂本 龍一). 이름만 들어도 슈퍼 밴드라 언급하는 것이 전혀 어렵지 않다. 이 세 명은 서로 합의하에 팀을 이루었지만, 그렇다고 정확히 하나의 모습으로 움직인 것은 아니었다. 집단이라는 울타리가 아닌, 각자의 자아가 맘껏 뛰노는 하나의 운동장 같은 영역이 바로 YMO였다. 호소노의 총괄 프로듀싱 체제 하에 다카하시는 패션을 비롯한 스타일링에서, 사카모토는 레코딩과 편곡에서 두각을 나타내는 등 각자 영역에서 최고의 수완을 발휘하며 신드롬의 중심에 설 여건을 마련했다.

결성을 완료한 후 신시사이저 중심으로 재편곡한 마틴 데니(Martin Denny) 원곡의 〈Fire Cracker〉1978로 조금씩 반응을 모으기 시작했고, 같은 해에 기념비적인 데뷔 앨범 《YELLOW MAGIC ORCHESTRA》1978를 발표하게 된다. 이즈음부터 일찍이 《A&M RECORDS》와 업무를 제휴해 해외시장 진출을 모색했고, 이듬해에 첫 작품을 미국 전용으로 리믹스해 정식으로 선보였다. 〈イエロー・マジック(東風)(Yellow magic(Tong Poo))〉, 〈中國女(중국녀)〉 등의 곡을 담은 이 US 버전 앨범과 연계해 열었던 첫 해외공연을 성공리에 마쳐

그 존재감도 조금씩 부각시키기 시작했다.

본격적인 열풍은 바로 2집 《SOLID STATE SURVIVOR》1979부터 시작되었다. 오리콘 차트 1위에 총 100만 장 이상 판매고를 올린 이 작품은 당시 이들을 트렌드세터로 확실히 자리매김 시킨 결정적인 한방이었다. 일반적으로 대중이 인식하고 있는 이들의 이미지라 할 만한 〈RYDEEN〉이나 〈TECHNOPOLIS〉 등의 곡을 수록하고 있었고, 〈BEHIND THE MASK〉는 후에 마이클 잭슨(Michael Jackson)이 커버[1]하기도 하는 등 내수 시장을 넘어 타국 아티스트까지 포섭할 정도의 파급력을 행사했다. 해외 음악계까지 관심을 보인 이 기세를 이어가기 위해 10월부터 첫 월드 투어인 《TRANS ATLANTIC TOUR》를 개최했다. 런던과 파리, 뉴욕 등에서 성공적인 공연을 마친 후 일본으로 돌아와 나카노 선 플라자에서 위풍당당한 개선공연을 펼치기에 이르렀다. 전혀 미동도 없이 묵묵히 자신의 악기만 바라보는 연주 스타일, 인민복 같은 무대 의상 등 모든 것이 유행으로 정착해 하나의 사회현상이 되어가던 시기였다.

이후 첫 라이브 앨범인 《PUBLIC PRESSURE》1980와 함께 첫 국내 투어 《TECHNOPOLIS 2000-20》 및 두 번째 월드 투어 《From Tokio to Tokyo》로 커리어의 절정을 맞았다. 그렇게 최정상의 위치를 이어가고 있었지만, 거짓말처럼 이 월드 투어가 이들의 마지막 해외 공연이 되었다. 자국에서 치른 라이브 역시 그 규모를 대폭 축소했다. '공연보다 레코딩 작업이 더 좋기 때문'이 이유였다. 반

---

1 사실 마이클 잭슨의 커버는 《Thriller》(1982)에 수록될 예정이었다. 하지만 판권의 50%를 요청한 마이클 잭슨 측의 요구를 YMO 측에서 거절하며 발표가 불발되었고, 훗날 《Michael》(2000)을 통해 정식으로 발표되었다. 한편 에릭 클랩튼(Eric Clapton)의 《August》(1986)에 마이클 잭슨 버전의 커버곡이 실려 있는데, 이는 당시 《Thriller》의 공동 프로듀서였던 그렉 필링게인스(Greg Phillinganes)가 에릭 클랩튼의 백밴드에서 키보드를

복 성향이 짙은 연주보다는 무언가를 계속 창조해내는 것에 훨씬 흥미를 느꼈기 때문이기도 했다.

이런 방향 전환은 엄청난 변화의 바람을 가져왔다. 네 번째 앨범 《BGM》1981은 그간 해오던 스타일에서 팝적인 색깔을 덜어내고 무거운 비트를 얹어 좀 더 일렉트로니카의 본질에 접근한 곡들로 채웠다. 머물러 있는 이미지를 쇄신하고 새로운 영역으로 접근을 시도한 이들의 결과물은 평단의 호평을 받으며 음악 집단으로서 존재감을 공고히 했다. 하지만 대중은 그 모습에 낯설어 했다. 세일즈는 곤두박질쳤고, 옛날의 YMO로 돌아오라는 팬들의 항의가 빗발쳤다. 그런 상황에서도 이들은 그 외침을 뿌리친 채 다시 한 번 실험의 영역으로 나아갔다. 당시 흔치 않았던 샘플링 머신을 이용해 악기 음 외에 여러 소리를 소스로 끌어와 작업한 《TECHNODELIC》1981은 대중보다 아티스트에게 더 영향을 많이 준 작품으로 자리매김하며 변신의 의도를 명확히 했다. 〈Cue〉, 〈U.T〉, 〈ジャム(Jam)〉 같은 곡들이 이 해의 대표작이라 할 수 있는 곡들이다.

자아가 강했던 트리오의 이 활동이 영원할 거라 생각한 사람이 과연 얼마나 있었을까.[2] 1982년부터 서서히 개별 활동 비중을 늘려가기 시작했다. 호소노 하루오미는 마츠다 세이코(松田聖子)에게 곡을 주었고, 사카모토 류이치는 이마와노 키요시로(忌野 清志郎)와 〈い·け·な·いルージュマジック(못된 루즈매직)〉1982으로 콜라보레이션을, 타카하시 유키히로는 솔로 투어를 실시하는 등 각자 바쁜 나날을 보내던 시기였다. 그러던 중 분위기를 일신한 팝 스타일의 〈君に,胸キュウン(그대에게, 가슴이 두근)〉1983으로 컴백하며 또 다른 YMO의 일면을 드러냈다. 그

맡고 있었기에 가능했던 일이었다.
2 실제로 사카모토 류이치와 호소노 하루오미는 당시 음악적 이견이 많았다고 한다. 다카하시 유키히로가 중재자 역할을 톡톡히 했다고. 그런 의미에서 타카하시 유키히로가 있었기에 지금의 YMO가 있었다고 해도 지나친 말은 아닐지도 모르겠다.

간의 공백이 무색하게 이 싱글은 그룹 경력 사상 최고 판매량을 올린 곡이 되었고, 이어 발표한 신작 《浮気なぼくら(NAUGHTY BOYS)》1983 역시 오랜만에 친근함을 어필하며 YMO의 귀환을 재차 알렸다.

그것이 마지막 불꽃이었다. 이후 보너스 성격의 앨범 두 장 및 《1983 JAPAN TOUR》를 끝으로 자연스럽게 각자의 길을 걷게 된다. 이들이 걸어왔던 길을 생각해보면 당연한 일이었다. 지금 보면 알겠지만, 현재 세 명이 걷는 길은 확연히 다르다. 그렇기에 당시의 해산은 예정된 수순이기도 했다. 이후 몇 번의 재결성 소문을 거쳐 1993년 도쿄돔 콘서트를 비롯해 2000년대에 여러 번 합동 무대를 갖는 등 해체의 아쉬움과 무관하게 세 명의 관계는 매우 공고하다. 아무래도 지금은 그룹의 무게감에서 어느 정도 벗어났다는 데에서 비롯된 여유 덕분이지 싶다. 세 멤버 모두 당시의 환희에 머물지 않고 계속 전진한 덕분에, 이때의 이야기를 하지 않고도 얼마든지 음악적 정체성에 대한 증거를 내보일 수 있기 때문이다. 물론 그중 가장 극적이고 화려했던 때는 YMO 시절이겠지만 말이다.

이 3인의 테크노 전사가 이룩한 업적들을 단순히 글로만 전달하기에는 아무래도 부족한 면이 많다. 당시 기술의 허약함을 타파하기 위한 그 고민은, 기술적인 지식과 당시 장비의 열악함에 대한 이해 없이는 정확히 체감하기 힘든 성질의 것이기 때문이다. 열에 약한 시퀀서의 오작동으로 곡의 데이터를 로드하지 못할 경우가 많아 라이브에서 정신적 부담이 심했다거나, 원하는 드럼 소리를 잡아내기 위해 하이햇 외의 드럼 세트에 모포를 빙빙 감아 소리가 나오지 않게 했다는 일화들. 이 연속되는 장벽은

혁신적인 결과물을 원했던 이들의 열정에 무너진 후 예술로 재구
축되었다. 하이테크 사운드와 오리엔탈 멜로디의 절묘한 조화,
아무도 생각해내지 못했던 것을 현실화시킨 이 트리오의 역사는
세계 음악사의 한 부분을 지탱해주고 있다.

사노 모토하루

佐野元春

1956~

끊임없는 자기혁신,
그것만이 살길이다

《サムデイ》
(Someday)
1982

사노 모토하루가 보여주는 대중성의 극한. 시티팝의
대표작인 만큼, 대도시에서 살아가는 사람들의
희노애락을 이 한 장에서 전부 확인할 수 있을 것이다.

자신의 확고한 스타일을 정립한 뒤 그 폼을 최대한 유지하는 것이 장수 뮤지션들의 노후 대책이지만, 그는 달랐다. 때문에 사노 모토하루는 장기적인 흐름으로 언급하기에 가장 어려운 인물이다. 점과 점을 잇는 단순한 직선이 아닌, 언제든지 도화지를 벗어나 입체도형을 그릴 수 있는 자유분방함을 가진 아티스트로 30년이 넘는 가수생활을 이어왔다. 가진 것을 지키려는 자들 사이에서 '비우고 새로 채움'의 미학을 일깨워주었던 그. 몇 번이고 다시 채운 우물은 지금도 변함없이 고품격 수질을 보유하고 있는 중이다.

그에게 처음 음악을 알려준 건 중학교 입학 후 친구에게 받은 트랜지스터 라디오였다. 후(The Who)의 피트 타운센드(Pete Townshend)를 필두로 브리티시 인베이전에 흥미가 생겨 기타를 구입했고, 시에 관심을 가져 문학작품을 찾아 읽었다. 헤르만 헤세(Hermann Hesse)의 시에 멜로디를 붙인 첫 습작은, 시간이 흘러 소리뿐만 아니라 언어 자체에도 큰 애정을 쏟을 것이라는 예고였다.

고등학교에 입학한 그는 본격적으로 자아탐구에 시간을 쏟았다. 밥 딜런(Bob Dylan)을 접하며 앨런 긴즈버그(Allen Ginsberg), 잭 케루악(Jack Kerouac) 같은 비트 제너레이션[1]에 심취하게 되었고, 히피와 같은 억압되지 않은 삶을 열망하기에 이르렀다. 그런 자유로움을 실생활에서 갈망한 나머지 문제아로 낙인찍혀가고 있던 고교 졸업반 즈음, 집에서 독립하면서 교내 밴드를 결성해 삶의 새로운 전기를 마련해 나갔다.

프로가 되겠다는 열망은 아직 없던 시기였다. 그 때 한 여성이 운명처럼 나타났으니, 바로 사토 나나코(佐藤 奈々子)였다. 우

---

1 1950년대 미국의 경제적 풍요 속에서 산업화 이전의 생활과 집단 가치를 중시하며 개인이 부속품으로 전락하는 것을 거부했던 이들을 일컫는 말. 이들이 집단화 된 것이 바로 히피(Hippie)다.

연히 만나 의기투합하게 된 두 사람은 1974년 대학 주최의 여성 싱어송라이터 콘테스트에 참가해 공동 작업한 곡으로 우수상을 거머쥐었다. 이를 통해 사토 나나코의 프로듀스 활동을 도맡게 되었고, 이것이 본격적인 뮤직 비즈니스에 발을 들이는 계기가 되었다.

그렇다고 해도 신입이라 봉급은 많지 않았다. 결국 특기를 살려 광고 대리점에 입사해 카피라이터로 재직하며 생계를 꾸려나갔고, 1년 후에는 라디오 디렉터라는 직함으로 프로그램 제작에 손을 뻗쳤다. 그러던 중 1979년 대학 졸업과 동시에 《EPIC · ソニー(Sony)》의 프로듀서인 코사카 요우지(小坂 洋二)에게 본격적인 데뷔를 권유받게 되었다. 긴가민가한 상태였던 그는, 라디오 제작 담당과 사이가 틀어지며 결국 퇴사를 결심했고 앞으로 인생의 모든 것이 될 뮤지션이라는 경주의 출발 선상에 서게 되었다.

포크 및 뉴뮤직계의 예능기획사 《ヤングジャパン(Young Japan)》과 계약해 〈アンジェリーナ(Angelina)〉1980를 발표하며 데뷔했다. 그해 4월에 첫 정규작 《BACK TO THE STREET》1980를 발표

했고, 10월에는 백밴드의 이름을 더 하트랜드(ザ ハートランド)로 명명하며 본격적인 공연형 가수로서 체계를 갖추었다. 초창기의 그는 마치 버디 홀리(Buddy Holly) 같은 모범생 스타일로 등장했는데, 캐롤(キャロル)의 전매특허였던 로큰롤의 올드한 이미지를 쇄신하며 '로큰롤도 밝고 세련될 수 있다'는 캐치프레이즈를 적극 전파했다.

이렇게 스포트라이트를 받았는데도 2집 《Heart Beat》1981도 별다른 반향을 일으키지 못하며 한동안 무명의 시기를 겪었다. 절치부심 끝에 6월 자신의 전환기가 될 곡을 발표하는데, 그 노래가 바로 시그너처 송인 〈SOMEDAY〉였다. 인생에 다시 없을 히트곡으로 자리매김한 데 이어, 첫 셀프 프로듀스작인 동명의 앨범 《サムデイ(Someday)》1982가 오리콘 차트 4위에 랭크되어 드디어 상업적인 결실도 맺게 된다.

3집은 사노 모토하루의 초기 3부작의 결정판으로 알려져 있다. 필 스펙터(Phil Spector)가 시도한 월 오브 사운드(Wall of Sound)를 적극 도입하는 한편, 로큰롤과 가요의 교집합을 통해 대중의 구미에 맞췄다. 또한 갑작스런 경제성장으로 일반화된 도시생활의 '희로애락'을 그려내며 '시티 팝'이라는 조류를 이끌기도 했다. 일반적인 워딩을 벗어난 가사 역시 독특했다. 한 음정에 다음절을 우겨넣는 방법으로 일본어 가창의 자유로움을 도모해 핫피엔도가 주창한 '일본어 록'을 계승하고 발전시켰다. 이 모두가 《サムデイ》 한 장으로 이뤄낸 성과였다.

재미있는 것은 지금부터다. 한창 기세를 타고 차기작을 준비해야 할 시기에, 그는 홀로 뉴욕행 비행기에 오른다. 1980년대는 엔지니어의 존재감이 커지고 있던 시기였다. 16채널이 48채널로 변화했고, 컴퓨터 믹스가 세계에 퍼지고 있었다. 이에 따른 사운드 갈증에 따른 해갈과 음악업계를 뒤집어 엎을만한 새로운 접근방식 탐구를 위해 무모한 여정에 오른 이 모험가는 완전히 새로운 영역을 목도하게 된다. 당시 라틴계 이민자를 중심으로 떠오르기 시작한 '랩'이 바로 그것이었다. 원래부터 언어에 관심이 있었던 그는, 결국 전작의 연장선이라는 청사진을 버리고 새롭게 작업을 시작하게 되었다. 그 결과물이 《VISITORS》1984다.

 말 그대로 일본 최초의 '메이저 랩 앨범'이었다. 멜로디를 버린 가창은 힙합 비트와 함께 절묘하게 어우러졌고, 일렉트릭과 어쿠스틱이 교차하는 가운데 자아에 대한 성찰이 메시지의 과반수를 점했다. 마이클 잭슨(Michael Jackson)을 떠올리게 하는 날렵한 비트가 인상적인 〈COMPLICATION SHAKEDOWN〉은 기존의 그와 또 다른 면을 대중에게 안겨주었다. 투어 역시 전위 예술 같은 분위기를 연출하며 지향점의 변화를 관객에게 확실히 전달했다.

 그렇다고 실험만 난무한 것은 아니었다. 같은 해에 작곡해 마츠다 세이코(松田 聖子)가 부른 〈ハートのイアリング(하트의 이어링)〉1984으로 대중 노선 역시 견지하고 있음을 알렸고,[2] 〈YOUNG BLOODS〉1985를 통해 처음으로 톱 텐 히트를 기록하며 균형 잡힌 경력을 이어나갔다. 이와 함께 '스포큰 워드'라고 부르는 자작시 낭독 작품을 선보였고, 7월에는 《LIVE AID》에 일본 대표로 참가하는 영광을 누렸다. 이어 브라스 섹션을 중심으로 흑인음악 요소와 레게, 스카 같은 장르를 도입해 이국적 감각이 넘쳤던 5집 《Café Bohemia》1986를 발표했다.

 잠시 기간을 두고 나온 6집 《ナポレオンフィッシュと泳ぐ日(나폴레옹 피시와 헤엄치던 날)》1989은 또 하나의 걸작으로 평가받는다. 이 앨범은 영국으로 조타수를 돌려 UK 록과 스키플, 아프리칸 리듬 등을 폭넓게 받아들였다. 급진적 스타일을 위해 기존 작업을 엎고 홀로 출국한 그의 과감성이 없었다면 탄생하지 않았을 작품이었으며, 추상적인 단어로 이미지를 풀어넣는 수법 또한 이 앨범을 통해 확실한 그만의 문체로 자리 잡기에 이른다.

---

2 작곡가일 때는 홀랜드 로즈(Holland Rose)라는 필명을 사용했다. 자신이 진행하던 라디오 프로그램 사연 중 한 청취자가 홀 앤 오츠(Hall & Oates)를 잘못 듣고 쓴 것을 필명으로 삼은 것이 그 유래이다.

이밖에도 일본 레코드 대상 우수 앨범상을 수상한 《SWEET 16》1992, 갑작스레 백밴드였던 더 하트랜드를 해체시킨 후 새롭게 맞아들인 호보 킹 밴드(The Hobo King Band)와 함께 넓은 범

위의 레퍼런스를 받아들인 《FRUITS》 1996, 밴드(The Band) 및 재니스 조플린(Janis Joplin)의 프로듀서였던 존 사이먼(John Simon)과 러빙 스푼풀(The Lovin' Spoonful)의 존 세바스천(John Sebastian)의 도움을 얻어 헛간을 개조한 우드스톡 베어스빌 스튜디오에서 얼터너티브 컨트리를 펼쳐보인 《THE BARN》1997 등 어느 한 곳에 고착되지 않기 위해 끊임없는 자기개조에 힘썼다.

단지 음악에서만 새로움을 추구한 건 아니었다. 인터넷이 활성화되기 전인 1995년부터 최초의 공식 사이트를 개설해 온라인을 챙겼고, 1998년에는 〈innocent〉의 유료 다운로드를 개시해 지금과 같은 음원시대의 선구자적 행보를 보였다. 2004년에는 자주 레이블인 《Daisy Music》을 설립해 음반 제작과 홍보의 분업화를 도모했다. 아티스트를 음악의 주체로 가져가겠다고 생각한 그의 의지를 실현한 활동이었다.

그는 확연한 '앨범형 아티스트'이다. 일관된 정서를 가진 작품은 하나도 없으며, 이 때문에 어느 한 시점에 스포트라이트를 주기 미안한 감도 있다. 그만큼 큰 욕심과 야망을 가지고 있었으며, 이에 걸맞는 도전과 실험 과정을 보여주기도 했다. 또한 지금까지도 주기적으로 신보를 발표하는 꾸준함으로 많은 음악인에게 귀감이 되고 있다. 새로움을 위해 익숙함과 결별도 마다하지 않

는 과감성과 수없이 생겨나는 음악적 레퍼런스를 자신의 것으로 소화해내는 재능까지. 그의 발자취는 진화(evolution)가 반복되어 혁명(re-volution)이 되는 순간을 생생히 포착하고 있다. 사노 모토하루는, 그 존재 자체가 바로 제이팝의 '혁신'이다.

세기의 아이돌,
바래지 않는
그 당당한 아름다움

《Pineapple》

1982

뉴뮤직계 뮤지션들에게 원조를 받기 시작한 《Silhouette ～シルエット～》
(1981), 《風立ちぬ(바람이 분다)》(1981) 이후 더욱 완벽한 밸런스를 갖춰
음악적/대중적으로 찬사를 받았다. 마츠모토 타카시(松本 隆), 하라다 신지
(原田 真二), 마츠토야 유미(松任谷 由実), 자이츠 카즈오(財津 和夫) 등이 참여,
《赤いスイートピー(빨간 스위트피)》를 비롯한 명곡이 다수 수록되어 있다.

뉴뮤직은 불과 10년만에 단어 자체의 의미를 잃어가고 있었다. 해당 카테고리에 대한 사람들의 애정은 여전했으나, 새로울 것 없는 하나의 경향으로 완벽히 정착하며 이전만한 희소성을 잃어버린 탓이었다. 반대로 보자면, 잠시 주춤하던 가요곡이 다시금 반등을 칠 수 있는 기회가 왔음을 의미했다. 여기에 캔디즈(キャンデイーズ)와 핑크 레이디(ピンク·レデイー), 야마구치 모모에(山口 百惠) 등이 몰고 왔던 여성 틴스타의 강세가 겹쳐지며 새로운 스타 출현의 기류가 꿈틀대기 시작했다. 그리고 이 영광스러운 자리는 얼마 지나지 않아 주인을 찾았다. 훗날 만인의 연인이자 세기의 악녀라는 상반된 타이틀을 동시에 거머쥐게 되는, 바로 '불세출의 아이돌' 마츠다 세이코를 영접하게 된 것이었다.

그녀는 타고난 운명의 내정자였다. 1978년 출전했던 《CBS SONY》 주최의 미스 세븐틴 콘테스트에서 사쿠라다 쥰코(桜田 淳子)의 〈気まぐれヴィーナス(변덕스런 비너스)〉를 녹음한 테이프로 본선 진출, 이어 큐슈 지구대회에 진출해 파죽지세로 우승을 차지했다. 전국대회는 부모의 반대로 참여가 좌절되었지만, 기적과 같은 스타성에 레코드사들은 마치 홀린 듯 그를 끌어들이려 했다. 그녀는 당첨이 예상되는 복권과 같은 존재였다.

카마치 노리코(蒲池 法子)라는 본명 대신 드라마에서 맡았던 역할의 이름을 가슴에 달고, "안아주고 싶어~ 미스 소니!"라는 캐치프레이즈와 함께 1980년대의 시작을 선언하듯 첫 솔로곡을 선보이게 된다. '젊음이 보여줄 수 있는 건강하고 싱그러운 팝'이라는 기조로 스타트를 끊은 싱글의 제목은 〈裸足の季節(맨발의 계절)〉1980. 청춘 그 자체와도 같은 밝은 에너지가 귀엽고 앳된 외모에 생기를 불어넣으며 단숨에 자신의 목소리를 각인시키게 된다.

이어진 두 번째 싱글 〈青い珊瑚礁(푸른 산호초)〉1980는 말 그대로 기름에 적신 도화선과 같았다. 지금도 '노래 잘하는 아이돌'로 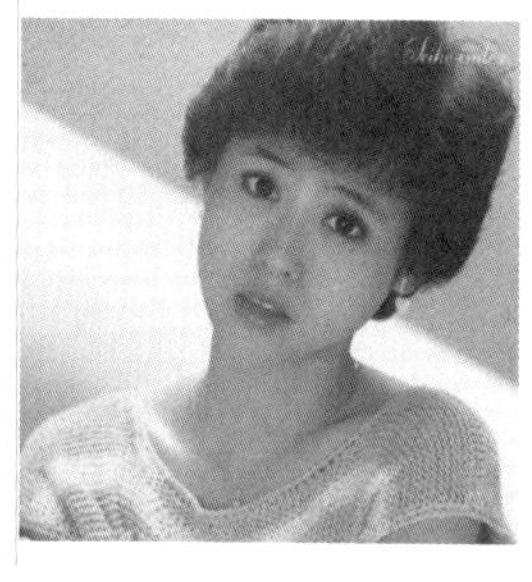 인식될 만큼 좋은 음색과 가창력으로 어필한 그였지만, 여기에 청량함을 배가시킨 멜로디와 순정을 가득담은 가사는 '세이코짱' 신드롬에 불을 붙였다. 친위대 형태를 띤 팬클럽이 전국에 지부를 세우며 서로 항쟁을 벌이기에 이르렀고, 그 우레와 같은 목소리가 브라운관 밖 시청자들에게도 전달되기 시작하던 때였다.

이 곡이 시대를 대표하는 노래 중 하나로 자리 잡는 데에는 오랜 시간이 걸리지 않았다. 아이돌 신의 계보는 그렇게 공식적인 후계자를 맞이함과 동시에 시장의 확장을 도모했고, 그렇게 뉴 뮤직은 대세의 자리를 박탈당해야만 했다. 보고만 있어도 어느새 헤벌쭉 미소를 짓게 되는 그의 손짓 하나 눈짓 하나에 음악 신의 개혁을 일구어냈던 명망 높은 뮤지션들이 잠시 공식적인 후퇴를 선언할 수밖에 없었던 것이다.

본격적인 행보를 시작한 여왕의 한걸음 한걸음은 모두 역사로 새겨지기 시작했다. 우선 세 번째 싱글이었던 〈風は秋色(바람은 가을색)/Eighteen〉1980부터 26번째 싱글 〈旅立ちはフリージア(여행은 프리지아)〉1988에 이르기까지 햇수로 9년간 24작품 연속 오리콘 1위의 대업을 달성했다. '아이돌'에 대한 매뉴얼을 버전업시킴과 동시에, 메시지와 제스처 등을 적절히 구사하며 팬들을 길들인다는 이른바 '조련'을 구사한 그의 존재감은 그야말로 눈부셨다.

　자신의 매력을 정확히 꿰뚫는 영민함을 기초로 만들어낸 이 '의 도적 귀여움'은 그 인위성을 알면서도 빠져들게 만드는 마력을 발휘했다. 이 연출은 '부릿코(ぶりっ子)'라는 유행어로 명명되며 여성들의 비난 소재가 되기도 했다.[1] 여기에 머리끝에 살짝 컬을 준 '세이코 컷'은 일반인과 연예인 할 것 없이 따라하는 대표적인 스타일 중 하나가 되기도 하는 등, 일거수일투족이 모두 대중의 관심사였다.

　이러한 인기의 요인 중 눈여겨보아야 할 것은 바로 남성들의 지지 위에 여성들의 동경이 겹쳐졌다는 사실이다. 야마구치 모모에가 기존의 순종적인 여성상을 벗어나며 '나쁜 여자'라는 반전 매력을 도모했지만 이것이 단순히 캐릭터에 머물렀던 반면, 마츠다 세이코는 '삶의 주인'이라는 역할을 자신에게 부여함과 동시에 이를 실제 삶으로 투영시켰다. 유명 배우와 얽힌 스캔들로 인한 구설수 속에서도 언제나 당당하고 화려했던 그녀의 모습은 고분고분하게 남성만 따르기를 종용받았던 여성들 사이에서

큰 화제를 불러일으켰다. 이런 '마츠다 세이코'식 삶은 지금도 많은 추종자를 낳고 있으며, 현재 그의 주된 팬층으로 자리 잡고 있다.[2]

　그렇게 개인으로서 엄청난 매력을 발휘했던 그였지만, 주옥같은 명곡이 없었다면 지금처럼 회자될 수는 없었을 것이다. 1980년대 가요곡의 바이블로 추앙받는 그의 노래들은, 당시 가수의 개성에서 점차 악곡 중심 시스템으로 변모하는

---

1 〈青い珊瑚礁(푸른 산호초)〉가 모 음악방송에서 1위를 차지할 당시, 눈물이 나지 않는데도 우는 표정을 일부러 연출하기도 했다. 그런 전례들 탓에 마츠다 세이코가 상을 받고 피날레 무대를 장식할 때면 카메라맨들이 눈을 집중적으로 잡는 경우가 많았다.

2 당시 최고스타였던 고 히로미(郷 ひろみ)와 연애 도중 기자회견을 통해 일방적으로 이별 선언을 한 것도 모자라 4개월 후 칸다 마사키(神田 正輝)와 결혼했던 사건, 출산 후 미국에서

과정을 느끼게 하기 충분하다. 이처럼 음악 자체에도 심혈을 기울이며 단순한 소비매체가 아닌 두고두고 들을 수 있는 작품들로 대중에게 다가갔다.

이에 일조했던 것이 바로 뉴뮤직계 아티스트들의 지원이었다. 1982~83년 당시 참여한 아티스트들의 면면이 특히 대단하다. 〈赤いスイートピー(빨간 스위트피)〉1982만 봐도, 마츠모토 타카시(松本 隆) 작사에 마츠토야 유미(松任谷 由実) 작곡, 마츠토야 마사타카(松任谷 正隆) 편곡이라는 크레디트 자체만으로도 굉장한 무게감을 가져다준다. 이밖에도 튤립(チューリップ)의 자이츠 카즈오(財津 和夫), 핫피엔도(はっぴいえんど)의 오타키 에이치(大滝 詠一), YMO의 호소노 하루오미(細野 晴臣) 등 같은 계열의 멜로디 메이커들이 대거 참여하며 그의 디스코그래피를 풍족하게 만들었다. 대부분 아메리칸 팝을 기반으로 한 곡들이며, 자신이 부르기에 적합하지 않았던 곡을 제공해 큰 도움을 주었다.[3]

디너쇼는 여전히 높은 가격을 호가하고, 2014년에 와서는 드디어 《NHK 홍백가합전》의 마지막 무대를 장식하는 등 그 이름이 가지는 저력은 여전하다. 새하얀 눈처럼 청초했던 한송이 백합은 지금도 시들지 않은 채 현재진행의 커리어를 보여주고 있다. 그는 분명 제이팝 신에서 빼놓을 수 없는 가장 아름다우면서도 꿋꿋하게 빛나는 순백의 유산이다.

콘도 마사히코(近藤 真彦)와 바람을 피운 것이 알려지며 그의 연인이자 마츠다 세이코의 라이벌 관계였던 나카모리 아키나(中森 明菜)가 자살 소동을 벌인 것이 대표적이다. 여론을 의식하지 않는 이러한 자기 주도 하의 삶을 많은 여성이 동경했다.

3 다만 이것이 모두에게 긍정적으로 받아들여졌던 것은 아니다. 신의 확장이나 교류의 의미도 물론 있었지만, 한편으로는 평행선을 이루고 있던 가요곡에 자신의 패배를 허락하는 게 아니냐는 부정적인 의견도 있었다. 오프 코스(オフコース)의 오다 카즈마사(小田 和正)는 끝까지 마츠다 세이코 측의 곡 제안을 거절했던 대표적인 뮤지션이다.

나카모리 아키나

中森明菜

1965〜

'아이돌'이라는
허상을 깨뜨린
비련의 아이돌

《バリエーション〈変奏曲〉》

(Variation 〈변주곡〉)

1982

기량이 최고조에 올랐을 시기는 아니었지만, 아이돌로서 풋풋한 매력만큼은 비할 데가 없던 때였다. 초기에 내세웠던 불량소녀 캐릭터를 담아낸 〈少女 A (소녀 A)〉, 〈ヨコハマA・KU・MA(요코하마 악마)〉와 같은 곡도 있지만, 장중한 현악 편곡에 이어 청초한 음색을 아낌없이 풀어낸 〈咲きほこる花に… (화려하게 핀 꽃에…)〉 같은 발라드에 더욱 주목해야 할 작품이다.

折れた翼広げたまま(접힌 날개를 활짝 펼친 채) /
あなたの上に落ちて行きたい(당신의 위에 떨어지고 싶어요) /
海の底へ沈んだなら(바다 밑바닥에 가라앉는다면) /
泣きたいだけ抱いてほしい(울고 싶은 만큼 안고 싶어)

- 〈難破船(난파선)〉(1987) 中

기존 아이돌의 문법을 전복시킨 아이돌이라면 단연 나카모리 아키나다. 위의 가사엔 십대 소녀에게 흔히 기대하는 싱그러움을 배반한 비극적 정서가 가득하다. 인간의 본질적 속성을 그대로 드러냄으로써 이율배반적인 아이돌 상을 만들어냈던 그녀는 '해의 아이돌'이라 불렸던 마츠다 세이코의 맞은편에서 '달의 아이돌'로 맞섰던 인물이었다.

뉴뮤직 계열 뮤지션들의 곡 제공이 보편화되던 당시, 나카모리 아키나는 음악에 있어 자신의 목소리를 강하게 내는 아티스트로서 그 존재감을 빛냈다. 콘셉트 선정에 적극 가담했으며, 싫어하는 일에 대해서는 명확히 자신의 의사를 표현했다. 애티튜드만큼은 처음부터 탈 아이돌이었던 셈이다. 때문에 음악관계자 사이에서 건방지다는 오해를 받아 미움을 사곤 했다. 물론 이 고집이야말로 지금의 아이덴티티를 쌓을 수 있게 한 기반이라는 점에는 이견의 여지가 없을 듯하다.

야마구치 모모에(山口 百恵)를 메인스트림에 등장시킨 《スター誕生!(스타 탄생!)》을 통해 본격적으로 자신의 끼를 드러내기 시작한 것이 1982년, 16세 때 일이었다. 11개나 되는 소속사들의 러브콜을 받은 후 《研音グループ(켄온 그룹)》과 계약하며 본

격적인 메이저 활동에 시동을 걸게 된다. 당초 모리 아스나나 나카모리 아스나라는 예명으로 데뷔시키려 했던 회사의 입장과 달리, 본명을 사용하겠다는 본인의 의사가 관철되어 결국 나카모리 아키나라는 이름 그대로 가요계에 발을 내딛었다.

자신을 홍보하기 위해 내세웠던 문구인 '조금 야한 밀키 소녀(ちょっとエッチな美新人娘)'에 거부감을 보이긴 했지만, 어쨌든 성숙한 이미지를 데뷔 초반 캐치프레이즈로 삼았다. 그렇게 선보인 데뷔곡 〈スローモーション(Slow motion)〉1982은 기대와 달리 부진한 성적을 거두었다. 그녀만의 무언가를 보여주지 못한 탓이었다.

고심 끝에 '불량소녀' 노선으로 핸들을 돌린 〈少女A(소녀 A)〉1982가 적중, 큰 반향을 일으킨다. 지고지순에서 벗어난 당당일색의 캐릭터는 〈プレイバックPart2(Playback PART2)〉 시절의 야마구치 모모에를 떠올리게 했고, 매

스컴은 곧바로 그녀를 제 2의 모모에로 추앙하며 플래시를 터뜨리기 시작했다. '제 2의~'라는 수식어를 좋아하지 않았던 그녀라 해도 이런 관심은 반가운 일이었다.

한번 먹혀들어간 직구의 유혹을 뿌리치긴 힘들었다. 〈1/2の神話(1/2의 신화)〉1983가 오리콘 6주 연속 1위를 차지했고, 호소노 하루오미(細野 晴臣)가 참여한 〈禁区(금지구역)〉1983까지 기세가 이어지며 그 해 토털 세일즈 1위에 오르는 기염을 토했다. 이듬해 발표한 〈十戒(십계)〉1984를 통해 이른바 츳바리(つっぱり)라고 불렸던 이 노선의 결정판을

만들어냈다. 하지만 이런 성공과 동시에 여기에서 벗어나야 한다는 그녀의 생각 또한 점점 커져갔다.

고착화된 캐릭터는 변신에 대한 욕심을 키웠다. 〈十戒〉 이전에도 〈北ウイング(북쪽 Wing)〉1984과 〈サザンウインド(Southern wing)〉1984을 통해 조금씩 변화의 기미를 보이더니, 이노우에 요스이(井上 陽水)의 도움을 받은 〈飾りじゃないのよ涙は(장식이 아니야 눈물은)〉1984으로 아이돌이라는 카테고리와 이별을 공식 선포했다. 브라스 중심으로 풀어낸 그루브가 커리어의 제 2막을 열어젖히기에 충분했다. 청순함을 강조하는 말끔한 창법에서 벗어나 본래 가지고 있던 중저음과 바이브레이션을 특화시켰고, 더욱 진취적인 스타일로 자신을 꾸몄다. 한 스타일리스트는 그녀를 빗대 "지금에 비한다면 레이디 가가(Lady Gaga) 같은 존재"였다 언급했을 정도니, 당시 팬들에게 그 파격은 쉽게 받아들이기 어려운 수준이었을 것이다.

이 시점부터가 본격적인 전성기였다. 라틴 리듬을 강조한 이국적인 노선의 〈ミ アモーレ(mi amore)〉1985가 63만장의 판매고를 올리며 연간 차트 2위에 랭크되었다. 이와 비슷한 기조의 〈SAND BEIGE〉1985를 거쳐 확실하게 톱스타의 위치를 확인시킨 곡이 〈DESIRE -情熱(정열)-〉1986이었다. 어깨가 닿는 보브컷[1]과 기모노를 개량한 화려한 무대의상, 한층 요염해진 보컬 톤과 특유의 긴 바이브레이션이 완벽하게 어우러진 트랙이었다. 〈ミ アモーレ〉와 〈DESIRE -情熱-〉이 두 해에 걸쳐 일본 레코드 대상을 수상, 62억엔의 매출로 두 번째 연간 토털 세일즈 1위를 차지했다. 제 1회 골든 디스크 대상[2]의 아티스트 오브 더 이어(Artist of the Year)까지 거머쥐었다.

---

1 실제로는 가발을 쓰고 활동했다. 다음 싱글 콘셉트를 생각해 싹둑 자를 수는 없었던 듯하다.
2 당시 일본 가요계는 각종 시상식이 난무하던 시기였다. 언급한 것 외에도 FNS가요제, 전일본유선방송대상, 니혼TV음악제, 일본유선대상 등이 있었다.

이렇게 시작된 커리어의 절정은 끝날 기미를 보이지 않았다. 라틴 노선의 〈ジプシー・クイーン(집시 퀸)〉1986으로 메갈로 폴리스 가요제에서 대상을 수상했으며, 〈TANGO NOIR〉1987와 〈BLONDE〉1987, 〈難破船(난파선)〉까

지 히트하며 1983년과 1985년, 1986년에 이어 네 번째 연간 토털 세일즈 1위를 거머쥐었다. 총 4회이자 연속 3회에 달하는 이 대기록은 아직도 깨지지 않았다. 특히 활동했을 당시 눈물을 흘리거나 손을 떠는 모습이 자주 보였던 〈難破船〉[3]은 곡조와 노랫말로 하여금 그녀의 불행했던 인생과 겹쳐지며 상징성 있는 넘버로 애창되었다.

그러던 중 당시 교제중이었던 콘도 마사히코(近藤 真彦)가 마츠다 세이코와 밀회 현장이 발각된 사건은 그녀를 수령으로 빠뜨렸다. 그 일이 있고 5개월 후 절망감을 이기지 못한 그녀는 결국 손목을 그으며 자해를 시도했다. 6시간의 대수술 끝에 다행히 목숨은 건질 수 있었지만, 새끼손가락은 지금도 자유롭게 움직일 수 없는 상황. 이후에도 어머니가 돌아가신 후 가족과 금전 문제로 인해 장례식 이후 완전히 의절하는 등, 화려했던 스타의 삶과 극히 대비되는 불행한 사건들이 연달아 이어졌다.

그를 감싸고 있는 어둠은 아이돌을 향한 대중의 판타지를 깨부수었다. 엄청난 충격을 몰고 왔던 자살미수사건은 언제나 행복할 것만 같은 틴스타 역시 평범한 인간에 지나지 않음을 확인시켜주었고, 그의 굴곡진 삶은 노래에 투영되며 많은 이의 공감을 이끌어냈다. 이렇듯 본모습을 드러내는 것에 거부감을 보이지 않

---

3 중국의 영화배우이자 가수인 매염방이 〈무인원애아(無人願愛我)〉라는 곡으로 번안해 불렀고, 유덕화 주연의 영화 《엽응계획(獵鷹計劃)》에 삽입되기도 했다. 또한 민해경이 부른 〈바람이 불어오면〉(1990)의 전주가 이 곡과 유사해 표절논란이 일기도 했다. 민해경의 〈미니스커트〉(1981)도 나카모리 아키나의 〈BLONDE〉와 매우 흡사한 모습을 보이고 있다. 민해경은 훗날 인터뷰에서 "나와 가장 비슷한 가수로 나카모리 아키나가 많이 언급되었다"고

았던 아이돌 아닌 아이돌이 바로 나카모리 아키나라는 가수였다.

자신의 비극을 '여성'의 관점으로 어필하려 한 나카모리 아키나의 노력은 지지기반을 좀 더 넓게 그리고 오래 가져갈 수 있었던 하나의 큰 요인이 되기도 했다.[4] 여성 팬덤의 충성도가 높다는 사실을 일찌감치 깨우친 그녀의 선견지명이었다. 이렇듯 인간으로서 행복과 스타로서 성공이 공존하지 못하던 아이돌의 운명은, 몇 십년이나 흐른 뒤 최정상의 자리에서 결혼을 발표한 아무로 나미에를 시작으로 음악과 인생을 일원화하려는 시도가 다시금 이어지게 된다.

시간은 약이라고 했듯, 1992년에 주연을 맡은 드라마 《素顔のままで(솔직한 그대로)》가 30%를 넘는 시청률을 기록했고, 절대 없을 것만 같았던 마츠다 세이코와 동반 TV 출연도 종종 성사되었다. 건강 악화로 잠시 활동을 중지하기도 했지만, 결국 다시 일어서 저력을 과시하고 있는 그녀. 아이돌인데도 웃는 낮을 거부했던 그 아이러니함 속에서 피어나는 매력을, 나카모리 아키나 외에 그 누구에게서 느껴볼 수 있을까.

언급한 적이 있을 정도.

4 마츠다 세이코도 여성 팬들의 지지율이 높은데, 이는 '갖고 싶은 것은 손에 넣는다'는 라이프 스타일에 대한 동경에 가까웠다. 감정적 공감대를 형성한 나카모리 아키나와는 약간 다른 케이스라고 보는 것이 좋을 듯. 이러나저러나 결국 여성 팬들을 잡아야 오래 간다는 기본 명제는 증명한 셈이 되었다.

오다 카즈마사 小田和正 1947~

나이는 장애물이 아닌,
세월이 준 가장 큰 무기다

《LOOKING BACK 2》

2001

오프 코스 시절과 솔로 시절의 커리어를 모두 챙기는 것이 힘들다면, 셀프
커버집을 먼저 접해보는 것은 어떨까. 솔로 시절 싱글을 비롯해 그룹 시절의
명곡을 다시 불러 수록한 이 앨범 자체가 아티스트의 간략한 자기소개서와
같다고 생각한다. 세월이 지나도 변함없는 그 생명력이 러닝타임 동안
반짝반짝 빛나는 작품이다.

역사를 천천히 훑어보면, 위대한 아티스트들은 대부분 젊을 때 전성기를 맞는다. 범상치 않은 재능을 가진 이들이 어떻게든 눈에 띄어 성공의 길에 휘말리게 된다는 스토리라고 할까. 될 성부른 떡잎을 알아본 제작자나 음악산업 관계자들은 아직 설익은 상태의 그들을 어떻게든 비즈니스에 끌어들이고, 이후 잠재력이 발현되어 엄청난 부와 명예를 거머쥐는 스토리. 대개가 십대에서 이십대이며 늦어야 삼십대 중반이다. 그렇다고 모두가 이런 절차를 밟는다면 사십대의 삶은 얼마나 무기력하겠는가. 여기 1947년생, 우리나라로 치면 환갑이 훌쩍 넘은 나이에도 여전히 정상에서 마이크를 잡고 있는 한 뮤지션이 있다. 육십대가 되어서도 꾸준히 작품을 발표하며 지금도 투어를 열었다 하면 20여만 명을 동원하는 불멸의 싱어, 바로 오다 카즈마사다.

그 역시 시작은 빨랐다. 고등학교 시절인 1964년부터 아마추어로 음악활동을 하고 있었다. 이 때 만난 단짝이 이후 함께 오프 코스(オフコース)의 멤버로 활약했던 스즈키 야스히로(鈴木 康博). 서로 다른 대학교로 진학했지만 매일 차에 기재를 싣고 연습을 하러 오던 열정남이었다. 단순히 즐기기엔 아까워 모교 야구부 OB 모임 이름에서 영감을 얻은 오프 코스라는 이름으로 여러 대학 축제에 나가며 수준급 실력을 자랑했지만, 아직 프로의 길은 논외였던 시절이었다.

1969년, 건축가와 뮤지션 이 두 가지 꿈 사이에서 고민하던 그는 객관적인 평가를 받고 싶다고 생각해 제 3회 야마하 라이트 뮤직 콘테스트에 출장을 결심한다. 강자들이 붐빈다는 도쿄 지역을 벗어나 토호쿠에서 도전장을 내밀었고, 그 움직임은 예선 1위라는 성적표로 돌아왔다. 이어지는 결선 대회에서 우승을 하고 팀을 해산하겠다는 야심만만한 계획을 갖고 무대를 펼쳤지만, 안타깝게 준우승에 머무르게 된다. 그런데 이것이 오히려 오기를 자극했다. '이대로 끝낼 수 없다'는 마음이 몽글몽글 솟아나기 시작했고, 이것이 오프 코스와 오다 카즈마사 경력의 근원이 되었다.

시미즈 히토시(清水 仁), 오오마 지로(大間 ジロー), 마츠오 카즈히코(松尾 一彦)와 함께 5인 밴드로 정식 데뷔한 후에도 별다른 반응을 얻지 못한 채 네 번의 해가 지나서야 그는 완벽하게 '건축과의 결별'[1]을 택한다. 그렇게 와세다 대학원을 졸업한 1976년의 11월에 있었던 학원제 공연에서 받았던 첫 앙코르는, 본격적으로 음악을 시작하려는 오다 카즈마사에 대한 환영 인사와 같았다.

그제야 그룹은 빛을 보기 시작했다. 〈愛を止めないで(사랑을 멈추지 말아줘)〉1979, 〈さよなら(안녕)〉1979, 〈Yes-No〉1980, 〈言葉にできない(말로는 다 할 수 없어)〉1982가 차례로 반응을 얻었다. 그렇지만 당시 뉴뮤직 그룹과 포크싱어들이 으레 그랬듯, 이들도 TV 음악방송에 출연하지 않는다는 불문율을 따랐다.[2] 팝과 록이 적절히 균형을 이룬 사운드와 애수 어린 일본 특유의 곡조, 여기에 나이를 무색하게 하는 하이톤의 미성은 상당한 여운을 남겼다. 1982년 실시한 열흘간의 부도칸 공연 티켓을 구하기 위해 52만 통의 엽서가 날아들었던 에피소드는 당시 밴드의 위상을 여실히 나타내주고 있다.

이후 스즈키 야스히로가 탈퇴한 후, 방황의 시간을 거쳐 1984년

---

1 당시 그가 썼던 대학원 석사 논문 제목이다.
2 버라이어티에는 종종 얼굴을 내비치곤 했다. 대표적인 것이 《笑っていいとも!(와랏떼이이토모!)》 같은 프로그램이었다.

에 재결성해 〈君が 嘘を ついた(그대가, 거짓말을, 했다)〉1984, 〈call〉1985 등의 히트곡을 추가로 남긴 뒤 1989년 해체하게 된다. 그 순간부터 팬들의 시선은 팀이 아닌 오다 카즈마사 한 사람에게 몰리기 시작했다. 밴드의 프런트맨이자, 청아한 음색의 소유자였으며, 히트곡을 도맡아 써낸 송라이터. 그는 이미 완성되어 있었던 솔로 뮤지션이나 마찬가지였다. 다만 사십대 중반이 되어서야 홀로 서는 그의 모습에 얼마나 많은 대중이 환호해 줄 것인가가 문제였다. 그래서 절실하게 필요로 했던 건 바로 그를 우뚝 서게 해줄 확실한 레퍼토리였다.

　운은 실력을 따라다닌다고 했던가. 드라마 《東京ラブストーリー(도쿄 러브스토리)》의 주제가로 선택된 〈ラブ・ストーリーは突然に(러브 스토리는 돌연히)〉1991가 밴드 시절에도 겪어보지 못한 오리콘 싱글 차트 1위 및 밀리언셀러 돌파라는 엄청난 성과를 거두게 된다. 270만 장이라는 수치는 당시 대세로 떠오르던 '타이업'이라는 미디어 믹스와 버블 경제가 겹쳐져 폭발한 커리어의 활화산이었다. 이를 시작으로 〈伝えたいことがあるんだ

(전하고 싶은 말이 있어)〉1997, 〈キラキラ(반짝반짝)〉2002 등의 곡을 히트시키며 롱런형 가수로 안착했다.

　이어 음악 외에 상상만 해왔던 일을 하나 둘 실현시켜가기 시작했다. 1991년에는 스즈키 야스히로의 음반을 프로듀싱했고, 이듬해에는 영화 《いつかどこかで(언젠가 어디선가)》를 기획, 감독과 음악까지 소화해내며 꿈에 대한 한을 풀었다. 미디어에 얼굴을 드러내지 않는다는 철칙을 깨고 CF를 기획, 연출 및 출연했으며,[3] 첫 동남아시아 투어를 실시하기도 했다. 2001년부터는 팬들에 대한 보답과 새로운 이들에게 자신의 음악을 들려주기 위한 방편으로 매년 《クリスマスの約束(크리스마스의 약속)》이라는 프로그램을 제작하는 등, 아직 자신의 노래인생은 진행형이라는 듯 더욱 열심히 대중에게 다가가려 땀 흘리는 중이다.

2014년에도 새 앨범을 발표하며 3개월간 전국투어를 실시하는 등, 여전히 직업에 대한 무한애정을 보이며 대중과 마주하고 있다. 오십대가 되어서야 진정한 자신의 시대를 맞이한 오다 카즈마사. 조급해하지 않고 자신의 페이스대로 정진해 온 여정, 어느새 그 뒤를 수많은 이들이 좇고 있는 모습을 보자면 이른 성공이 대수가 아니라는 것을 새삼 깨닫게 된다. 사람들이 환호와 응원으로 그의 등을 밀어주면, 또다시 힘을 내 청명한 목소리로 사람들에게 희망을 주는, 앞서거니 뒤서거니 하는 그의 음악 여정은 아직 끝을 논하기엔 일러도 한참 이르다.

---

[3] 여전히 음악방송에는 모습을 드러내지 않았지만, 자신의 뜻이 반영될 수 있는 기획에는 조금씩 참여하고 있었다.

Ø 멤버
차게(Chage. 1958~)
아스카(ASKA. 1958~)

듀오가 보여줄 수 있는
호흡의 최대치

《TREE》
1991

당시 첫 주 최다판매량 기록을 갈아치웠던 커리어 하이 앨범. 〈SAY YES〉를
통해 쌓은 신뢰를 좋은 노래들로 보답하며 3주 연속 1위, 제 6회 일본 디스크
대상 등을 수상하기에 이르렀다. 트렌디한 방향으로 전환해 대성공을 거둔 이
작품은 두 사람에게도 하나의 터닝 포인트가 되었다.

　2014년 5월, 일본 열도를 떠들썩하게 만든 일이 있었다. 유명 듀오 차게 앤 아스카의 멤버 아스카가 각성제 소지법 위반으로 체포되었다는 뉴스였다. 수많은 명곡을 만들어온 송라이터이자 멋진 음색으로 좌중을 휘어잡았던 불세출의 가수가 고개를 숙여 사죄하는 모습을 지켜본 사람들은 침통함을 감출 수 없었다. 더군다나 2013년에 잡혀 있던 활동 재개 공연이 취소된 상황에서 일어난 사건이었기에 그간 기다림이 더욱 무색해진 상황이었다. 그런 실망감에도, 8월 말 진행된 첫 공개재판에 그를 응원하기 위해 전국 각지에서 모인 팬들로 가득했다. 다시금 일어서 좋은 노래들을 들려주기를 바라는 간절한 염원에서 비롯된 자발적 움직임이었다. 그만큼 일본인에게 차게 앤 아스카라는 이름은 특별한 의미를 지닌다.

　이들의 대표곡이라면 보통 〈SAY YES〉1991나 〈YAH YAH YAH〉1993를 떠올리겠지만, 처음부터 그런 세련된 팝 노선을 지향한 것은 아니었다. 초기 곡들에는 엔카의 느낌이 서려있다. 이들의 시작이었던 제15회 야마하 대중가요 콘테스트에 참가곡으로 출품했던 〈ひとり咲き（홀로 피기）〉1979나 〈流恋情歌（류연정가）〉1980 등은 이들의 음악 방향이 '엔카 포크' 쪽에 맞춰져 있다는 것을 증명해주는 작품들이었다.

　이 방향성을 유지하려 듀오의 수상작을 연달아 싱글로 내놓았지만 결과는 좋지 못했다. 데뷔 후 히트를 자신했던 아스카는 좌절감을 맛보게 되고, '완성도의 좋고 나쁨을 떠나 일단 대중에게 임팩트를

주자'고 생각해 세 번째 싱글 〈万里の河(만리강)〉1980을 발표하게 된다. 마치 남미의 민속음악을 듣는 듯한 이국적인 느낌을 강조한 것이 유효하게 작용하면서 서서히 입소문을 타게 된다. 발표 2개월 만에 10위권 안에 안착했고 꾸준한 반응 속에 53만장이라는 판매고를 올리며 이제야 상승세가 시작되는 듯 했다. 이후 이 기록을 뛰어넘은 싱글이 11년 후 발표할 〈SAY YES〉일 것이라고는 꿈에도 모른 채.

이후 야심차게 공개한 〈放浪人(TABIBITO)(나그네)〉1981와 〈女と男(여와 남)〉1981이 모두 30위 안팎이라는 저조한 성적을 거두게 된다. 그나마 다행이었던 것은, 이들의 공연에 조금씩 관객이 모여들기 시작했다는 사실이었다. 올드한 이미지를 쇄신하기 위해 전자 악기를 사용해 곡을 만드는 일이 늘어났고, 적게나마 이에 대한 대중의 지지가 유지되던 시기였다.

흥미로운 사실은, 현지에서는 그렇게 큰 파급효과를 일으키지 못했던 〈女と男(여와 남)〉이 많은 아시아권 가수가 커버(대만에서는 주화건이, 홍콩에서는 엽천문)해 높은 인기를 얻었다는 점이다. 1994년 차게 앤 아스카의 아시아 투어를 보고서야 이들이 원곡자라는 것을 알게 된 이도 많았다고 한다.

국내에서도 이들의 이름은 굉장히 유명하다. 그렇게 된 데에는 무엇보다 공식 내한공연을 가진 첫 일본어 '가창' 뮤지션이라는 상징성이 크게 반영되어 있다.[1] 제3차 일본문화개방과 맞물려 추진된 이 행사는 2000년 8월 26일과 27일 체조경기장에서 개최되며 그간 국내 대중이 가지고 있던 제이팝에 대한 갈증을 해소시켜 주었다. 또한 〈On Your Mark〉1994를 조장혁이 〈In My Dream〉으로 커버하기도 했으며, 국내가요 작곡에서도 안젠치타

---

1 공식적으로 허가를 받고 내한을 개최한 첫 일본 뮤지션은 티스퀘어였다. 1994년 세종문화회관이 그 역사적인 장소. 그보다 전인 1989년엔 88체육관에서 라우드니스(LOUDNESS)의 내한공연이 열리기도 했는데, 문화부가 영어로 바꾼 멤버들의 이름을 눈치 채지 못한 덕분에 간신히 승인을 얻어낼 수 있었다고 당시 프로모터였던 최우섭 씨가 인터뷰에서 밝힌 바 있다.

이(安全地帶), 튜브(TUBE) 등과 함께 가장 많은 영향을 끼친 뮤지션으로 언급되곤 한다. 확실히 그들이 지닌 정서적 보편성은 자국뿐만 아닌 범아시아적인 설득력을 가지고 있었다.

그 소구력으로 대중을 확실히 사로잡은 곡이 바로 〈SAY YES〉였다. 11년 만에 자체 최고 기록을 경신함과 동시에 처음으로 싱글 차트 1위를 가져다 준 것도 모자라 13주 연속 그 자리를 지켰고, 제33회 일본 레코드 대상의 골든 디스크까지 거머쥐게 한, 커리어 사상 최고의 성과였다. 이 곡이 드라마 《101回目のプロポーズ(101번째 프로포즈)》 주제곡으로 사용되었다는 이유도 컸지만, 당시 젊은이들의 감성을 포착해낸 가사와 멜로디 및 두 멤버 간의 하모니가 주효하게 작용했다. 여기에 〈YAH YAH YAH〉까지 드라마 《振り返れば奴がいる(돌아보면 녀석이 있어)》를 등에 업고 더블 밀리언을 달성, 1990년대 초반을 그룹 최고의 순간으로 장식했다.

두 곡의 히트는 당시 일본 가요계의 동향을 정확히 나타낸다. 일단 버블 경제와 맞물린 판매급증으로 한 해에만 밀리언셀러가 스무 작품씩 탄생하던 시기였다. 여기에 싱글이 앨범 판매고를 웃도는 경향을 보였는데, 이렇게 개별 트랙에 대한 집중은 '곡' 자체에 무게가 실릴 수밖에 없었던 외부 환경의 영향이 크게 작용했다. 우선 CD를 구매해야만 풀버전을 들을 수 있었다는 점이 그러했다. 드라마를 본다 한들 완곡을 듣는 것은 불가능했고, 그 노래를 부른 가수들은 대부분 TV 출연에 인색했다. 밴드 붐으로 도배되는 음악방송에 진력이 난 대중은 자신이 본 드라마의 주제곡에 매료됨과 동시에 싱글 단위의 소비성향을 본격적으로 나타내기 시작했다. 여기에 가라오케의 보급도 한 몫 했다. 좋

아하는 노래를 외워서 부르기 위해 음반을 소장하는 수밖에 없
었던 것이다.

이런 경향들과 함께 이십대 여성들이 대거 유입되어 오다 카즈마사의 〈ラブ・ストーリーは突然に(러브스토리는 돌연히)〉1991와 〈SAY YES〉 같은 곡을 지지하기 시작했다. 이처럼 《ポニーキャニオン(PONY CAN-YON)》으로 이적한 후 트렌드 맞춤형 작곡에 임한 차게 앤 아스카의 노선 전환은 확실한 유효타로 작용했다. 드라마의 콘셉트에 맞도록 곡 스타일을 조성하고, 한번 들어도 알 수 있는 선율로 효과적인 매시업을 창출한다. 이것이 당시의 핵심전략이었다.

이후에도 〈僕はこの瞳で嘘をつく(나는 이 눈동자로 거짓을 말해)〉1991와 〈if〉1992, 지브리스튜디오와 합작이 성사되었던 〈On Your Mark〉 등으로 승기를 잡아나갔다. 이어 첫 아시아투어를 개최해 홍콩, 싱가포르, 대만 등지에서 합계 6만명을 동원했고, 1996년에는 아시아 아티스트 최초로 《MTV Unplugged》에 참여하기도 했다. 샤카 칸(Chaka Khan), 보이 조지(Boy George) 등이 참여한 트리뷰트 앨범 《one voice, THE SONGS OF CHAGE& ASKA》1996가 발표된 것도 이 때였다.

비록 지금은 활동을 기약하기 힘든 상태이지만, 자국에서 기록한 발자취만큼은 어떤 이들보다 깊고 선명하다. 시간이 흐른 뒤, 언젠가는 다시 이 두 명이 함께 서있는 모습을 볼 수 있을까. 조심스럽게 'SAY YES'라는 대답을 남기고자 한다.

Ø 멤버

타마키 코지(玉置 浩二, 보컬, 기타, 퍼커션, 코러스, 1958~)

야하기 와타루(矢萩渉, 기타, 베이스, 코러스, 1957~)

타케자와 유타카(武沢 豊, 기타, 코러스, 1958~)

로쿠도 하루요시(六土 開正, 베이스, 피아노, 키보드,
코러스, 1955~)

타나카 유지(田中 裕二, 드럼, 퍼커션, 코러스, 1957~)

안젠치타이 安全地帯

샐러리맨들의
외로움을 달래주던
감성 팝 밴드

《安全地帯IV》

1985

안젠치타이식 애수의 결정판. 힘들게 하루를 마치고 바에 앉아 위스키 한 잔을 걸치는 중년의 BGM으로 이만큼 적격인 앨범은 없다. 〈碧い瞳のエリス(파란 눈동자의 엘리스)〉, 〈悲しみにさよなら(슬픔에 안녕)〉, 〈ガラスのささやき (유리의 속삭임)〉 등을 듣다보면 이유 없이 몰려드는 외로움이 조금이나마 달아남을 느낄 수 있을 것이다.

테이의 〈사랑에 미치다〉와 이수영의 〈끝〉, 포지션의 〈재회〉와 엠씨더맥스의 〈사랑의 시〉. 이 네 곡에는 공통점이 있다. 노래들을 연달아 들으면 "아~"하고 탄성을 내뱉는 일본음악 마니아들이 분명 있을 것이라 생각한다. 이 곡들을 묶는 키워드는 타마키 코지(玉置 浩二), 바로 안젠치타이(安全地帶)의 리더를 맡았던 사내이다.

이처럼 우리에게 가장 친숙한 일본그룹 중 하나가 안젠치타이다. 일본문화개방 이후 있었던 두 번의 내한공연이 모두 매진되었으며, 홍콩과 대만 등지에서도 여전한 인기를 구가하고 있는 그들. 당시 록 신의 대세를 담당했던 펑크록의 자유분방함과 화려한 비주얼계의 틈바구니 속에서 '성인남자의 카리스마'가 내뿜는 매력으로 일거에 스타덤에 오른 이들은 시대의 혼잡함과 어울리지 않는 우직한 인상으로 보는 이들을 매료시켰다. 틈새를 비집고 이뤄낸 대세 등극이었다.

성공의 반석은 어릴 적 인연이었다. 홋카이도 출신인 타마키 코지와 타케자와 유타카(武沢 豊)가 만난 게 중학교 2학년이었던 1973년이니 벌써 40년도 넘은 일이다. 타케자와 유타카의 형과 함께 밴드 인베이더(Invader)를 결성한 후, 레드 제플린(Led Zeppelin)의 팬이었던 타마키 코지의 형이 가입하면서 밴드의 지향점을 포크에서 록으로 변경하기에 이른다.

제 6회 야마하 팝 콘테스트를 통해 조금씩 음악의 가능성을 발견했던 이들은 당시 서던 록 경향의 로쿠도 하루요시 밴드(六土開正バンド)와 뜻을 합쳐 하나의 밴드로 거듭났다. 동시에 다양한 장르를 수용했고 오리지널 곡의 지분도 늘려갔다. 이처럼 두 그룹의 합병이 음악성 구축에 큰 도움을 주었지만, 이때만 해도

프로로 데뷔할 것이라는 보장이 없던 암울한 시기이기도 했다.

그렇지만 서두르지 않았다. 언젠간 다가올 순간을 위해 악착같이 기초다지기에 돌입했다. 폐농가의 거주공간을 확보해 전용 스튜디오인 뮤지컬 파머스 프로덕션(Musical Farmers Production)을 만든 뒤 매일 연습에 매진했다. 이미 음악이라는 불투명한 미래에 몸을 던진 이들에게 남았던 것은 녹음실을 제작하며 생긴 빚 뿐. 다나카 유지(田中 裕二)와 미야시타 타카히로(宮下 隆宏)가 탈퇴하며 설상가상의 상황에 처했지만, 로쿠도 하루요시(六土 開正)의 복귀와 후에 디렉터로 자리잡는 카네코 쇼헤이(金子 章平)를 발탁해 점차 위기를 타개해 나가기 시작했다.

여러 대회 출전과 입상을 반복하며 홋카이도 넘버 원 아마추어 아티스트로 군림하였지만, 내부에서는 아직 프로가 되기에는 부족하다고 판단했다. 그렇게 2년이 흘러 1980년, 점점 에너지를 소진하며 꿈에서 멀어져가던 시기에 혜성처럼 나타난 이가 호시 카츠(星 勝)였다. 이 만남으로 어느 레전드의 백밴드로 투어에 동행할 천금 같은 기회를 얻게 된다. 그 전설은 바로 호시 카츠가 프로듀싱을 맡고 있던 이노우에 요스이(井上 陽水)였다.

비록 프로의 벽을 절감한 시기였지만, 언제나 그래왔듯 그에 걸맞은 노력만이 해결책이라 생각하고 있던 그들이었다. 1982년에 접어들자마자 《夜のヒットスタジオ(밤의 히트 스튜디오)》 출연 및 이노우에 요스이의 전국투어에 백밴드로 참여해 메이저로 가는 발판을 한 칸 더 쌓아올렸다. 그렇게 해서 《キティレコ

ード(Kitty Records)》와 정식으로 계약을 체결하고 발표한 〈萌黄色のスナップ/一度だけ(녹황빛의 스냅/한번만)〉1982으로 데뷔를 완수한다. 멀고도 멀었던 메인스트림의 길, 끈기와 근성이 이뤄낸 허물의 탈피였다.

그렇다고 데뷔가 성공을 보장해주는 건 아니었다. 1년에 가까운 무반응은 또 하나의 큰 장애물이었다. 틈틈이 자신의 곡을 사용할 곳을 찾아보며 필사적으로 활동을 이어가던 중, 첫 번째 앨범 《安全地帯I Remember to Remember》1983가 발매되었다. CM송으로 〈ワインレッドの心(와인레드빛 마음)〉1983이 기용되었고, 이후 이들의 인생은 이전과는 180도 다른 곳으로 흘러갔다. 포기를 모르는 마음이 이뤄낸 대히트, 이제 안젠치타이는 더 이상 홋카이도만의 소유물일 수 없었다.

〈ワインレッドの心〉의 성공은 당시 '젊음'으로만 승부하려는 시대적 흐름에서 소외된 성인들의 눈길을 사로잡았다는 데에서 의미를 찾아야 한다. 아이돌 열풍을 주도한 마츠다 세이코(松田 聖子)나 나카모리 아키나(中森 明菜), 일본음악의 새로운 10년에 대한 비전을 보여주었던 하마다 쇼고(浜田 省吾)와 사노 모토하루(佐野 元春) 같은 십대나 이십대 우상들에 치여 고립되어 가던 중장년층을 위해, 과도기를 맞은 뉴뮤직의 빈틈을 비집고 나타난 존재가 바로 이들이었다. 농도 짙은 서정성, 어덜트 컨템포러리 지향의 음악은 특정 층에 매몰된 스타들과 궤를 달리하고 있었다.

기세를 몰아 발표한 〈恋の予感(사랑의 예감)/ Happiness〉1984으로 확실한 스타 반열에 오르게 된다. 〈熱視線/ 一秒一夜(열시선/ 일초일야)〉1984도 이 시기에 좋은 반응을 얻은 싱글. 애수 어린 적막감을 표현해내는 능력이 절정에 이르던 때였다. 연가 시리즈의 결정판은 바로 〈悲しみにさよなら(슬픔에 안녕)〉1985. 이 곡을 통해 《NHK 홍백가합전》 출연 및 《FNS 가요제》 2년 연속 최우수 가창상 수상의 업적을 이뤄냈다. 한때는 얼굴도 쳐다볼 수 없을 만큼 까마득했던 스승 이노우에 요스이와 감격스러운 합작품인 《夏の終りのハーモニー(여름 끝자락의 메모리)》1986는 달라진 이들의 위상을 엿볼 수 있는 결과물이다.

2000년 내한 당시 친분이 있었던 배우 박용하를 추모하며 부르기도 했던 〈Friend〉1986, 위험한 매력이 오롯이 담겨있는 〈じれったい(안타까워)〉1987, 배우 겸업을 선언하며 내놓았던 〈ひとりぼっちのエール(혼자만의 외침)〉1993 같은 곡들 역시 불세출의 레퍼토리로 남아있다.

이제는 꽃중년으로서 '대표 섹시배우'로 군림하고 있으면서도 전국투어는 물론 《Rock in Japan 2013》 같은 록 페스티벌에도 출연하는 등 새로운 영역을 개척해 나가는 타마키 코지와 그의 밴드 안젠치타이. 국경을 넘어 새긴 이들의 추억을 잊기란 영원히 불가능한 일일지도 모르겠다. 여전히 우리는 '안전지대'의 영역에 살고 있으니.

Ø 멤버
히무로 쿄스케(氷室 京介, 보컬. 1960~)
호테이 토모야스(布袋 寅泰, 기타. 1962~)
마츠이 츠네마츠(松井 常松, 베이스. 1960~)
타카하시 마코토(高橋 まこと, 드럼. 1954~)

Ø 멤버
히무로 쿄스케(氷室 京介, 보컬. 1960~)
호테이 토모야스(布袋 寅泰, 기타. 1962~)
마츠이 츠네마츠(松井 常松, 베이스. 1960~)
타카하시 마코토(高橋 まこと, 드럼. 1954~)

보위 BOØWY

다시금
록이 날아오르다

《BEAT EMOTION》
1986

사쿠마 마사히데에 이어 전권을 부여받은 호테이 토모야스는 "팔릴 앨범을
내겠다"고 공언했고, 이를 밀리언셀러라는 결과물로 증명했다. 밴드가 추구
하던 '비트 록'의 실체를 확실하게 규명했고, 히무로 쿄스케의 보컬 스타일은
수많은 추종자를 낳았다. 보위의 전성기를 상징하는 역사적 명반.

뮤지션은 뮤지션을 낳기 마련이다. 만약 히무로 쿄스케(氷室京介)가 음악활동을 단념하고자 찾은 공연장에 알씨석세션(RC サクセション)이, 그 리더인 이마와노 키요시로(忌野 淸志郎)가 있지 않았다면 과연 지금의 제이록은 어떤 모습을 하고 있었을까. 가정이기에 그 답을 알 수는 없지만, 그렇게 힘을 얻은 히무로 쿄스케가 호테이 토모야스(布袋 寅泰)에게 손을 내밀면서 일본의 밴드 신이 확장의 단초를 마련하게 되었다는 점은 확실하다. 이렇듯 록의 흐름이 솔로에서 밴드로 변하고 콘서트 규모가 대형화되기 시작하던 1980년대 중반, 누구보다도 앞에서 새 시대의 개막을 알렸던 밴드가 바로 이 둘의 본령인 보위다.

이름의 공식적인 유래는 폭위(暴威)의 일본어 발음으로 알려져 있지만, 아무래도 데이비드 보위(David Bowie)의 영향을 무시할 수 없다는 것이 정설이다. 한껏 부풀린 헤어스타일과 장 폴 고티에(Jean Paul Gaultier)[1]의 의상을 사용하는 혁신적인 비주얼 등이 글램 록의 영향권 안에 있기 때문이다. 여기에 1970년대 후반부터 시작된 뉴웨이브의 흐름에서 파생된 영감이 창조의 원천으로 작용했다. 이렇게 일본의 가요곡에서 비롯된 동양 정서와 영미권 음악 트렌드가 맞물려 태어난 노래들은 밴드 신의 부흥을 알리는 팡파르 역할을 도맡았다.

초기에는 보컬과 작사를 맡은 히무로 쿄스케와 기타 및 작곡을 맡은 호테이 토모야스를 중심으로 6인 라인업을 갖추고 있었다. 스타일 또한 지금의 이미지로는 쉽게 상상할 수 없는 펑크 록이었는데,[2] 데뷔앨범 《MORAL》1982은 이를 증명하듯 2~3분내의 짧은 곡으로 채워져 있다. 이후 베이스를 마츠이 츠네마츠(松井 恒松)로, 드럼을 타카하시 마코토(高橋 まこと)[3]로 확정한 4인

---

1 프랑스 파리 출신의 디자이너. 그가 추구하는 그로테스크한 스타일이 전위적이고 섹시한 이미지를 원하던 팀 콘셉트와 맞아떨어진 덕분에 그의 의상을 애용하곤 했다.
2 상업적으로는 큰 결실을 거두지 못한 시기였지만, 〈no new york〉이나 〈image down〉은 콘서트에서 빠지면 섭섭한 초창기 핵심 곡이기도 하다.

편성의 2집 《INSTANT LOVE》1983부터 변화를 도모했다. 엔카의 정서를 담아낸 멜로디와 보다 다양한 주법을 보여주는 기타, 그룹의 컬러를 확정지은 신시사이저의 도입으로 정체성 탐구의 첫발을 내딛던 시기였다.

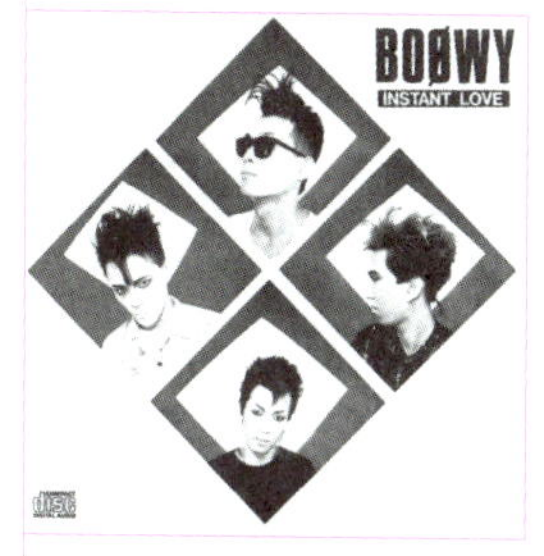

이들의 잠재력이 조금씩 서광을 비추던 때가 바로 1985년이었다. 시원한 후렴구의 파워팝 〈ホンキー・トンキー クレイジー(Honky Tonky Crazy)〉1985와 도입부 리듬 커팅이 신스 사운드와 멋지게 어우러진 〈BAD FEELING〉1985을 통해 주목받는 신진 가운데 한 팀으로 거듭났다. 위대한 중견 요시다 타쿠로(吉田 拓郎)가 은퇴를 염두에 두고 개최했던 《All Night Event》와, 햇병아리 시절의 오자키 유타카(尾崎 豊)가 고등학교 졸업식 날 공연장 《RUIDO》에서 첫 콘서트를 열던, 신구의 본격적인 세대교체가 이뤄지기 시작할 즈음에 그들 또한 역사에 남기 위한 워밍업을 슬슬 끝내가고 있었다.

〈Dreamin'〉과 〈ハイウェイに乗る前に(고속도로를 타기 전에)〉 등의 명곡을 배출한 3집 《BOØWY》1985를 지나, 본격적인 히트를 기록하는 것이 바로 4집 《Just a Hero》1986다. 오리콘 첫 등장 5위의 기세를 몰아 7월 2일 부도칸에서 《JUST A HERO TOUR》를 개최했고, 마치 3일 전 해산 콘서트를 치른 카이 밴드(甲斐バンド)의 바통을 이어 받는 듯한 광경을 연출했다. 9월에 선보인 〈B Blue〉1986까지 싱글 차트 최고 기록인 7위에 랭크되며 명실상부한 록스타의 위치를 굳혔다. 대기만성형 스토리가 본격적으로 출발선을 끊은 것이었다.

---

3 《新宿(신주쿠)LOFT》에서 있었던 보위의 첫 라이브를 지켜본 13명 중에 1인이기도 하다. 후에 오디션 모집 공고를 보고 지원해 선발되면서 음악의 길을 걷게 된다.

그런 인기에도 보위는 쇄도하던 매스컴의 취재 요청을 대부분 거부하고 있었다. 이는 데뷔 초기 열심히 임했던 인터뷰가 거의 실리지 않거나, 한껏 멋을 내고 찍은 사진이 잘리거나 했던 기억에 대한 반발심이 작용한 탓이었다. 이 때문에 뜨기 전부터 친분이 있거나 자신의 음악에 대한 이해도가 높은 이들이 취재한 기사만 소량 남겨져 있다. 또한 투어 시 초대권을 배제했던 탓에, 고위 관계자들이 팬들에게 둘러싸여 라이브를 지켜보는 일이 벌어지기도 했다. 이런 태도는 곡해된 기사들을 통한 오해를 사전차단하면서 동시에 팬들을 더욱 배려하겠다는 의지의 산물이었다.

사쿠마 마사히데(佐久間 正英)에 이어 프로듀싱의 전권을 잡은 호테이 토모야스가 "이번엔 팔리는 앨범을 낼 겁니다"라고 공언했던 5집 《BEAT EMOTION》[4] 1986은 실제로 대성공을 거두었다. 록음반으로는 흔치 않던 밀리언셀러를 달성했으며, 음악적으로도 완벽한 모습을 구축해내며 더 이상 적수가 없음을 공고히 한 것이다. 악기 자체의 리얼 사운드에 더욱 집중해 완전한 '비트 록'의 실체를 완성시킨 대표작이라 할 만하다.

그렇게 가장 '보위스러운 작품'을 세상에 내놓은 후 멋지게 해산하기로 했던 이들은 회사의 간곡한 요청에 밴드의 생명을 조금 더 연장하기로 결정한다. 그 용단에 대한 선물이었는지, 〈Marionette -マリオネット-(-마리오네트-)〉1987가 첫 싱글차트 1위를 차지하며 당시 러브 송에 물들어 있던 신의 흐름

---

4 앨범 녹음을 하는 데는 18일 밖에 걸리지 않았다. 특히 베이스와 드럼은 5일 만에 레코딩을 완료했고, 재킷 촬영은 첫날에 마무리 지었다고 한다.

에 찬물을 끼얹었다. 그리고 두 달 후, 대미를 장식하는 라스트 작 《PSYCHOPATH》1987로 마침내 거대한 록 제국을 완성시켰다. 좀 더 건조해진 비트의 질감, 당시 유행하던 고어 무비에 발맞춰 콘셉트화 시킨 고딕 스타일링, 뉴뮤직과 알앤비, 헤비메탈 등 다양한 장르를 도입한 넓은 베리에이션이 특징인 이 작품을 끝으로, 새로운 보위의 앨범은 더 이상 만날 수 없게 되었다.

1988년 4월 4일과 5일 양일에 걸쳐 마지막 라이브가 되는 《LAST GIGS》를 도쿄돔에서 개최했다. 지난 연말 이후에는 멤버들 사이에도 만남이 없던 상태. 조금 이른 동창회라는 말과 함께 선보인 이 무대 이후 이들이 함께 공연하는 일은 없었다. 겉으로 보기엔 태연하게 최후의 공연을 펼쳤지만, 실제로는 종료 후 이동하는 차량에서 모두 눈물을 훔쳤다는 비하인드 스토리가 알려지며 그 아쉬움은 배가 되었다.

그 뒤로 4명이 함께 모였던 것은 지인이었던 카메라맨의 결혼식 뿐, 공적인 자리에서 함께 연주를 하거나 호흡을 맞춘 적은 없다. 이는 애초에 결별 자체가 멤버들의 불화에 근거를 두고 있었기 때문일 것이다. 중심이었던 히무로 코스케와 호테이 토모야스의 관계가 지금까지 풀리지 않고 있다는 점에서 미뤄 짐작할 수 있다. 두 사람은 해체 이후에도 서로의 솔로 활동에 대해 비판한 바 있는데, 특히 히무로가 2011년 동일본 대지진 자선 라이브에 멤버들의 동의 없이 러닝타임을 전부 보위의 곡으로 구성한 일로 인해 서로에 대한 신의를 완전히 잃어버린 것으로 사료된다. 재결성을 바라는 이들이 많지만, 그것이 쉽지 않다는 것을 가장 잘 아는 이들 또한 재결성을 바라는 이들일 것이다.

시니컬하고 공격적인 메시지, 여기에 한발 앞서 나가는 듯한 비트감, 교태 넘치는 무대 매너로 커리어를 장식한 이들은 완벽한 '남자들의 동경 대상' 그 자체였다.[5] 당시의 밴드 붐의 지지층이었던 십대를 거의 전적으로 독점했기 때문에 가능한 신드롬이었다. 또한 하나의 일관된 이미지보다 각 멤버의 개성이 부딪혀 시너지를 발하는 밴드의 전형을 보여주었으며, 대규모의 록 이벤트가 정착되는 데에도 큰 공헌을 했다. 이후 일본은 '밴드라면 뭘 해도 팔린다'는 상업논리가 지배하는 밴드 붐 시대로 돌입하게 된다. 때문에 보위 전과 보위 후라는 용어를 심심치 않게 쓰기도 한다. 동시에 알씨석세션의 《COVERS》1988가 발매 중지되고,[6] 하마다 쇼고(浜田 省吾)는 《A PLACE IN THE SUN》 투어로 6만명을 동원하는 진풍경을 연출했다. 그렇게 쇼와시대 마지막을 장식한 록 음악은 여러 색깔이 뒤섞여 한치 앞을 볼 수 없는 미래에 직면하고 있었다. 그 한가운데 반짝반짝하는 보위라는 별을 남긴 채.

---

5 여성들이 동경했던 그룹은 레베카(REBECCA). 홍일점 보컬 노코(NOKKO)의 인기가 대단했다.

6 에디 코크란(Eddie Cochran)의 〈Summertime Blues〉를 커버하며 방사능에 대한 비판적인 시각을 담은 일본어 가사를 붙였는데, 당시 원자력 발전 회사였던 《도시바 EMI》의 압력으로 발매중지에 이르게 되었다. 후에 이마와노 키요시로(忌野 清志郎)는 더 타이머즈

(The Timers)라는 밴드로 같은 반핵 기조의 노래를 담은 앨범을 발표했는데, 재미있게도 그 작품은 《도시바 EMI》를 통해 아무 문제없이 유통되었다. 또한 《COVERS》 수록곡 중 〈시크릿 · 에이전트 · 맨(Secret agent man)〉의 가사는 김현회와 KAL기 폭파 사건을 다루고 있다. 이처럼 《COVERS》는 앨범 전체에서 시사성 있는 사건이나 내용을 소재로 하고 있었다.

코무로 테츠야 小室哲哉 1958~

프로듀서라는 직함을
처음으로 대중에게
각인시키다

아무로 나미에 《SWEET 19 BLUES》
글로브 《Globe》

그가 참여한 작품은 수없이 많지만, 대중에게 가장 많은 환호를 받은 것은
바로 이 두 작품이었다. 도합 700만 장이 넘는 판매고가 그를 향한 대중의
신뢰가 얼마나 컸는지 짐작게 한다. '이것이 코무로 테츠야표 음악'이라고
말하는 듯한 그 스타일이야말로 일본 대중음악의 미래 그 자체였다.
지금 들어도 전혀 촌스럽지 않은, 시대를 앞서갔던 결과물.

이전에 빛을 보지 못한 것들이 서서히 고개를 들던 1980년대였다. 서너 가지 흐름이 전체를 주도하던 경향과 달리, 이제 다양성이라는 명목으로 많은 장르의 음악이 하나의 세계에서 공존하게 되었다. 시부야가 수입 앨범들의 천국으로 변해갈 무렵이니, 그 시기 대중은 이미 새로운 조류를 받아들일 만반의 준비가 끝났다고 보아도 무방했다. 바로 그 때 슬그머니 등장한 이가 바로 코무로 테츠야였다. 사람들의 이목을 끌었던 전자음악의 로컬라이징 선언. 1980년대를 기점으로 그 과감함은 서서히 빛을 보기 시작했다.

1980년대 초반의 전자음악은 YMO가 주도했다. 최첨단 테크놀로지가 선사하는 예술에 가까운 음악에 전세계인들은 감탄을 연발했다. 코무로 테츠야는 이들이 놓치고 있던 거의 유일했던 것을 목격하고는, 이를 재빨리 자신의 품으로 들여왔다. 바로 감상에 치우쳐 챙기지 못했던 원초적인 즐거움이 그것이었다. 그렇게 팝 본연의 성질에 충실한 전자음악을 모토로 서서히 자신의 세계를 펼치기 시작했다.

1984년에 만든 티엠 네트워크(TM NETWORK)가 비교적 빠르게 자리를 잡은 것은 하이브리드 스타일을 일찌감치 확립시킨 덕분이었다. 기존의 이미지를 뒤집어엎는다는 뉘앙스를 가진 신조어 FANKS(Funk+Punk+Fans)를 캐치프레이즈로 〈Get Wild〉1987, 〈SEVEN DAYS WAR〉1988를 히트시켰다. 특히 대규모화가 진행되던 콘서트 시장에서 이들의 공연은 단연 비주얼적 진화의 선봉장 역할을 도맡았다. 팀의 콘셉트를 앨범과 공연에 투영시키며 엔터테인먼트의 역할을 자처했던 것이다. 디지털은 그렇게 본격적으로 제이팝 시장에 침투했다.

그렇다고 밴드 활동만 두드러진 것은 아니었다. 작곡가 및 프로듀싱으로 얻은 명성 또한 만만치 않았다. 와타나베 미사토(渡辺美里)의 출세작 〈My revolution〉1986을 들어보면 그 높은 평판의 이유를 단숨에 파악할 수 있다. 풍성한 사운드감의 건반과 펑키한 기타리프, 여기에 당시 일본 음악에서는 흔치 않았던 과감한 전조(轉調)가 인상적인 완성도 높은 팝튠이었다. 마츠다 세이코(松田 聖子)가 2000년대 들어 자주 부르는 〈Kimono beat〉1987나 코이즈미 쿄코(小泉 今日子)의 〈GOOD MORNING-CALL〉1988을 비롯해 오카다 유키코(佐藤 佳代), 나카야마 미호(中山 美穗), 나카모리 아키나(中森 明菜) 등에게 곡을 주며 일찌감치 자리를 잡은 그였다.

이것이 전성기라 생각하면 오산이다. 밀리언셀러가 한 해에 20장이 넘게 나오던 경제 호황기에 코무로 테츠야의 전설이 그 서막을 올리게 된다. 당시 '듣는 음악'에서 '부르는 음악'으로 전환되어가며 가라오케가 대량으로 보급되던 시절, 그는 젊은이들이 춤추며 노래할 수 있는 스타일의 창작에 골몰하게 된다. 디스코와 가라오케 사이의 영역을 탐구하던 그는 티엠 네트워크의 활동을 마무리 지은 뒤, 티케이 레이브 팩토리(TK RAVE FACTORY)라는 뜻의 티알에프(TRF)를 조직해 프로듀싱을 맡으며 자신의 생각을 구체화시키게 된다. 당시 클럽에서 유행하던 레이브로 시작해 자국 스타일의 후렴구로 이어지는 〈EZ DO DANCE〉1993를 통해 200% 자신의 뜻을 관철시킨 튠으로 70만장이라는 히트를 기록했다.

첫 밀리언셀러의 축포를 터뜨린 〈survival dAnce ~no no cry more~〉1994는 국민가요급 인지도를 얻은 이들의 시그너처 송이다. 이 곡을 시작으로 5연속 밀리언을 달성하게 되며, 〈Overnight sensation〉1995으로 수상한 레코드 대상 역시 4년 동안 그들의 품을 벗어나지 않았다. 이어 등장하게 될 아무로 나미에(安室 奈美惠)와 글로브(globe) 이전에도 이 정도였으니, 당시 코무로 테츠야의 거대한 영향력을 상상하기란 쉽지 않다.

이어 신인이었던 아무로 나미에의 성공은, 프로듀서라는 자리에 대한 인식을 통째로 바꿔놓았다. 그때까지만 해도 대중은 프로듀서를 레코드회사의 직원 정도로 받아들이고 있던 상황. '좋은 프로듀서가 있기에 좋은 가수가 탄생할 수 있다'는 명제의 확립, 그 대부분이 바로 그의 활약에서 비롯되었다고 해도 지나친 말은 아니다.

여기에 글로브가 쐐기를 박았다. 직접 멤버로 참여하기도 했던 이 유닛은 데뷔 싱글 〈Feel like dance〉1995부터 상승세를 타더니, 〈Departure〉1996가 더블 밀리언을 달성하며 개인 커리어의 완벽한 정점을 찍었다. 또한 일본 최고의 개그듀오 다운타운의 하마다 마사토시(浜田 雅功)와 함께 함께 한 유닛 에이치 정글 위드

티(H jungle with T)를 비롯해 히토미(Hitomi), 스즈키 아미(鈴木 あみ), 시노하라 료코(篠原 涼子), 카하라 토모미(華原 朋美) 등과 작업한 곡들도 모두 히트하며 '코무로 패밀리', '코무로 계'라는 신조어까지 탄생시켰다.

연이은 승승장구에 붕괴조짐이 보이기 시작한 것은 1999년. 우타다 히카루(宇多田 ヒカル)가 이전과 완전히 다른 패러다임의 작품으로 오리콘 최다 판매량 앨범

의 위업을 달성했다. 여기에 시이나 링고(椎名 林檎), 라르크 앙 시엘(L'Arc~en~Ciel), 드래곤 애쉬(Dragon Ash) 같은 개성 강한 아티스트들이 등장하며 기존 코무로 사운드에 질려가던 대중을 흡수했다. 보다 깊은 장르적 탐구에 몰두했던 그 자신의 변화도 이유 중 하나였다.

이렇듯 전자음악의 대중화에 앞장섬과 동시에 현재 일렉트로니카 붐의 배경을 마련했던 그였다. 캡슐(Capsule)과 퍼퓸(Perfume), 캬리파뮤파뮤(きゃりーぱみゅぱみゅ) 등을 프로듀싱하고 있는 나카타 야스타카(中田 ヤスタカ)를 필두로 한 여러 전자음악 뮤지션 중 그의 영향을 비껴간 이들은 많지 않다. 여기에 발군의 리듬감 및 급격한 전조는 현재 제이팝의 중요 요소로 정착되어 있기도 하다. 이처럼 차근차근 들여다보면, 그의 실험적인 면들이 현재의 것들에 충실히 반영되어 있다는 사실을 발견하게 된다.

다만 그의 커리어는 성공한 자가 어디까지 몰락할 수 있는가에 대한 표본을 보여준다는 점에서 씁쓸한 뒷맛을 남긴다. 사기 사건 및 무리한 사업확장으로 인해 나락으로 떨어졌던 그에게서 예전의 화려한 모습을 찾아보기란 쉽지 않다. 100억엔 이상 있던 통장에 단돈 6259엔이 남아있다는 사실이 보도되었을 때, 많은 사람이 삶에 대한 허무함을 곱씹었을 것이다. 인간으로서 응당 가져야 할 평범함이라는 감각을 잃고 산 자가 맞닥뜨린 불행. 이를 피하기엔 음악 외의 것에 너무도 무지했던 코무로 테츠야. 그런 맥락에서 본다면, 인간적인 삶을 찾기 위해 무기한 활동을 중단한 우타다 히카루는 올바른 선택을 했구나 라는 생각이 들기도 한다.

그래도 그는 2010년대 들어 재기의 몸짓을 시작했다. 많은 아티스트에게 다시금 곡을 제공하기 시작했으며, TV 앞에 모습을 드러내는 일도 잦아졌다. 성공만을 위해 안달복달하던 그 시절의 강박과 비정상을 벗어던지고, 이제 '팔리지 않아도 괜찮다', '얼마나 사람의 마음에 닿을 수 있는지를 중시하고 있다'는 그의 변화. 가까운 길을 돌고 돌아 겨우 도착한 지금이라면, 언젠간 제 2의 전성기도 찾아올 수 있지 않을까 싶다. 코무로 테츠야만의 'TK 시대'는 지금부터 시작이다.

Ø 멤버
【1기】 (1981년 ~)
니이하라 미노루(二井 原実, 보컬. 1960~)
타카사키 아키라(高崎 晃, 기타. 1961~)
야마시타 마사요시(山下 昌良, 베이스. 1961~)
히구치 무네타카(樋口 宗孝, 드럼. 1958~)
【2기】 (1989년 ~)
마이크 베세라(Mike Vescera, 보컬. 1962~)
타카사키 아키라(高崎 晃, 기타. 1961~)
야마시타 마사요시(山下 昌良, 베이스. 1961~)
히구치 무네타카(樋口 宗孝, 드럼. 1958~)
【3기】 (1992년 ~)
야마다 마사키(山田 雅樹, 보컬. 1964~)
타카사키 아키라(高崎 晃, 기타. 1961~)
사와다 타이지(沢田 泰司, 베이스. 1966~2011)
히구치 무네타카(樋口 宗孝, 드럼. 1958~)
【4기】 (1994년 ~)
야마다 마사키(山田 雅樹, 보컬. 1964~)
타카사키 아키라(高崎 晃, 기타. 1961~)
시바타 나오토(柴田 直人, 베이스. 1958~)
혼마 히로츠구(本間 大嗣, 드럼. 1963~)
【5기】 (2000년 ~)
니이하라 미노루(二井 原実, 보컬. 1960~)
타카사키 아키라(高崎 晃, 기타. 1961~)
야마시타 마사요시(山下 昌良, 베이스. 1961~)
히구치 무네타카(樋口 宗孝, 드럼. 1958~)
【6기】 (2009년 ~)
니이하라 미노루(二井 原実, 보컬. 1960~)
타카사키 아키라(高崎 晃, 기타. 1961~)
야마시타 마사요시(山下 昌良, 베이스. 1961~)
스즈키 마사유키(鈴木 政行, 드럼. 1972~)

라우드니스 LOUDNESS

일본 헤비메탈의 혼

《Thunder in the East》
1985

우리가 알고 있는 라우드니스는 바로 여기에 있다. 이밖에도 언급해야 할
작품은 많지만, 영미권에 '아시아 헤비메탈'의 존재감을 각인시킨
이 작품의 상징성을 넘어서기는 힘들다.

일본 헤비메탈의 상징적인 존재라면 역시 라우드니스다. 1981년에 등장해 선 굵은 쇳소리로 천하를 뒤흔든 지 어언 35년, 여러 굴곡을 겪으면서도 끝끝내 음악과 맺은 연을 놓지 않은 이들의 활약상은 이미 많은 이가 알고 있고, 더 많은 이가 알아야 할 개척과 한계돌파의 역사다. 팝보다는 자국의 음악을 듣고 자란 도쿄 올림픽 전후(前後) 세대 뮤지션들이 외국의 조류를 완벽히 로컬라이징하며 점차 내수 위주 시장을 형성하던 시기에, 이들은 헤비메탈이 가진 본 매력을 생생히 구현해내며 대중의 허를 찌른 그룹이기도 했다.

1970년대 후반부터 시작된 뉴 웨이브 오브 브리티시 헤비메탈, 이른바 NWOBHM의 흐름은 그야말로 세계 록 신의 중핵을 이루고 있었다. 모터헤드(Motorhead), 주다스 프리스트(Judas Priest), 데프 레퍼드(Def Leppard), 아이언 메이든(Iron Maiden) 등이 무리의 선두에서 약속한 듯 1980년 초반에 여러 명반을 남기며 후발주자들까지 이끌었다. 그리고 이 물길은 머틀리 크루(Motley Crue)나 건스 앤 로지스(Guns N' Roses) 같은 LA메탈과 메탈리카(Metalica)와 메가데스(Megadeth) 등으로 대표되는 스래시 메탈로 스며들었다.

외국문화의 캐치가 빠른 일본에도 이에 뒤질세라 헤비메탈 붐이 일었다. 주목할 만한 것은, 그것이 영미권에서 한 물 가고 난 후 붐업된 것이 아니라 현지와 리얼타임으로 그 영향을 주고받았다는 점이다. 그 중심에는 지금 이야기하고 있는 라우드니스를 비롯해 바우 와우(Vow Wow), 앤섬(Anthem), 에조(EZO) 같은 밴드들이 1980년대 초반부터 후반까지 자리했다. 자신의 악기에서 거대한 소리를 맹렬히 뿜어내던, 당시만 해도 일본음악에서 드물었던 남성성이 극대화 되어 표출되던 시절이었다.

　레이지(LAZY)에서 활동하던 타카하시 아키라(高崎 晃), 히구치 무네타카(樋口 宗孝), 다나카 히로유키(田中 宏幸)가 팀을 나와 새로운 프로젝트를 시작하기로 결심한 것이 바로 라우드니스의 시작점이다. 오디션을 통해 니이하라 미노루(二井 原実)를 영입한 뒤, 음악성에 다소 이견을 보였던 다나카 히로유키 대신 야마시타 마사요시(山下 昌良)를 맞이해 4인 라인업을 완성시켰다. 하지만 당시만 해도 하드 록은 열도에서 거의 힘을 쓰지 못하던 상황. 그런 와중에 선보인 《The Birthday Eve ～誕生前夜～(～탄생전야～)》1981를 비롯한 초반 작품들은 NWOBHM과 프로그레시브 록 성향을 적절히 혼합한 밀도 높은 사운드로 대중과 음악 관계자들을 놀라게 했다. 콘서트 역시 성황리에 마무리되며 장르에 대한 가능성을 처음으로 엿보게 만들었다. 타카하시 아키라와 히구치 무네타카가 주도한 원류를 향한 정면돌파가 어느 정도 효과를 본 셈이었다.

　결성 전에도 이미 인지도가 있던 멤버들은 더욱 주목받는 아티스트로 대접받기 시작했다.《DISILLUSION》1983의 영어버전 발표가 이들의 세계 진출을 부추겼고, 이윽고 트위스티드 시스터(Twisted Sister)의 매니저였던 조 거버(Joe Gerber)를 통해 《Atco Records》와 계약하기에 이르렀다. 프로듀서는 오지 오스본(Ozzy Osbourne)의 솔로 앨범을 맡았던 맥스 노먼(Max Norman)이 낙점되었고, 사운드는 기존 이미지와 다른 벗는 활기찬 LA 메탈로 옮겨갔다. 그렇게 아시아 헤비메탈 신에서 빼놓을 수 없는 명작 《Thunder In The East》1985가 탄생했다. 당시 밴드부에 속해 있다면 한번은 커 버해보았을 〈Like Hell〉이나 〈Crazy Night〉이 바로 이 앨범에 수 록되어 있으며, 빌보드 차트 74위라는 성적으로 일본 헤비메탈 의 존재감을 세계에 알린 명반이다. 이어 《Lightening Strikes》1986 가 64위, 《Hurricane Eyes》1987도 190위에 랭크되며 미국에서 승 승장구했다.

본격적인 시련은 가장 큰 성공 뒤에 찾아왔다. 니이하라 미노루 가 탈퇴한 후 계속해서 방황을 거듭하던 시기였다. 일본인으로는 니이하라 이상의 보컬리스트를 찾을 수 없다고 판단해 미국 태생 의 마이크 베세라(Mike Vescera)와 손을 잡았고, 2기를 선언하며 발표한 《Soldier of Fortune》1989은 멜로디를 강조하며 완연한 팝 메탈로 변화를 꾀했다. 앨범 타이틀 곡이었던 〈Soldier of foutune〉 은 태핑으로 대변되는 타카하시 아키라의 연주력과 일본색을 완 전히 배제한 마이크 베세라의 보컬이 어우러진 이 시기의 명곡 이었는데도, 니이하라 미노루가 아니라는 이유만으로 많은 이에 게 배격된 비운의 결과물이었다.

1991년에 마이크 베세라 해고와 야마시타 마사요시 탈퇴로 다 시 한 번 위기를 맞지만, 에조의 야마다 마사키(山田 雅樹)와 엑 스 재팬(X JAPAN)의 사와다 타이지(沢田 泰司)가 참여해 전열을 가다듬었다. 이 라인업으로 내놓은 앨범은 셀프 타이틀을 내건 《LOUDNESS》1992 단 한 장이었다. 판테라(Pantera)가 연상되는 헤비한 기타 사운드와 그루브한 드러밍, 빨라진 BPM이 이전과 또 다른 작풍을 선사했는데, 완성도 또한 훌륭해 지금까지도 적 지 않은 이들이 이 작품을 최고로 꼽고 있다. 또한 당시 화젯거리라면 단연 사와다 타이지의 가입이었다. 이로 인해 엑스 재팬의 팬들과 라우드니스의 팬들이 부딪히는 일들이 많았다. 이런 내부 고민과 다르게, 밴드는 커리어 최고 성적인 2위를 기록하는

등 최전성기로 언급되기도 한다. 화려한 구성원들에 의한 역작은 이처럼 라우드니스의 가장 이질적이면서도 가장 빛나는 시절로 남았다.

이후 드럼에 에조 출신 혼마 히로츠구(本間 大嗣), 베이스에 앤섬 출신 시바타 나오토(柴田 直人)가 가입하며 둠 메탈 성향의 4기를 시작하게 되고, 이후 2000년 들어 니이하라 미노루와 히구치 무네타카, 야마시타 마사요시가 한꺼번에 복귀하며 다시 한 번 원년멤버로 재시동을 걸게 된다.

이들의 명성은 전세계에 걸쳐 있다. 폴 길버트(Paul Gilbert), 데이브 머스테인(Dave Mustaine), 마티 프리드먼(Marty Friedman)이 존경해 마지않았던 타카사키 아키라는 경이로운 연주실력 만큼이나 창작에 재능을 보였던 위대한 기타리스트였다. 니이하라 미노루 역시 스크래치가 동반된 고음으로 라우드니스 사운드의 정체성을 담보했던 인물이었고, 안정적이면서도 확실한 무게감을 보여주었던 야마시타 마사요시와 뛰어난 테크닉으로 지금까지 칭송받는 사와다 타이지의 베이스 또한 입에 오르내릴 만하다. 여기에 존 보넘(John Bohnam)에게 영향 받아 드러머가 된 뒤 스타일 확립을 위해 연구에 연구를 거듭했던 히구치 무네타카까지, 어느 하나 빼놓을 수 없는 사치스러운 조합이다.

같은 록의 흐름이지만 슬슬 가시권으로 올라오던 비주얼계와

는 완전히 다른 흐름이라는 것 또한 강조하고 싶다. 철저히 일본의 감성에 기대어 만들어진 비주얼계와 달리, 라우드니스가 주도한 헤비메탈 신은 당시 시부야계와 함께 '탈일본'의 흐름에 있었던 물줄기였다. 그중에서도 당시 우리나라에 정식으로 음반이 유통되고, 1989년 내한공연까지 성사되는 등 반일감정을 초월해 사랑받은 몇 안 되는 대표적인 밴드가 바로 라우드니스였다.

  안타깝게도 히구치 무네타카와 사와다 타이지는 각각 2008년과 2011년에 세상을 떴지만, 여전히 라우드니스는 달리고 있다. 데뷔한 지 벌써 35년, 이렇게 꾸준히 활동하고 있다는 사실은 그들이 아직까지도 스스로를 갈고 닦으며, 자신의 작품에 자부심을 가지고 있다는 것으로 봐도 좋을 것이다. 로컬화의 길 대신 전 세계를 대상으로 한 음악으로 승부수를 던져 구축한 '인터내셔널 록'의 분파는, 잠시 그 모습을 감춘 후 2000년대에나 들어서 엘레가든(Ellegarden)과 원 오크 록(ONE OK ROCK)을 중심으로 미약하게나마 그 모습을 다시 드러내게 된다.

Ø 멤버
안도 마사히로(安藤 正容, 기타. 1954~)
이토 다케시(伊東 たけし, 색소폰, EWI. 1954~)
카와노 케이조(河野 啓三, 키보드. 1971~)
반도 사토시(坂東 慧, 드럼. 1983~)

제이 퓨전(J-Fusion),
그 장인정신과
맞닥뜨리다

[추천앨범]

《Truth》

1987

전설이 시작된 앨범. 이것을 듣는 것만으로도 우리는 얼마든지 티스퀘어의
전성기 시절을 떠올릴 수 있다. 밴드의 대표작이며 타이틀 곡 〈Truth〉는
이들의 시그너처 트랙으로 통용된다. 그야말로 '티스퀘어는 진리'라는
명제를 일깨워주는 작품이다.

국내에 특히 인기를 끌었던 일본음악의 조류 가운데 하나가 바로 퓨전이었다. 음악 퀄리티에 대한 의심이 무의미한 장르였으며, 언어장벽도 없어 접근하기에 안성맞춤이었던 덕분이다. 그 중에서도 빼어난 존재감을 내비친 이들이 바로 티스퀘어였다. 국경 없는 음악으로 세계적인 인기를 구가한 그들. 가창 중심 대중음악과 어느 정도 거리감이 있긴 하지만, 한걸음 물러 우리나라에 큰 영향력을 미쳤다. 특히 음악인이 존경하는 음악인을 뽑는다면 그 명단엔 반드시 티스퀘어라는 이름이 적혀 있을 것이다.

1970년대 후반 즈음 열도에 모습을 드러낸 퓨전은 여러 TV 프로그램과 오프닝 및 엔딩, CM 등에서 채택되며 본격적인 붐을 일으키게 된다. 가사가 없기에 홍보 자체가 한정적일 것이라고 예상하기 쉽지만, 타이업의 마법은 이들에게도 적용되었다. 시그널 음악으로 애용되며 점차 대중의 귀에 그 익숙함을 중첩시키고 있던 터였다. 티스퀘어와 카시오페아(Casiopea), 디멘션(Dimension) 등 우리가 알고 있는 퓨전 밴드들은 모두 이즈음 활동을 시작했으며, 모두 엄청난 활동력으로 지금까지 음악생활을 이어오고 있는 베테랑들이다.

티스퀘어의 이름이 대중의 뇌리에 각인된 건 〈Truth〉1987가 F1의 주제가로 발탁된 것이 계기였다. 그 전까지는 고전을 면치 못하고 있었던 상황. 당시 신인이었던 안도 마사히로(安藤 正容)와 이토 타케시(伊東 たけし)가 의기투합해 기성 연주자들이 지배하고 있던 퓨전 신에 발을 들인 것이 1978년이었다. 본격적으로 이름을 알린 시발점이 〈Truth〉의 히트였던 사실을 감안하면, 궤도에 오르기까지 거의 10년이란 세월이 필요했던 셈이다.

지하철에서 팀 이름을 고심하던 중, 마침 가지고 있던 메디슨 스쿼어 백에 영감을 얻어 더 스퀘어(The Square)라는 이름으로 활동을 시작한 이들은 몇 번의 멤버교체 이후 안도 마사히로, 이토 타케시, 이즈미 히로타카(和泉 宏隆), 노리타케 히로유키(則竹 裕之), 스토 미츠루(須藤 満)의 새로운 라인업으로 운명의 작품인 《Truth》1987를 발표했다. 이것이 미국 발매로 이어지고 첫 전국투어가 실현되는 등 새로운 영역으로 가는 한걸음이 되었다. 이때 미국에 스퀘어스(Squares)라는 팀이 있다는 것을 고려해 밴드명을 티스퀘어로 변경했고, 현재까지 그 그룹명이 유지되고 있다.

사운드의 특징이라고 한다면 역시 EWI(Electric Wind Instrument)의 사용이다. EWI는 쉽게 말해 전자 관악기라고 할 수 있는데, 관악기와 유사한 연주법을 사용하나 소리 자체는 신시사이저에 가까운 악기이다. 당시 난립하던 타 퓨전밴드와 차별성을 위해 EWI에 꽤 많은 비중을 할애했다. 초창기 형태인 리리콘부터 꾸준하게 이를 사용한 이토 타케시의 활약으로 EWI 소리가 그룹을 대표하는 상징성을 지니게 되었다.

1990년에 원년 멤버인 이토 타케시가 밴드를 탈퇴해 많은 이가

우려했지만, 좀 더 본능적이면서도 격렬한 연주 스타일을 가진 혼다 마사토(本田 雅人)가 빈자리를 잘 메우며 전성기의 연장을 이끌었다. 1991년 있었던 《Farewell & Welcome Live》 공연에 이어 선보인 앨범 《NEW-S》1992는 그의 색소폰 및 EWI 플레이의 정수가 담겨있으며, 다소 고착되어 있던 스타일에 새로운 길을 제시하기도 한 수작이었다. 그리고 이 시기에 한국 정부의 공식 승인을

얻어 첫 내한 공연을 갖기도 했다.

1998년 혼다 마사토와 이즈미 히로타카가 탈퇴했다. 이후 미야자키 타카히로(宮崎 隆睦)와 남바 타다시(難波 正司)를 영입하며 다시금 활동재개 준비를 마쳤고, 남바가 프로듀스한 앨범 《GRAVITY》1998도 공개되었다. 당시 입이 떡 벌어질 만한 이벤트가 있었는데, 바로 신구 멤버 15명이 모여 각 시대의 티스퀘어를 재현한다는 기획 하에 개최한 《野外であそぶ(야외에서 놀자)》였다. 특히 이토 타케시, 혼다 마사토, 미야자키 타카히로라는 세 EWI 주자가 모인 처음이자 마지막 라이브 이벤트였기에 지금에 와 이 공연에 대한 가치가 재조명되고 있다.

점차 록적인 요소의 비중이 커져가던 2000년 무렵, 다시금 안도 마사히로와 이토 타케시가 뭉친다는 빅뉴스가 들려오기 시작했다. 안도 마사히로가 티스퀘어를 탈퇴하겠다는 의향을 밝힌 것이 그 출발점이었다. 자연스럽게 밴드를 해산하는 방향으로 전개되던 도중 우연처럼 이토 타케시와 안도 마사히로의 기획앨범 제작이 성사되었고, 여기에 갈 곳 잃은 티스퀘어라는 브랜드를 붙이자는 사무소의 제안을 통해 티스퀘어는 2인 유닛 체제로 탈바꿈했다. 이 시기에 여러 아티스트와 합작이 활발하게 이루어졌다. 해외 레코딩을 감행함과 동시에 아브라함 라보리엘(Abraham Laboriel), 네이던 이스트(Nathan East) 등과 합주 하기도 했으며, 건스 앤 로지스(Guns N' Roses)의 맷 소럼(Matt Sorum)과 오지 오스본(Ozzy Osbourne)의 필 수잔(Phil Soussan) 등을 끌어들여 록적인 측면을 극대화한 티스퀘어 플러스(T-Square Plus)를 결성하는 등 각자 숨겨두었던 음악적 욕망을 분출해내며 점차 레전드의 반열에 오를만한 활약상을 보여주었다.

    2004년 이후 다시금 밴드 형태로 회귀해 꾸준히 작품활동을 이어나가는데, 2008년 9월에는 20주년과 마찬가지로 《野外で あそぶ(야외에서 놀자)》 이벤트를 개최했다. 혼다 마사토의 부

재가 아쉽긴 했지만 어느덧 반세기에 가까워진 경력을 돌아보는 뜻 깊은 시간이 되었다. 지금은 안도 마사히토와 이토 타케시, 카와노 케이조(河野 啓三), 반도 사토시(坂東 慧)의 4인 라인업을 이루고 있으며, 데뷔 때부터 한 해도 거르지 않은 덕에 42번째에 도달하게 된 정규앨범 《Treasure Hunter》2016를 발표하며 건재함을 과시하고 있다. 초기에 비해 훨씬 비중이 높아진 일렉기타의 디스토션 사운드에서 아직도 끊임없이 변화를 도모하고 있는 그룹의 음악적 의지가 엿보인다.

    티스퀘어는 카시오페아, 디멘션과 함께 흔히 일컫는 제이 퓨전(J-Fusion)을 대변하는 레전드 그룹이다. 연주력은 말할 것도 없으며 음악성 또한 탄탄하고, 여기에 상업용으로 써도 무리가 없을 정도의 대중성까지 포용하는 결과물을 보면 이들을 장인이라 추켜세워도 전혀 이상할 것이 없다. 또한 여러 차례 한국을 찾았던 사실로 알 수 있듯 꾸준히 이들을 지지해온 국내 팬들 또한 상당수 존재함을 새삼 느끼게 된다. 수많은 뮤지션을 낳은 그룹이 가진 음악을 향한 순수 의지. 그것은 이렇게 전세계를 관통하는 팔로워들을 낳았다. 몇 가지 물길이 음악 신을 이끌어왔던 1970년대와 달리 다양한 장르가 서로 얽히고 설킨 1980년대가 낳은 또 하나의 보물 같은 그룹이 티스퀘어였다.

프린세스 프린세스 PRINCESS PRINCESS

걸밴드의 모든 것

《PRINCESS PRINCESS》
1990

히트곡들을 듣고 싶다면 《SINGLES 1987-1992》가 좋은 선택이겠지만,
싱글이 미처 보여주지 못했던 매력을 느끼고 싶다면 이 작품을 추천하고 싶다.
140만 장이라는 밴드 최고 성적을 기록한 이 정규작은, 이들이 〈M〉이나
〈DIAMOND〉로 운 좋게 먹고 사는 밴드가 아니라는 사실을 확실히 알려준다.

1970년대 중반을 기점으로 시작된 여성의 주체적 움직임은 또다른 주목거리였다. 마츠토야 유미(松任谷 由実)나 나카지마 미유키(中島 みゆき) 같은 싱어송라이터에서 비롯된 이 흐름은, 핑크 레이디(ピンク・レディー)와 마츠다 세이코(松田 聖子), 나카모리 아키나(中森 明菜) 등의 아이돌로 이어지며 단시간 내에 수많은 여성 아티스트가 탄생하는 결과를 낳았다. 그런데도 아직 진입하지 못한 영역이 있었으니, 바로 록이었다.

이 장벽이 조금씩 부서지기 시작한 것은 1964년 도쿄올림픽이 끝난 후 영미권 음악에 막연한 동경이나 열등감도, 동시에 가요곡에 대한 자긍심도 없던, 그저 '일본의 대중음악' 자체를 비뚤어진 시각 없이 수용해 온 세대들이 창작을 시작하면서부터였다. 대중적으로 순화된 록 사운드가 무국적 속성을 내재해 동시대의 젊은 층을 공략하던 시기에 혜성처럼 등장한 밴드, 시대가 점지해 태어난 프린세스 프린세스는 '여성'으로 할 수 있는 가장 멋진 광경을 사람들에게 선사했다.

걸밴드의 시초는 사실 따로 있다. 우선 '여성으로서 존재감'을 드높인 이들이 바로 보위와 함께 큰 인기를 끌었던 레베카(レベッカ)다. 남자 멤버들의 카리스마에 뒤지지 않던 보컬 노코(NOKKO)의 인기가 하늘을 찔렀고, 록 음악 내 여성의 역할에 대한 인식이 조금씩 바뀌기 시작했다. 여기에 탄력을 받아 모든 멤버가 여성으로 이루어진 그룹이 탄생했는데, 그것이 바로 테라다 케이코(寺田 惠子)를 중심으로 한 쇼야(SHOW-YA)였다.

음악계 호황이 무색하게 음반사에서 걸밴드의 음반 제작을 회피했던 데에는 이유가 있었다. 성공한 전례가 없었으며, '연주'가 가능한 여성의 풀 또한 절대적으로 적었다. 남성의 경우 문제가 있을시 멤버를 교체하면 그만이었지만, 걸밴드라면 곧 해체로 이어지는 상황이었다. 이런 와중에 힘겹게 데뷔의 기회를 거머쥔 쇼야는 각종 편견과 무시를 딛고 메탈의 강한 쇳소리를 의식한 〈限界LOVERS(한계LOVERS)〉1989

로 인기 밴드 반열에 올라섰다. 그런 와중의 지금의 테라다도 인정하는 것이, 당시 라이벌로 대립했던 프린세스 프린세스라는 팀의 위력이었다.

두 밴드는 캐릭터나 음악 스타일이 상이해 경쟁상대로 부각시키기에 좋은 조건을 갖추고 있었고, 서로에게 스포트라이트를 비춰주며 동반 성장해 나갔다. 물론, 좀 더 높은 곳까지 올라갔던 것은 단연 프린세스 프린세스였다. 1989년을 돌아보면 그 신드롬을 조금이나마 간접체험해 볼 수 있다. 당시 상승세를 모아 여성 밴드로는 처음으로 부도칸 공연을 실시했으며, 〈Diamond〉1989와 〈世界で一番熱い夏(세상에서 가장 뜨거운 여름)〉1989은 각각 연간 싱글 1, 2위를 차지하며 시대를 초월한 골든 넘버로 남았다. 수많은 여성 후배들에게 록이라는 꿈을 꾸게 했으며, 미소라 히바리(美空 ひばり)의 사망 및 쇼와 시대의 종료와 함께 '시대가 바뀐다'는 감각을 사람들에게 가장 크게 안겨준 뮤지션이기도 했다.

이렇게 큰 업적을 남길 수 있었던 데에는 정해진 길 대신 좀 더 주도적인 행보를 걸어가고자 했던 밴드의 의지가 큰 역할을 했다. 가만 보면 그 행보가 아이돌로 데뷔해 아티스트로 영역을 넓혀간 체커즈(チェッカーズ)와 닮아 있기도 하다. 오디션을 통해 아카사카 코마치(赤坂 小町)라는 밴드명으로 데뷔한 것이 1983

년. 이후 소속사와 밴드의 생각이 다르다는 것을 확인하고는 미련 없이 이적을 감행해 이름을 줄리안 마마(JULIAN MAMA)로 바꾸고 다시 한 번 인고의 세월을 거치게 된다. 프린세스 프린세스로 다시 밴드명을 변경하고서야 첫 싱글 〈恋のバランス(사랑의 Balance)〉1987를 발표했다. 지난 몇 년간 고집한 게 헛되지 않았음을 보여주는 감격의 결과물이었다.

그렇다고 재데뷔만으로 만족한 것은 아니었다. 기성 작곡가의 작업물 대신 자신의 곡으로 승부하기를 원했다. 주도권을 잡은 세 번째 싱글 〈My will〉1988을 거쳐 〈19 GROWING UP -ode to my buddy-〉1988에서 비로소 대세에 등극했다. 그렇게 출연하고 싶어 했던 프로그램 《夜のヒットスタジオDELUXE(밤의 히트 스튜디오 DELUXE)》[1]에도 얼굴을 비추었다. 그렇게 맞이한 1989년. 결과는 모두 알고 있는 대로다.

록을 잘 모르는 이들에게도 친숙하게 다가오는 멜로디와 사운드, 여기에 여성의 공감대를 꿰뚫은 노랫말이 사람들을 매료시켰다. 쇼야가 보여준 위압감과 대비되는 매력이었다. 이렇게 록

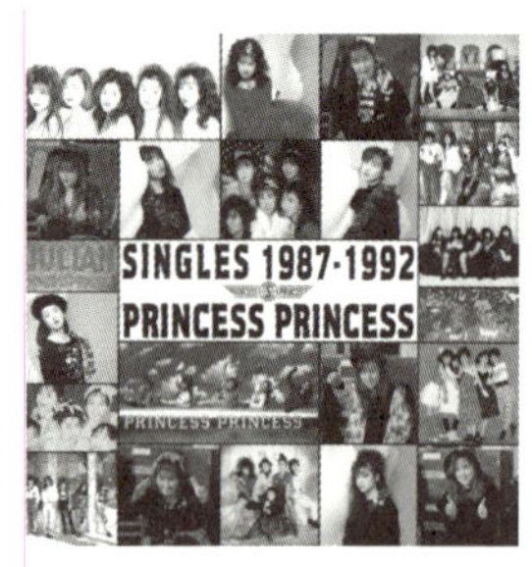

신의 최후장벽이라 여겼던 걸밴드에서도 성공사례가 출연하자, 본격적으로 밴드 붐에 불이 붙었다. 《三宅裕司のいかすバンド天国(미야케 유지의 멋진 밴드 천국)》이라는 프로그램으로 인해 더욱 불붙게 된 이 현상은, 수많은 밴드의 출현과 함께 일본 음악의 헤게모니가 록으로 넘어오는 계기가 되었다. 전부는 아니라도, 이 흐름의 전환에 있어 여성, 그 중에서도 프린세스 프린세스가

---

1 그렇게 동경했던 프로그램이건만, 1989년 생방송 《夜のヒットスタジオSUPER(밤의 히트 스튜디오SUPER) 1회 당시 새로운 사회자였던 카가 마리코(加賀まりこ)가 오쿠이에게 "돼지(ブタ)", "생리중 아니야?(生理中なんじゃないの)"라 발언하고, 약 한 달이 지나 다시 출연했을 때에는 아무런 상의 없이 당시 보도되었던 스캔들에 대해 언급하는 등, 멤버들의 격분을 사 결국 해당 프로그램 출연을 보이콧하였다.

상당부분 기여하고 있음은 틀림없는 사실이다.

2011년 동일본 대지진을 계기로 1년 한정으로 재결성해 본래 목적이었던 자선 콘서트를 비롯해 전성기 때 해보지 못했던 것들을 하나씩 차근차근 성취해나갔다. 여름 록 페스티벌에서 몇 만 명과 함께 땀을 흘렸고, 많은 성원 속에 이틀간 도쿄돔 공연을 치르며 어떤 걸 밴드도 이뤄내지 못한 순간들을 손에 넣었다. 이후 수많은 후배 걸밴드가 그들의 유산을 이어받아 맹활약을 펼치고 있지만, 아직도 프린세스 프린세스만큼 빛을 발하는 스타가 나타나진 못했다. 청춘의 되새김이 가져다주는 두근두근함의 실체를 가장 정확히 묘사해주었던 이들은, 누구도 쉽게 흉내낼 수 없는 거대하고도 아름다운 빛을 지금도 내뿜고 있다.

Ø 멤버
후지이 후미야(藤井 フミヤ, 리드보컬. 1962~)
타케우치 토오루(武内 亨, 기타. 1962~)
타카모쿠 요시히코(高杢 禎彦, 보컬. 1962~)
오오도이 유지(大土井 裕二, 베이스. 1962~)
츠루쿠 마사하루(鶴久 政治, 보컬. 1964~)
토쿠나가 요시야(德永 善也, 드럼. 1964~)
후지이 나오유키(藤井 尚之, 색소폰. 1964~)

체커즈

아이돌과 아티스트의
중간지대를 점거하다

《GO》

1987

진짜 체커즈의 음악을 듣고 싶으면 이 앨범을 고르자. 단순한 아이돌 팝록이라는 고정관념이 무너지는 소리가 들릴 것이다. 브리티시 록을 기반으로, 두왑을 비롯한 여러 블랙뮤직 요소를 가미함으로써 음악적으로 성숙했음을 알린 수작이다.

아이돌이 자기반란을 꾀하던 시기였다. 야마구치 모모에(山口 百恵)와 마츠다 세이코(松田 聖子)는 경력이 쌓여가며 함께 작업할 이들을 적극적으로 물색했고, 나카모리 아키나(中森 明菜)는 아예 처음부터 '난 이렇게 할거야'라고 못 박은 탓에 음악관계자 사이에서 건방져 보인다는 미움을 사기도 했다. 이처럼 업계에 오랜 시간 몸담아온 베테랑들이 주도해 제작하던 시기를 지나, 비록 '아마추어적 감각'이었을지라도 스스로 새로운 길을 개척하던 아티스트가 급증한 1980년대 중반. 체커즈 역시 아이돌로 시작해 점차 그 통제권을 자신의 것으로 가져온, '자신의 아마추어 감각'을 신뢰했던 대표적인 그룹 가운데 하나이다.

지금이야 스타성에 못지않은 음악적 역량을 겸비한 그룹으로 평가받고 있지만, 활동 초기에는 그들 역시 전문 작곡가에게 곡을 받고 연주 역시 무대 위에 올라갈 곡만 집중적으로 연습해 올라가는 꼭두각시 그룹이었다. 그런 그들을 가만히 내버려두지 않은 것은, 바로 유년시절 그들과 함께 한 '로큰롤'이었다.

학창시절 캐롤(キャロル) 및 야자와 에이키치(矢沢 永吉)의 영향 받은 그들은 1980년 팀을 결성했고 이듬해에 곧바로 야마하 라이트 뮤직 콘테스트 주니어 부문에 출전해 최우수상이라는 결과로 그들의 실력과 열정을 증명했다. 이를 통해 프로 데뷔 조건이 갖추어졌지만, 다른 멤버들이 후지이 나오유키(藤井 尚之)와 토쿠나가 요시야(德永 善也)의 졸업을 기다리기로 결정하며 잠시 휴지기를 갖게 된다.

1983년 드디어 도쿄로 상륙, 기숙사 생활을 거쳐 9월 첫 싱글 〈ギザギザハートの子守唄(톱니바퀴 하트의 자장가)〉1983를 발표해 오리콘 최고 순위 8위를 기록하며 단숨에 기대주로 떠오르게 된다. 체커즈 붐이 일어나는 데에 결정적이었던 것은 바로 두 번째 싱글 〈涙のリクエスト(눈물의 Request)〉1984였다. 이후 내놓는 싱글들이 모두 높은 판매고를 기록했고, 패션과 헤어스타일은 젊은 세대의 트렌드 길잡이가 되었다. 음악을 넘어 여러 영역에 영향을 미친 일종의 사회현상으로 주목받던 시절이었다. 〈ジュリアに傷心(줄리아에 Heartbreak)〉[1]1984는 쐐기포였다. 컨츄리꼬꼬가 부른 〈Oh My Julia〉의 원곡으로도 유명한 이 노래를 통해 1985년 오리콘 차트 연간 1위를 거머쥐었고, 각지에서 이들을 향한 러브콜이 날아들었다. 이어 각각 연간 5위와 9위에 랭크된 〈あの娘とスキャンダル(저 소녀와 스캔들)〉1985과 〈俺たちのロカビリーナイト(우리들의 Rockabilly night)〉1985까지, 거칠 것 없이 내달리던 그들이었다.

그런데도 스스로 못마땅해 했던 부분이 있었다. 애초에 로커빌리와 블랙뮤직에 뜻을 두고 있었기에, 작곡가 세리자와 히로아키(芹澤廣明)의 곡으로만 활동하는 것이 그리 탐탁스러울 리 없었다. 앨범 수록곡은 직접 만들어도 좋다는 타협안도 무용지물. 더욱이 같은 해에 아티스트 노선으로 진로를 변경함과 동

시에 더욱 큰 성공을 거둔 나카모리 아키나를 목격한 터였다. 뜻을 굽히지 않고 계속해서 관철시켜 온 주권의 획득은, 마침내 후지이 후미야(藤井 フミヤ) 작사, 후지이 나오유키 작곡에 의한 〈NANA〉1986의 싱글 커트로 현실화되었다. 가사의 성적인 뉘앙스로 인해 NHK에서 방송이 금지되었고, 강해진 록 취향에 기존

---

1 傷心(상심)이라 쓰고 하트브레이크(ハートブレイク)라고 읽는다.

팬들 또한 낯설어해 그 해 발표한 싱글 중 가장 저조한 성적을 거두었다. 하지만 멤버들에게는 싱글 발표일이 기성 예능계 시스템과 결별을 고하는 '독립기념일' 같은 날이었을 것이다.

이들의 음악이 가진 특징이라면 역시 아이돌의 발랄함과 거리가 있는 '색소폰'의 적극 사용이다. 후지이 나오유키의 연주는 체커즈 음악의 트레이드마크로 중요한 부분을 점했다. 여기에 후지이 후미야, 타카모쿠 요시히코, 츠루쿠 마사하루의 하모니, 네 명의 연주자가 뿜어내는 압도적인 음압, 비주얼이 선사하는 즐거움 등 하나만 해도 벅찬 것을 동시에 구현해내며 타 팀들과 차별화도 성공했다.

자작곡으로 모든 트랙을 채운 《GO》1987로 자신의 목표를 달성한 후, 멤버들은 천천히 다른 방향으로 나아가기 시작했다. 각자 솔로 활동을 전개해 나가는 동안, 1988년 꿈만 같던 도쿄돔 공연을 개최했으며, 16비트 록으로 방향을 옮기며 갈고 닦아온 연주실력을 뽐냈다. 자신들을 향해 환호하는 이들에게는 아이돌의 끼를 발산하면서도, 자신들의 콘서트에서는 MC 시 환호성을

금지한다거나 슬로 템포 곡을 연주할 때 손으로 박자를 따라하지 못하게 하는 등 자신의 음악이 잘 전달될 수 있는 방법 또한 끊임없이 고민했다. 이처럼 아이돌과 아티스트, 공존할 수 없을 것 같던 두 세계에서 모두 제 몫을 해낸 팀이 바로 체커즈였다.

이렇게 아이돌과 뮤지션의 경계가 사라짐과 동시에 극대화된 '소속사 비개입'의 경향은 오자키 유타카(尾崎 豊)에게 와 절

정을 맞았고, 후에 킨키 키즈(Kinki Kids)나 오오츠카 아이(大塚
愛) 같이 두 영역을 자유롭게 오가는 아티스트들의 활동 기반이
되기도 했다. 1992년 《NHK 홍백가합전》을 마지막으로 해산,
프런트맨이었던 후지이 후미야는 솔로로 독보적인 커리어를 쌓
으며 훌륭한 싱어로 인정받고 있는 중이다. 이렇듯 대중가수라
는 사명을 놓지 않으면서도 끊임없이 정석적인 흐름을 벗어나려
했던 이들의 시도는 1980년대 중반과 후반에 걸쳐 기존 체제와
선을 긋는 스타들이 탄생할 것이라는 일종의 신호탄과 같았다.

Ø 멤버
마에다 노부테루(前田 亘輝, 보컬. 1965~)
하루하타 미치야(春畑 道哉, 기타, 키보드, 코러스. 1966~)
카쿠노 히비유키(角野 秀行, 베이스, 코러스. 1965~)
마츠모토 료지(松本 玲二, 드럼. 1966~)

튜브 TUBE

여름의 전령사

《終わらない夏に》
(끝나지 않는 여름에)
1994

이 앨범은 튜브가 배출한 밀리언셀러 가운데 유일한 셀프 프로듀스 작품
이라는 점에 의의가 있다. 어느 앨범을 잡아도 평균 이상은 하지만,
이 작품에 가장 튜브다운 음악이 담겨 있다고 해도 지나친 말은 아니다.

어느 나라건 계절을 대표하는 가수가 한둘은 있기 마련이다. 최근 몇 년 사이 버스커버스커가 〈벚꽃엔딩〉을 통해 봄을 상징하는 뮤지션으로 자리 잡은 것처럼, 일본의 여름 하면 바로 이 그룹이 떠오른다. 이름부터 바닷가를 연상케 하는 4인 밴드 튜브. 그들이 선사하는 청량감 넘치는 음악이 열도의 더위를 식혀준 게 벌써 30년째다. 신선함과 거리가 있지만, 익숙함이 오히려 장점으로 다가오는 이 여름사나이들은 세대와 성별을 가리지 않은 대중가수의 역할을 충실하게 수행하며 여전히 정력적인 활동을 펼치는 베테랑들이다.

튜브는 비즈(B'z), 자드(ZARD), 쿠라키 마이(倉木 麻衣) 등의 아티스트를 제작하고 '타이업'이라는 프로모션 방식을 제이팝 시장에 정착시킨 음악제작사 《ビーイング(Being)》의 존재감을 처음으로 알린 뮤지션이기도 하다. 아마추어를 발굴해 계약하던 당시 풍조와 달리, 오디션을 통해 선발한 보컬을 주축으로 멤버를 모아 프로듀서 주도하에 활동을 전개해 나가는 것이《ビーイング》의 전략이었다. 비즈나 자드가 그랬듯, 이들 역시 고교시절부터 이미 사무실에 재적중이었던 마에다 노부테루(前田 亘輝)를 중심으로 조직한 그룹이었다. 인디 활동을 거쳐 메이저로 데뷔한 동시대의 블루 하츠(THE BLUE HEARTS)와 형태가 완전히 다른 '제작'의 뉘앙스가 강한 팀이기도 했다.

당시 《ビーイング》의 또 다른 기조는 '기존의 것을 조합해 새로운 것을 만들어낸다'는 것이었는데, 이를 통해 만들어진 대중성이 튜브의 성공요인이었다. 우선 '사잔 올 스타즈(サザンオールスターズ)의 여름 버전'이라는 모토로 활기찬 팀 컬러를 부여한 게 첫 번째였고, 여기에 히트 작곡가였던 스즈키 키사부로

(鈴木 キサブロ-)와 1990년대 일본 대중음악계를 주름잡았던 오다 테츠로(織田 哲郎) 및 쿠라바야시 세이치로(栗林 誠一郎)가 가세해 데뷔 초반부터 총력전을 방불케 하는 지원이 덧붙여졌다. 그들의 히트는 우연의 산물이 아닌 치밀한 기획의 결과였던 것이다.

다만 열광적인 반응이 단숨에 오지는 않았다. 더 튜브(THE TUBE)라는 이름으로 발표한 〈ベストセラーサマー(BEST SELL-AR SUMMER)〉1985와 〈センチメンタルに首ったけ(센티멘탈에 홀딱 반해)〉1985는 큰 화제를 불러일으키지 못했다. 첫 앨범은 30위 안에 진입했지만, 밴드의 지명도는 아직 미미한 수준이었다. 당시 음악 스타일도 흔히 튜브 하면 떠오르는 그것과 약간 거리가 있어, 록의 열량은 낮은 대신 리듬의 그루브를 강조한 경량화된 편곡을 주력으로 차용하였다.[1]

본격적인 반등의 기회를 맞이한 것은 팀 명칭을 '튜브'로 바꾼 뒤 오다 테츠로와 손을 맞잡은 세 번째 싱글 〈シーズン·イン·ザ·サン(Season in the sun)〉1986부터였다. 30만 장이 넘는 판매고로 확실하게 이름을 알렸으며, 이어지는 〈SUMMER DREAM〉 1987을 통해 '튜브는 여름'이라는 공식을 정착시켰다. 서프 뮤직(Surf Music)의 영향이 느껴지는 코러스 워크, 시원스러운 울림의 키보드, 리버브가 강하게 걸린 보컬 파트가 전형으로 굳어졌다. 이 형식은 이후에도 이들의 작법을 설명하는 데에 큰 도움을 주고 있다.

---

1 이는 당시 스즈키 키사부로가 주력으로 구사하던 라틴 느낌을 많이 반영한 탓이기도 하다. 이 스타일을 계속 고집한 끝에 결국 엄청난 히트곡을 탄생시키는데, 그것이 나카모리 아키나(中森 明菜)의 〈熱情(열정)-DESIRE-〉(1986)였다.

중간에 〈Dance With You〉1987처럼 여름과 관계없는 노래로 큰 사랑을 받기도 했지만, 소속사는 이 '여름 캐릭터' 독점에 더욱 집중하는 모습을 보였다. 계절이 연상되는 단어를 싱글 타이틀에 계속 삽입하였으며, 〈Beach Time〉1988, 〈SUMMER CITY〉1989 등 이 노선을 적극 활용한 곡들은 판매량에서 예외 없이 고공행진을 펼쳤다.

자신의 음악을 하겠다는 의지로 발표한 〈SUMMER CITY〉부터 본격적으로 자작곡을 다루게 된 그들이었지만, 프로듀서였던 나가토 다이코우(長戸 大幸)는 좀 더 멀리 바라볼 필요가 있음을 느끼고 있었다. 차후 발매할 싱글들까지 모두 기존 형식을 답습한 스타일이라는 것이 못내 마음에 걸렸던 것이다. 발매 계획에 반대를 표한 뒤 평소 방향성과 다른 무드를 담은 곡을 만들면 어떻겠냐는 제안에, 멤버들은 탐탁치않은 반응으로 일관했다. 하지만 결국 프로듀서가 주장한 방향으로 곡을 발표하게 되는데, 우려와 달리 20만 장이 넘는 판매 성과를 올렸다. 바로 〈あ～夏休み(아～여름방학)〉1990다. 다소 안일하게 생각하고 있던 멤버

들 역시 이 곡 덕분에 그간 활동을 돌아봄과 동시에 미래를 가늠해보는 터닝 포인트가 되었다고 언급하고 있다.

이후 앨범 《納涼(납량)》1992으로 첫 밀리언셀러를 일구어냈고, 이듬해에는 〈夏を待ちきれないで(여름을 기다릴 수 없어서)〉1993로 첫 오리콘 1위를 차지했다. 여기에 〈だつて夏じゃない(그래도 여름이잖아)〉1993와 〈夏を抱きしめて(여름을 껴안고)〉1993로 이어지는 여름 3부

작이 최고 전성기를 이끌어내며 자작 체제로 전환한 게 옳은 선택이었다는 사실을 확인했다. 이후는 이 시절만큼 폭발력을 보여주지 못하고 있지만, 1990년부터 2004년까지 15년 연속으로 싱글 톱 10에 자신의 곡을 랭크인 시켰으며, 총 4000만 장을 웃도는 앨범 판매량을 기록해 일본에서 빼놓을 수 없는 아티스트 중 하나임을 자가 증명했다.

우리나라와 튜브의 인연 또한 빼놓을 수 없다. 사람을 가리지 않는 대중적인 멜로디 메이커였던 덕분에 국내 가수들도 이들의 노래를 리메이크하는 일이 잦았다. 가장 널리 알려진 곡은 〈ガラスのメモリず(유리의 Memories)〉1992를 커버한 캔의 〈내 생애 봄날은〉과 정재욱이 불러 히트한 〈Season in the sun〉이 있다. 그밖에 김민종의 〈귀천도애〉가 〈SUMMER DREAM〉1987을 표절한 사실이 밝혀지면서 가요계에서 모습을 감추는 일도 있었다. 2004년에는 한국을 찾아 카운트다운 공연에 참여해 캔, 정재욱, 신승훈과 한 무대에서 노래하는 감격스러운 장면이 펼쳐보였다. 이래저래 우리나라와 인연이 깊은 뮤지션이다.

"튜브의 음악은 너무 예상대로라 재미없다"고 말하는 이도 있다. 물론 나 역시 그들의 음악이 보여주는 '정직함'이 때로는 진부하게 다가오기도 한다. 그런데도 현재까지 꾸준히 싱글을 발표하고 투어를 개최하는 건 많은 이의 마음속에 변하지 않는 존재에 대한 갈증과 수요가 상주하는 탓이다. 예전만큼 열광적인 리액션은 없지만, 그래도 신보가 나오면 꼭 한번 찾아들어보게 되는 제이팝의 보증수표인 튜브. 이들이 가져다준 바닷빛 전언은 1990년대를 뒤흔듦과 동시에 《ビーイング》을 본격적인 호황기로 이끌게 된다.

쿠보타 토시노부 久保田利伸 1962~

| 추천앨범 |

《Such a Funky Thang!》

1988

열도 대중에게 'Funky'라는 단어의 의미를 가장 정확하게 알려준 교과서 같은 앨범. 일본의 알앤비를 이야기할 때 절대 빠져서는 안 되는 작품이기도 하다. 밀도 있는 펑크(Funk) 리듬의 〈Dance If You Want It〉, 리듬감을 랩으로 표현한 〈Such A Funky Thang! ～隕石が落ちた日(운석이 떨어진 날)～〉과 명발라드 〈Love Reborn〉 등, 그만이 가져올 수 있는 흑인음악의 매력이 러닝 타임 내내 쉬지 않고 귀를 충족시켜 준다.

1980년대 들어 소외된 장르들이 일제히 고개를 들기 시작했다. 1960년대 당시 와다 아키코(和田 アキ子)와 요시다 미나코(吉田 美奈子), 샤넬즈(シャネルズ) 같은 아티스트가 줄기차게 노력해도 좀처럼 받아들이지 않던 흑인음악 역시 예외는 아니었다. 모타운 스타일에 적을 둔 야마시타 타츠로(山下 達朗)의 히트를 시작으로, 알앤비와 가스펠을 적극 활용했던 코히루이마키 카호루(小比類巻 かほる), 엔터테인먼트 성격을 극대화했던 코메코메클럽(米米CLUB)이 서서히 그 물꼬를 터 나갔다. 그래도 아직은 낯선 느낌이 남아있을 시기에, 블랙뮤직을 사회적으로 정착시키는 데 결정적인 공헌을 한 이가 등장한다. 바로 쿠보타 토시노부다.

그를 언급해야 하는 이유는 두 가지 정도로 압축할 수 있다. 우선 서양 흑인음악 대중화의 절정을 이끈 인물로서 갖는 존재감이다. 마츠토야 유미(松任谷 由実) 또한 "야마시타 타츠로가 10년 걸려 해낸 것을 1년 만에 해냈다"고 언급했을 정도로, 그가 주도한 블랙뮤직 붐은 파급효과가 그야말로 어마어마했다. 작곡 스

타일과 창법, 비트 사용 등에 흑인음악 요소를 가져와 촘촘히 박아넣음으로써, 일본식 완성형을 제시했던 것이 그의 가장 큰 업적이었다.

또 하나는 바로 '솔로 남성 아티스트'로 갖는 무게감이다. 이 책을 쭉 훑어보면 1980~90년대의 경우 남성 솔로 뮤지션 비중이 절대적으로 낮다는 걸 알 수 있을 것이다. 남성 기근의 제이팝 신에서 히라이 켄(平井 堅)이 이어받고 있는 알앤

비 싱어의 계보를 창시했으며, 지금도 여전히 양질의 작품을 발표하며 이상적인 길을 걷고 있는 인물이 쿠보타 토시노부다. 사정이 이러하니 그의 추종자가 많은 건 당연한 일이다.

유년 시절 매일 듣고 있던 스티비 원더(Stevie Wonder)의 노래를 통해 꿈을 키워온 그는 고등학교를 졸업함과 동시에 학창 시절 동안 줄곧 해왔던 야구를 그만두고 아마추어 밴드 호텐토트(HOTTENTOTS)를 결성해 본격적인 음악 생활을 시작하게 된다. 1982년 야마하가 주최한 이스트 웨스트 '82(EAST WEST '82)에 출연해 최고 보컬리스트 상을 수상하며 자신의 앞날에 대한 조명을 밝혔고, 대학 졸업 후 《キティ·ミュージック(Kitty Music)》과 프로듀서 계약을 맺으며 작곡가로서 자신의 이름을 먼저 알리기에 이른다.

나카야마 미호(中山 美穗), 코이즈미 쿄코(小泉 今日子), 타하라 토시히코(田原 俊彦) 등에게 곡을 제공하며 일찌감치 능력을 인정받던 시기였다. 애초 가창력으로 주목을 받았던 만큼 가수 데뷔는 당연한 수순. 첫 번째 싱글 〈失意のダウンタウン(실의의 다운타운)〉1986을 발표해 펑키 붐의 후계자를 자처했으며, 슬로 넘버 〈Cry On Your Smile〉1987을 통해 본격적으로 상승세를 탔다. 볼륨을 한껏 올린 비트와 가스펠 스타일의 코러스, 바이브레이션을 적극 활용한 창법으로 자신이 추구하는 음악을 확실히 어필했으며, 커리어에서도 오리콘 8위라는 만족할만한 성과를 거두었다.

이어진 〈You Were Mine〉1988은 자신이 뉴뮤직이나 시티팝 아티스트들과 다른 길을 걷고 있음을 증명한 업템포 트랙으로, 치밀하게 쌓아올린 악기들과 발군의 리듬감을 내포한 가창력의 조

화로 분위기를 일신시켰다. 후지 TV 드라마 《君の瞳をタイホ
する!(당신의 눈동자를 체포한다!)》의 주제가로 채택되었으며,
이 노래를 통해 처음으로 《ザ・ベストテン(The Best Ten)》에 출
연하기도 했다.

이런 상승세를 몰아 발표한 앨범 《Such a Funky Thang!》1988은
대중성과 작품성을 모두 포획하며 생애 첫 밀리언을 그에게 안
겨주었다. 앞서 발표했던 히트싱글들을 수록하지 않은 상태로
거둔 쾌거였다. 그간 보여주었던 발라드와 바운스 튠, 한발 더
나아가 레게까지 섭렵한 그의 음악세계는 더욱 짙은 향기를 내
뿜으며 대중을 매료시켰다. 이듬해에는 많은 이가 기다리던 싱
글 모음집 《The BADDEST》1989를 선보였는데, 이것이 대히트
하며 'Funky'라는 단어가 1980년대를 상징하는 단어로 정착하
게 되었다.

이런 고공행진의 나날 중에도 음악을 대하는 자세는 흐트러
짐이 없었다. 사운드를 중시하기 위해 미국으로 건너가 현지 스
태프들과 앨범 작업을 진행해 나갔으며, 점차 세계를 상대로 노
래하고 싶다는 희망사항 또한 구체화시켜갔다. 두 번째 베스트
앨범인 《THE BADDEST II》1993 발표 이후 아예 뉴욕으로 이
주해 토시 쿠보타(Toshi Kubota)라는 활동명으로 《SUNSHINE,
MOONLIGHT》1995을 발표해 전미 데뷔의 꿈을 이루게 된다. 이
때를 기점으로 일본과 동시에 활동을 펼쳐나가게 된다.

이 시기에 생긴 우연이 시그너처 트랙의 탄생에 도움을 주게 된
다. 바로 같은 아파트에 살던 모델 나오미 캠벨(Naomi Campbell)
과 맺은 인연이었다. 서로 안면이 있던 것을 계기로 그녀를 코러
스로 참여시켰고, 그렇게 완성한 〈La La La Love Song〉1996은 드

라마 《ロングバケーション(Long Vacation)》의 주제가로 채택되었고, 동시에 더블 밀리언을 달성하는 대히트를 기록했다. 6주만의 1위 탈환이라는 놀라운 페이스로 달성한 수치이며, 1996년  연간 3위에 기록되며 다시 한 번 자신의 이름을 음악사에 새길만한 업적을 만들어냈다.

이후 미국을 중심으로 활동을 시작해 《Nothing But Your Love》2000와 《Time To Share》2004 등을 발표하고, 2004년에는 옐로 매직 오케스트라(Yellow Magic Orchestra)에 이어 두 번째로 TV쇼 《Soul Train》에 출연하는 등 가시적인 성과를 올리기도 했다. 또한 히라이 켄의 노래에 코러스로 참여하고, 작품 또한 꾸준히 발표하며 신의 선구자 역할에 충실히 임하고 있는 중이다.

사실 비인기 장르의 정착은 순전히 아티스트의 노력만으로 이루어지지 않는다. 레코드사의 선견지명, 미디어와 대중의 이해도 같은 외부 요인의 맞물림도 굉장히 중요하다. 이런 요소들이 갖추어지지 않은 시점에서, 그는 홀로 블랙뮤직을 일본음악 신에 정착시켰다. 본토의 그것과 약간 거리가 있지만, 일반인이 받아들일 수 있는 보편적인 음악으로 현지화시킨 그의 행보는 일본의 알앤비를 말할 때 반드시 언급해야 할 업적이다. 이처럼 그가 주선한 이 낯선 음악과 만남은, 그야말로 속성에 가까운 예습과도 같았다. 1990년대에 등장할 수많은 알앤비 스타를 대면하기 위한 예행연습 말이다.

코모토 히로토(甲本 ヒロト, 보컬, 하모니, 기타. 1963~)
마시마 마사토시(真島 昌利, 기타, 보컬. 1962~)
카와구치 쥰노스케(河口 純之助, 베이스, 코러스. 1961~)
카지와라 테츠야(梶原 徹也, 드럼. 1963~)

Ø 멤버
코모토 히로토(甲本 ヒロト, 보컬, 하모니, 기타. 1963~)
마시마 마사토시(真島 昌利, 기타, 보컬. 1962~)
카와구치 쥰노스케(河口 純之助, 베이스, 코러스. 1961~)
카지와라 테츠야(梶原 徹也, 드럼. 1963~)

블루 하츠 THE BLUE HEARTS

열정이라는 이름의
파란 피를 머금은
펑크의 선조들

《THE BLUE HEARTS》
1987

어떤 수식조차 거부하는 기성세대를 향한 직선적이고 통렬한 한방.
펑크의 음악적 측면뿐만 아니라 애티튜드적 개념까지 확립시킨
의미 있는 데뷔앨범이다.

배두나가 출연한 영화 《린다 린다 린다》를 보았다면, 영화 테마곡으로 사용한 〈リンダリンダ(Linda Linda)〉1987를 한번쯤 검색해보지 않았을까 싶다. 질풍노도의 시기에 좌충우돌하며 꿈을 찾아나가는 네 명의 여고생, 그 모험의 길에 바로 '블루 하츠 정신'이 살아 숨 쉬고 있다. 일본에 4인 밴드 붐을 야기했을 뿐 아니라, 펑크 사운드의 본격 도입으로 청춘의 끓는점을 돌파해버린 그들. 1980년의 젊음을 이야기할 때 빠져서는 안 되는 일본 대중음악사의 파란 마음, 블루 하츠는 지금도 크나큰 음악의 진폭을 울리는 살아있는 전설이다.

프런트맨 코모토 히로토(甲本 ヒロト)는 지금도 더 크로마뇽즈(ザ·クロマニヨンズ)의 일원으로 활동하며 많은 이의 존경을 받고 있지만, 음악을 본격적으로 시작하기 전의 그는 세상 앞에 무력한 패배자나 다름없었다. 아무것도 하지 않은 채 부모에게 빌붙어 살아가던 그의 앞에 구세주처럼 나타난 이가 바로 마시마 마사토시(真島 昌利). 끊임없이 의지를 북돋아준 친구의 존재가 풍전등화의 나약함을 삶의 의지로 바꿔놓았다. 소년만화에 정석처럼 따라붙는 "난 해낼 수 있어, 친구인 네가 있으니까" 식의 장면은, 실제 블루 하츠 결성에 딱 들어맞는 그림이기도 하다.

각각 섹스 피스톨스(The Sex Pistols)의 시드 비셔스(Sid Vicious)와 롤링 스톤스(Rolling Stones)의 키스 리처드(Keith Richards)를 동경하며 성장한 두 청년과, 초기에 공연을 하며 안면을 익힌 카와구치 쥰노스케(河口 純之助), 블루 하츠의 팬으로 시작해 결국 드럼스틱을 잡게 된 카지와라 테츠야(梶原 徹也)가 1986년 파란 페인트로 물들인 연대기의 출발선을 끊었다. 시부야의 라이브 하우스를 중심으로 활동하는 재미있는 밴드로 입소문을 타기 시작한 지 2년, 그들은 CD를 자주제작하기에 이를 정도로 가파르게 상승곡선을 이어갔다.

곧이어 발표한 〈人にやさしく(사람에게 상냥하게)〉1987 이후 《メルダック(Meldoc)》으로 이적, 메이저 싱글 1탄으로 〈リンダリンダ(Linda Linda)〉1987를 들고 나와 젊은 층의 열광적인 호응을 얻게 된다. 스트레이트하면서 불같은 이 한방의 디스토션 펀치가 답답한 속을 뚫어주었고, 단순하면서도 정곡을 찌르는 메시지는 빠르게 마음과 마음으로 번져나가기 시작했다.

이를 시작으로 본격적인 블루 하츠 붐을 일으키는 《THE BLUE HEARTS》1987를 발매해 유니콘(ユニコーン), 더 붐(The Boom)과 함께 밴드 트로이카로 자리를 굳건히 했다. 꾸미지 않은 그대로의 언어, 4개의 코드를 넘지 않는 심플함, 그 속에서 강하게 느껴지는 오리지널리티는 젊은 층에게 호응 이상의 지지를 얻으며 '시대의 아티스트'가 되는 데에 일조했다.

"ドブネズミ みたいに美しくなりたい(생쥐처럼 멋져지고 싶어)には写らない美しさがあるから(사진에는 비춰지지 않는 아름다움이 있으니까)"

-〈リンダリンダ(Linda Linda)〉中

이들의 노랫말은 단순한 가사가 아닌 문학으로 재평가되고 있다. 기성세대의 집중견제를 받을 정도로 급진성을 띄었던 서구 펑크의 시초 섹스 피스톨스가 그랬듯, 동양의 선구자들 역시 세상의 부조리에 대한 공감대를 철저히 소구했다. 가사에 다소 소홀했던 라우드니스(Loudness)와 바우 와우(Vow Wow) 같은

1980년대를 관통한 재패니즈 메탈 붐에 지친 멤버 코모토 히로 토와 마시마 마사토시의 의향이 그대로 반영된 덕이었다.

"꿈을 믿는다"거나 "내일로 나아가자"는 진부한 표현을 배제하 고 자신이 느낀 그대로를 적어 내려간 이야기. 이를 통해 '일본어 록'의 새 시대를 열었다는 사실이 그들의 이름을 진하게 새겨 야만 하는 가장 큰 이유다. 국민밴드의 한 축을 이루는 스피츠 (スピッツ)의 쿠사노 마사무네(草野 マサムネ)가 이들을 보고 충격을 받아 잠시 음악에 의욕을 잃었다던 일화처럼, 같은 꿈을 꾸는 이들에게도 그 영향은 지대했다.

이러한 우상의 탄생은 일본에 펑크를 정착시킴과 동시에 밴드 붐을 예견했고, 지금과 같은 저변이 넓은 마켓을 형성하는 데 에 지대한 공헌을 했다. 2000년대 초 이나고라이더(175R), 로 드 오브 메이저(Road of Major) 등의 팝 펑크록 신의 번창도 번창 이지만, 결정적으로 스피츠, 미스터 칠드런(Mr.Children), 범프 오브 치킨 (BUMP OF CHICKEN) 등 4인 라인 업을 갖춘 차세대 주자들의 등장을 견인했다는 데에 그 거대한 존재감 을 엿볼 수 있다.

앞서 언급한 《THE BLUE HEARTS》 에 이어 《YOUNG AND PRETTY》1987, 《TRAIN-TRAIN》1988까 지 3부작은, 본연의 펑크 사운드와 함께 포크와 블루스 등을 받 아들이며 음악적으로나 대중적으로나 모자람이 없던 정수 그 자 체였다. 〈ロクデナシ(쓸모없는 사람)〉, 〈キスしてほしい(키스해 줘)〉, 〈チェインギャング(Chain gang)〉, 〈Train train〉등 어느 곡을

선두에 세워야 할지 망설이게 될 정도로 명곡이 즐비하다. 그 에너지와 공격성 때문에 여러 고등학교가 야구부 응원가로 사용해 그 의미를 재조명 받고 있다.

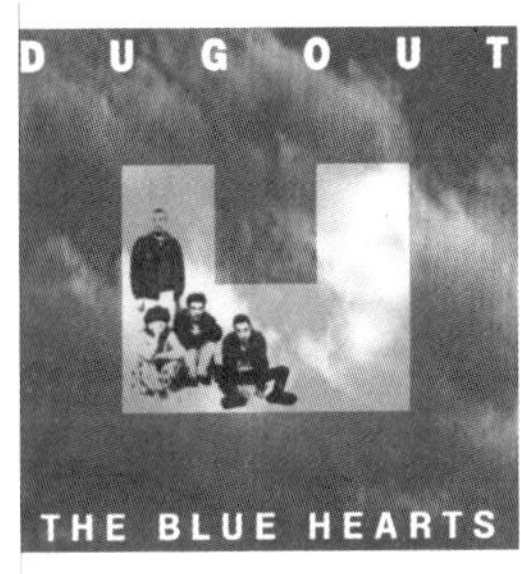

이후 《イーストウエストジャパン(EAST WEST JAPAN)》으로 이적해 〈情熱の薔薇(정열의 장미)〉1990로 대표되는 《Bust Waste Hip》1990을 비롯해 몇 장의 앨범을 더 발표했다. 단순히 펑크에 기반을 두지 않은 음악 스타일, 특유의 공격성을 줄인 곡들을 전면에 배치했으며, 이후 하이로우즈(↑The High Lows↓)와 연계성을 띠는 곡들을 중심으로 활동을 전개한 탓에 예전만큼 반응을 이끌어내지는 못했다. 그러던 중 라디오 방송에서 갑작스런 해산발표를 해 사람들을 당혹스럽게 만들었다. 당시 소문에는 카와구치 준노스케가 신흥종교에 몰두하면서 불화가 생겨 결국 해체에 이르게 되었다고 했다. 하지만 후에 한 매체와 가진 인터뷰에서 원래 코모토만 빠지기로 했는데 멤버간 이야기를 거쳐 결국 해체하는 것으로 결론냈다고 답하며 그런 루머를 불식시켰다.

지금도 코모토 히로토와 마지마 마사토시는 더 크로마뇽즈란 이름을 달고 오십대에 접어든 나이가 무색하게 아직도 스테이지에서 현역으로 멋진 무대를 선사해주고 있다. 또한 밴드의 시간이 멈춘 후에도 일본의 여류작가 요시모토 바나나(吉本 ばなな)가 그들에 대한 책을 쓰고, 노래들은 드라마 주제가나 영화 및 만화의 소재로 사용되는 등, 불멸의 가치를 이어나가고 있는 중이다.

오자키 유타카 尾崎豊 1965~1992

그가 노래하기에
세상은 너무
각박했다

《十七歳の地図》

(17세의 지도)

1983

때묻지 않은 순수 그대로의 저항이 담겨 있는,
그야말로 '오자키 유타카의 모든 것'.

우리나라 가수 포지션이 리메이크했던 〈I Love You〉는 오자키 유타카의 노래 중 국내 대중과 가장 친숙하면서도 그를 가장 오해하게끔 만드는 리메이크곡이다. 십대에 갓 접어들면서 시작된 세상과 어른들에 대한 불신, 자유와 꿈과 사랑에 대한 의미를 스스로 찾아나가는 와중에 겪었던 좌절과 상처. 어렸을 적 이노우에 요스이의 《氷の世界(얼음의 세계)》를 들으며 음악에 눈을 떴지만, 평탄히 가수생활을 이어나가기엔 적합하지 않은 불안정한 자아의 소유자였다. 그렇기에 〈I Love You〉에 담겨 있는 사랑을 일반적인 의미로 해석하긴 곤란하다. 그에게 있어 사랑은 '이 위험한 세상에서 너를 지키기 위해 필요한' 수단, 즉 사회와 싸우면서 파생된 방어기제 중 하나에 불과하기 때문이다.

기존 가치관에 강한 거부감을 나타내고 있던 그는 고등학교 시절부터 음주와 흡연을 일삼았고, 하루는 행인과 시비가 붙어 난투를 벌인 끝에 무기정학 처분을 받게 된다. 그를 프로의 길로 이끈 프로듀서 스도 아키라(須藤 晃)가 처음 그에게 호기심을 보였던 이유도, 예의바른 그의 겉모습과 어울리지 않는 퇴폐적인 가사 때문이었다. 이에 착안해 데뷔작은 그만이 할 수 있는 이야기를 앨범으로 재단하는 데에 중점을 두었고, 그 과정에서 태어난 곡이 바로 〈15の夜(15세의 밤)〉1983이었다.

盗んだバイクで走り出す 行き先も解らぬまま (훔친 바이크로 달리기 시작해, 갈 곳도 알지 못한 채)
暗い夜の帳の中へ (어두운 밤의 장막 속으로)
誰にも縛られたくないと逃げこんだこの夜に (누구에게도 얽매이고 싶지 않다고 도망쳐 나온 이 밤에)

自由になれた氣がした 15の夜 (자유로워진 듯한 기분이 들었던
15세의 밤)

-〈15の夜(15세의 밤)〉中

　논란이 될 만한 내용이었지만, 오자키 유타카에게는 현실에 대한 강한 거부감 표출이 우선이었다. 입을 다문 채 항상 돈만 좇는 어른들의 삶을 그는 정면으로 부정했다. 그렇게 연달아 〈十七歳の地図(17세의 지도)〉1983, 〈街の風景(마을의 풍경)〉1983 같은 곡들이 태어나게 되었고, 그렇게 그는 살아가는 이유를 찾기 위해 내면의 그림을 그려나가기 시작했다.

　신주쿠에 위치한 라이브 하우스 루이도(RUIDO)에서 열린 첫 콘서트는 그가 자퇴한 고등학교의 졸업식과 같은 날에 열렸는데, 자신만의 졸업식을 하고 싶다는 그의 의지에서 비롯된 계획이었다. 그렇게 신인의 등용문과 같은 곳에서 팬들과 친구들을 모아 놓고 치른 첫 번째 라이브 이벤트는 성황리에 끝났다. 그 때 선보인 데뷔작 《十七歳の地図(17세의 지도)》1983는 비록 세일즈에서는 주춤했지만, 평론가들이 극찬하며 앞다퉈 오자키 유타카 특집을 싣는 진풍경을 연출하기도 했다.

　본격적인 스타덤은 조금 더 뒤에 찾아왔다. 졸업을 해도 여전히 속박되어 살아야 하는 친구의 푸념을 듣고 써내려간 〈卒業(졸업)〉1985이 오리콘 차트 20위에 랭크되며 비로소 사람들에게 인지도를 높이는 발판을 만들어냈다. 일반적인 졸업송과 달리 '지배

로부터, 투쟁으로부터' 졸업을 간절하게 염원하는 곡이었다. 과연 인간은 몇 번의 졸업을 거쳐야 비로소 단어 의미대로의 자유를 손에 넣는 것일까. 이 질문은 그가 세상을 떠날 때까지도 풀지 못했던 숙제와 같았다.

이어 발표한 2집 《回帰線(회귀선)》1985이 넘버원 자리에 오르며 카리스마적 존재로 자리매김 하지만, 뜻밖의 히트는 자아의 붕괴를 가져왔다. 차기작에 대한 부담, 이십대가 되면 십대 시절 만들었던 노래들을 진심으로 대하지 못할 것 같다는 두려움과 몸이 망가질 정도로 빡빡했던 스케줄이 그를 무너뜨렸다. 결국 갑작스레 미국으로 건너가 1년이라는 시간을 보냈는데도 결국 아무런 수확을 얻지 못한 채 귀국해 스도 아키라의 곁을 떠나 사무소를 이적하게 된다. 그 와중에 각성제 소지혐의로 체포되어 물의를 일으키기도 하지만, 〈太陽の破片(태양의 파편)〉1988을 통해 재기에 성공한다. 여전히 거부하고 있던 TV 출연이 이때 처음으로 행해졌으며, 다시금 소니로 복귀해 《誕生(탄생)》1990으로 완전 부활을 알림과 동시에 개인 사무소 《Isotope》를 설립했다.

하지만 행복은 그의 동행자가 될 수 없었다. 모친의 급사로 정신적인 공황을 겪고 있던 1992년, 전라인 상태로 온몸에 상처를 입은 채 민가 근처에서 발견되는 사건이 발생했다. 급히 이송된 병원에서 특이할만한 이상이 없다는 진단을 받은 뒤 아내와 함께 자택으로 돌아왔지만, 안타깝게도 오후에 호흡이 멈추며 결국 유명을 달리하고 말았다. 삶과 처절하게 싸워왔던 그였기에, 더욱 납득할 수 없는 비참하고도 안타까운 마지막이었다. '내가 나로 있기 위해서는 계속 이겨나가야만 해'라는 다짐을 결국 지키지 못한 스물여섯 살의 죽음이었다.

그의 커리어는 온전히 자신으로 살아야만 했던 한 뮤지션의 비극에 가깝다. 그만큼 불꽃같은 가수생활을 겪은 이도 없었다. 상업적인 시스템에 종속되어 있던 이들과 달리, 그는 그저 하고 싶으면 했고 하기 싫으면 하지 않았다. 도쿄돔을 꽉 채울 정도의 지지세력을 가지고 있었으면서도, 그는 안정적인 가수생활을 이어가지 못했다. 거듭되는 스케줄 펑크, 잠적, 각성제 소지로 인한 체포. 거짓이 판치는 스타의 길을 받아들이지 못했던 한 자아의 방황은, 일본 음악사에서 젊음이 할 수 있는 가장 선명한 자국을 남겼다.

지금의 젊은 세대는 자아에 대한 고민이 사치라고 생각할지도 모르겠다. 비록 불안정하고 외로워 보이기는 했어도, 세상이 정해놓은 프레임을 넘어 생각한 음악을 생각한 대로 펼쳐낸 오자키 유타카의 모습은 그래서 그런지 21세기에 들어와 더욱 빛을 발하는 것 같다. 요절한 지 20년이 지난 지금에도 이 노래들이 살아 숨 쉬며 대중에게 자기반란을 촉구하고 있다는 점, 그것만으로 그는 모든 이에게 기억될 권리가 있다. 십대들의 교주나 천재라는 말도 그를 제대로 수식할 수는 없다. '자신이 불렀던 노래 그 자체였던' 오자키 유타카. 그는 그렇게 지금도 노랫말 속에서, 멜로디 속에서, 내면의 혁명을 촉구하고 있다.

Ø 멤버
오야마다 케이고(小山田 圭吾, 리드보컬, 기타. 1969~)
오자와 켄지(小沢健二, 리드기타, 세컨드보컬. 1968~)

플리퍼즈 기타 Flipper's Guitar

시대의 풍운아들,
시부야계의
창시자가 되다

《three cheers for our side～海へ行くつもりじゃなかった》
(바다에 갈 생각은 아니었어)
1989

히트한 것은 2집이지만, 플리퍼즈 기타가 가진 총천연색의 갖가지 모습을
보여준다는 점에서 이 데뷔작을 추천한다. 찰랑찰랑한 기타 록에서 시작해
이국적인 리듬을 도입해 멋을 낸 보사노바에 이르기까지, 장르불문,
국적불문의 뚜렷한 존재감을 담아낸 선명한 족적이다.

1980년대 중후반, 미처 라이선스반으로 발매되지 않아 시장을 뒤져 빽판을 구해 듣던 우리나라와 달리 일본의 상황은 너무나도 풍족했다. 시부야의 타워레코드를 중심으로 외국 자본의 음반매장들이 들어서며 영미 인디나 비주류 장르의 음반을 직수입으로 쉽게 구할 수 있게 되었고, 이에 영향 받은 세대가 탈일본을 선언하며 자신의 이름을 전방위적으로 새기기 시작했다. 그렇게 서양의 조류를 적극 받아들여 만들어진 새로운 감각의 음악들이 시부야계의 시작이라고 할 수 있다.

플리퍼즈 기타(Flipper's Guitar)는 이 군집의 선구자적 존재다. 시부야계라는 명칭이 팀의 해체 직전인 1993년 무렵에 겨우 수면 위로 떠올랐다는 사실은 그만큼 이들의 파격을 정의할만한 단어가 없었음을 증명하고 있다. 당시 각각 22세와 21세였던 오자와 켄지(小沢 健二)와 지금은 코넬리우스(Cornelius)로 더 많이 알려진 오야마다 케이고(小山田 圭吾)라는 L, R의 스피커는 그렇게 절묘하게 엇갈리며 경이로운 음조를 창조해내기 시작했다.

이들의 사운드를 논할 때 짚고 넘어가야 할 것이 바로 네오 어쿠스틱(Neo Acoustic)인데, 포스트 펑크 이후에 도래한 새로운 감각의 어쿠스틱 장르를 총체적으로 일컫는 데 사용하고 있다고 보면 되겠다. 대표적으로 스미스(The Smiths), 아즈텍 카메라(Aztec Camera), 오렌지 주스(Orange Juice) 같은 영국 밴드를 들 수 있는데, 가만히 들어보면 이들의 음악에서 섬세한 감각의 기타 소리를 공통적으로 찾아볼 수 있다. 신조류의 감지가 비교적 쉬운 환경에서 자라온 멤버들은 본능적으로 이 경향을 끌어안았고, 국경을 무의미하게 만드는 소리들을 만들어내기 시작했다.

시작은 오야마다 케이고와 이노우에 유키코(井上 由紀子)가 결성한 피 위 식스티스(Pee Wee 60's)였다. 이후 영국의 조류를 받아들인 롤리팝 소닉(Lolipop Sonic)이라는 이름의 어쿠스틱 밴드를 결성해 라이브 하우스 등지에서 활동을 이어나갔고, 요시다 슈사쿠(吉田 秀作)와 아라카와 야스노부(荒川 康伸), 오자와 켄지를 맞아들여 5인 밴드로 덩치를 불린 다음 플리퍼즈 기타라는 이름으로 메이저 진출을 감행했다.

일본 음악사에서 "플리퍼즈 기타 이전이냐 이후냐"라는 말을 낳은 데뷔작 《three cheers for our side~海へ行くつもりじゃなかった(바다에 갈 생각은 아니었어)》1989는 전곡 영어 가사로 제작해 무모하면서도 강한 에고(Ego)를 만천하에 드러냈다. 대중과 타협은 뒤로 미뤄두었을 뿐만 아니라 당시 밴드 붐의 진원지였던 《三宅裕司のいかすバンド天国(미야케 유지의 멋진 밴드 천국)》의 출신 밴드들과 명확히 선을 긋는 충격적인 등장이었다. 지금 들어봐도 당시의 선도를 유지하고 있는 이 인디 록의 세련미는, 베레모와 화이트 진 등의 패션 트렌드와 결합되며 음악을 비롯한 총체적인 대중문화 흐름을 주도하기에 충분했다.

이듬해 세 명이 탈퇴하고 오야마다-오자와 콤비로 재편한 후 내놓은 2집 《CAMERA TALK》1990는 이들의 출세작이다. 한 발 양보해 써내려간 일본어 가사, 여기에 신시사이저의 도움을 받아 대중성의 공백을 메웠고, 그와 동시에 자신의 것은 지켜내는 범접하기 힘든 음악적 센스를 통해 새로운 조류를 대세로 부상시켰다. 드라마 《予備校ブギ(입시학원 부기)》의 주제가로 사용된 〈恋とマシンガン(사랑과 머신건)〉1990은 그야말로 그룹의 방점. 지금도 플리퍼즈 기타라고 하면 반사적으로 이 곡을 언급하는 사람들이 많다. 그렇게 이들만의 기타 팝은 완벽히 그 실체를 만천하에 드러내게 되었다. 더불어 따라오는 상업적 성공은 일종의 덤이었다.

자유분방했던 애티튜드는 음악에 멈추지 않고 삶 전반을 관철하며 젊음을 대표하는 아이콘으로도 자리 잡았다. 가끔씩 보이는 무례한 인터뷰 태도나 다른 아티스트를 깎아내리는 발언 등에도 이들에 대한 지지는 쉽게 사그라지지 않았다. 겉으로 드러나는 것들에 대한 반응은 논외로 한 채 오직 결과물로만 승부하던 영민한 뮤지션들이었다. 세 장의 앨범은 분명 폭주의 이유를 정당화하기에 충분했다. 시간이 흘러 대중이 그들을 버릇없는 아이들 대신 시대를 흔든 음악인으로 평가하는 것은, 단순히 치기에 그치지 않은 재기와 센스가 일본음악의 새로운 개념을 정의 내렸기 때문이다. 그렇게 시부야계라는 불분명한 용어에 명확한 개념이 자리 잡히기 시작했다.

피치카토 파이브(PIZZICATO FIVE)와 오리지널 러브(Original Love)가 장성하기에 앞서 '시부야계'라는 카테고리의 사전 이미지를 구축한 것이 바로 이들이었다. 이국적인 사운드의 활용, 샘플링을 비롯한 '컷 앤 페이스트'가 주가 되는 작법, 여기에 로컬적 보편성보다는 철저히 뮤지션 개인에 기대고 있는 정서. 1980년대 중반부터 1990년대 중반까지 이어지는 신조류의 가장 큰 지분을

차지하고 있는 요소들이었다.

이 군집은 우리나라에서 마니아층이 가장 많은 제이팝의 흐름 중 하나이기도 한데, 이 두 원류보다는 프리템포(FreeTEMPO), 파리스 매치(Paris Match), 판타스틱 플라스틱 머신(Fantastic Plastic Machine) 등이 구사하는 일렉트로니카나 라운지 음악이 언급되는 경우가 많다. 애초에 시부야계라는 용어가 '시부야에 직수입 레코드숍이 많다는 이유에서' 쓰기 시작한 탓에 지칭할 수 있는 범위가 굉장히 넓으며, 때문에 같은 시부야계라고 해도 공통점을 찾기 매우 어려운 것이 본 카테고리의 특징이기도 하다. 일각에서는 이 '시부야계'가 이미 사어화 되었으며 장르를 지칭하는 말로 써서는 안 된다고 주장하고 있기는 하지만, 그 용어 자체는 분명 시대의 경향을 담고 있었기 때문에 '시부야계'라는 단어 자체가 완전히 무의미해졌다고 볼 수는 없다. 다만 현재 등장하는 음악에 대해 단순히 '시부야계의 영향을 받았다'는 말로는 충분한 설명이 될 수 없는 것은 사실이다. 그 범위가 너무나도 넓기 때문이다.

워낙 머물러 있는 것에 거부감을 가지고 있는 이들이었던 만큼, 3번째 앨범 《DOCTOR HEAD'S WORLD TOWER~ヘッド博士の世界塔(헤드박사의 세계탑)》1991은 이전과 다른 곳으로 모험을 도모했다. 인디 록의 실루엣에서 벗어나 테크노나 슈게이징 등의 영미 트렌드를 반영했고, 그 결과물은 여전히 제이팝 어디에도 존재하지 않는 생경한 것들이었다. 그 자유로움의 과다적재가 이 둘의 수용범위를 초과한 것은 아닐까 하는 불안감을 상기시키는 앨범이기도 했다.

아니나 다를까, 이후 두 명의 어린 천재는 이 작품을 마지막으로 결별, 지금까지 각자의 길을 걸어가고 있다. 당시 라이브 투어 직전에 즉흥적으로 해산을 발표해 많은 비판을 받았지만, 지금은 각자의 이름을 걸고 그때의 빚을 갚으려는 듯 양질의 음악을 끊임없이 발표하고 있다. 그렇게 안정된 길을 뿌리치고 오직 자신만 그려 갈 수 있는 캔버스를 택한 그들. 경직되어서는 발전도 없다는 교훈을 지금의 아티스트들에게 전하고 있는 것을 보면 확실히 그들은 이미 예전부터 레전드의 자리를 예약해 놓은 듯 싶다. "음악은 좋지만 성격이 나쁘다"는 이야기에 "성격은 좋은데 음악이 나쁜 것보다 낫잖아"라고 했던 이들의 태도는, 자본에 길들여져 고분고분해진 지금의 아티스트들이 계승해야 할 덕목이 아닐까.

Ø 멤버
코니시 야스하루(小西 康陽, 베이스, 기타, 키보드. 1959~)
노미야 마키(野宮 真貴, 보컬. 1960~)
타카나미 케이타로(高浪 慶太郎, 기타, 키보드, 보컬. 1960~)
타지마 타카오(田島 貴男, 보컬, 기타, 하모니카. 1966~)
사사키 마미코(佐々木 麻美子, 보컬)
카모미야 료(鴨宮 諒, 키보드. 1962~)

흑백의 세상에
파스텔 톤 색을
칠해 넣다

추천앨범

《ピチカート・ファイヴ(Pizzicato Five)TYO~
Big Hits and Jet Lags 1991-1995》
1995

그들의 화려했던 시절을 한 번에 훑어볼 수 있는 명곡 저장소이다.
노미야 마키의 가입 이후 극대화된 그들의 총천연색 생동감은
당시 시부야계 음악들이 어디로 가고 있었는지에 대한 대답이기도 하다.

플리퍼즈 기타(Flipper's Guitar)를 이야기했다면 그 뒤로 피치카토 파이브가 따라붙어야 함이 당연지사다. 모호하기만 했던 시부야계라는 카테고리에 이국적인 세련됨, 모두가 동경하는 트렌드리더적 이미지를 부여한 것은 아무래도 두 팀의 공헌이 가장 큰 덕분이다. 이렇게 같은 범주에 들어가는 이들이지만 각각의 음악이 가진 컬러가 완벽히 다르다는 사실 또한 흥미롭다. 전자는 '천재들의 나른한 반항'에, 후자는 '말괄량이 소녀의 도심 산책'에 비견하면 옳은 표현일까. 마치 총천연색 탱탱볼이 튀는 듯한 생동감, '해피, 캐치, 그루비, 펑키'라는 캐치프레이즈가 이보다 더 잘 어울릴 수 없는 이들의 활약상은 시부야계가 하나의 조류로 인정받는 데 큰 역할을 했다.

'5'라는 이름과 다르게 코니시 야스하루(小西 康陽), 타카나미 케이타로(高浪 慶太郎), 카모미야 료(鴨宮 諒), 사사키 마미코(佐々木 麻美子)의 4인으로 시작한 이들은 일찍이 일본 전자음악으로 세계를 제패한 YMO의 호소노 하루오미(細野 晴臣)와 손을 잡으며 데뷔의 발판을 마련했다. 〈オードリイ・ヘプバーン・コンプレックス(Audrey Hepburn Complex)〉1985, 〈イン・アクション(In Action)〉1986 등의 싱글을 거쳐 내놓은 데뷔앨범 《couples》1987를 통해 화려하게 일본의 음악 신에 침투하는가 싶었지만, 시대는 아직 밴드 붐의 지배하에 있었다. 여기에 엎친 데 덮친 격으로 플리퍼즈 기타가 《CAMERA TALK》1990로 선구자라는 영예를 눈앞에서 낚아챘다.

《couples》와 《CAMERA TALK》 사이의 3년은 모든 것이 불투명하던 시기였다. 카모미야 료와 사사키 마미코가 탈퇴했고 그 자리에 오리지널 러브(Original Love)에서 활동하고 있던 타지마 타카오(田島 貴男)를 맞아들였다. 이윽고 《Bellisima!》1988를 완성했지만 여전히 대중은 묵묵부답, 그 답보상태가 《月面軟着陸(달표면 연착륙)》1990까지 이어졌다. 코니시 야스하루의 고집은 여전히 대중과 같은 곳을 바라보지 못하고 있었다.

이때까지는 사실 '사람들이 잘 모르는 피치카토 파이브'에 가깝다. 우리가 일반적으로 알고 있는 이들은 '노미야 마키(野宮 真貴)의 보컬'이 기본이기 때문이다. 그래도 이 5년간의 작품들은 분명 나름대로 의미를 가지고 있었다. 밴드 붐을 일구어냈던 팀들이 줄곧 강조하던 '이 멤버, 이 구성이 아니면 안 돼'라는 팀워크 중심의 인식에서 벗어나, 아이디어만 정해지면 연주는 누구라도 좋다는 식의 활동을 지향했다. 그렇게 '프로젝트 그룹'과 같은 활동방식을 정착시키며 '밴드지만 밴드가 아닌' 아이러니한 존재감을 뿜냈다. 〈皆笑つた(모두 웃었다)〉1987와 같은 섬세한 감성표현, 〈そして今でも(그리고 지금도)〉1987에서 뿜어져 나오는 너른 잔상 같은 음률의 스케치는 이미 이들의 사운드가 완성단계에 있음을 알렸다.

밴드 붐이 지나가고 타이업을 통한 메가히트 러브송들과 함께 시부야계가 새로운 대안으로 떠오를 때쯤, 이들에게도 기회가 찾아왔다. 바로 한 화장품 회사 광고에서 〈sweet soul revue〉1993를 쓰게 된 것. 자신이 모아온 소리들을 재배열해 새로운 음악으로 변신시켰던 코니시 야스하루의 재능이 새로 영입된 노미야 마키라는 필터를 거치자 몇 십배, 아니 몇 백배로 그 매력이 증폭되었다. 리

얼타임이라는 감각은 사라지고, 현재와 미래가 교차하며 동양과 서양의 구분을 무의미하게 만들었던 무국적 음악. 이른바 1990 년대를 장식한 이들의 '오샤레(おしゃれ)'[1] 곡선은 이 곡의 히트 에서 시작되었다.

플리퍼즈 기타의 오야마다 케이고가 프로듀싱에 참여한 앨범 《Bossa Nova 2001》1993이 7위에 랭크, 완전한 '상업적 반전'을 이룬 이들은 이어 〈東京は夜の七時(도쿄는 밤 7시)〉1993, 〈ハッ ピー・サッド(Happy Sad)〉1994 등의 싱글을 연달아 발표하며 최 정상권에 근접한 아티스트로 입지를 굳히게 된다. 또한 라틴, 디 스코, 재즈, 프렌치팝, 라운지 등의 장르를 포괄하는 보편성을 인 정받아 미국 《Matodor Records》에서 미니 앨범 《5 X 5》1994를 발 표해 성공적인 북미 데뷔를 완수하게 된다. 이어지는 《Made in USA》1994의 히트까지, 1990년대 초반은 시부야계라 쓰고 피치 카토 파이브라 읽어야 할 정도였다.

이렇게 뒤늦게 불이 붙었던 것은 아무래도 음악을 전달할 수 있는 최적의 비주얼을 선사했던 노미야 마키의 공이 컸다고 해

야겠다. 1960년대의 팝 컬처를 불러 들였다고 평가받는 이 마스코트의 면 면은 그야말로 트렌드의 최선단에서 그 빛을 뽐냈다. 생동감 넘치는 달달 한 음색도 음색이었지만, 패션을 비롯 한 스타일링도 큰 주목을 받으며 젊은 세대의 시각과 청각을 동시에 사로잡 았다. 그 지향점을 보여주는 대표적인 노래가 1960년대 영국에 서 활동했던 모델 트위기를 소재로 한 〈Twiggy twiggy~ twiggy vs

---

1 멋쟁이라는 뜻. 한발 앞서가는 트렌드세터적인 모습을 통해 이들을 '오샤레'라고 칭하는 이 들이 많아지면서 쓰게 된 용어이다.

james bond〉라고 할 수 있을 것이다. 단발머리와 인조 속눈썹, 비비드한 컬러감의 메이크업과 미니스커트 등의 런던 스트리트 패션을 고스란히 일본으로 가져와 장식한 그 실루엣은 하루가 멀다 하고 불티나게 팔려나가는 히트 상품을 대거 만들어내며 그 붐에 일조했다.

영상과 음악이 낼 수 있는 최대한의 시너지 효과를 구현할 수 있게 된 팀의 항로에는 구름 한 점 발견되지 않았다. 비록 타카나미 케이타로가 탈퇴하면서 2인 체제로 전환하는 게 불가피했지만, 이미 이들의 음악은 내부의 영향권에서 한참 벗어나 있었다. 코니시 야스하루와 노미야 마키는 이어 앨범 《OVERDOSE》1994를 지나 1995년부터 미국 및 유럽의 14개 도시에서 투어를 실시해 성황리에 공연을 완주하게 된다. 베스트 앨범 《PIZZICATO FIVE JPN~Big Hits and Jet Lags 1991~1995》1995는 화려했던 시절의 정수를 담은 알짜배기 작품. 이어 CM송으로 사용된 〈Baby Portable Rock〉1996이 히트하고, 기세를 이어 1997년에는 새로운 레이블 《readymade records》를 설립해 좀 더 독자적인 활동을 추구해 나가게 된다.

여기서 잠시 언급하고 싶은 것은 이들의 초창기 모습이다. 노미야 마키가 전성기를 이끌긴 했지만, 이 전의 앨범들을 사랑하고 아끼는 마니아들도 적지 않다. 사사키 마미코의 드러날 듯 드러내지 않는 모호하면서도 뚜렷한 감정의 파고가 일품인 《couples》, 같은 스타일의 음악이 보컬 하나만으로 얼마나 바뀔 수 있는지 알려주었던 타지마 타카오의 첨삭지도 같았던 몇 장의 앨범들은 분명 커리어에서 빼놓을 수 없는 중요한 부분이다. 비 온 뒤 걸린 무지개처럼, 잘 보이지는 않아도 어느 빛깔보다 아름다운 색이라는 사실을 알 수 있도록 장식되어 있었던 것이 이 시기의 음악들이었다.

앞선 결과물들이 없었다면, 과연 피치카토 파이브의, 코니시 야스하루의 음악이 노미야 마키의 존재감을 이겨낼 수 있었을까. 밴드 붐을 탈피해 다른 곳에서 익숙함과 새로움을 동시에 찾고자 했던 두 사람의 만남은 우연을 가장한 필연이 아니었을까 싶은 생각이 들기도 한다.

"A new stereophonic sound spectacular" 이제야 생각해보니 곡 서두에 입을 모아 읊는 이 뜻 모를 구절 안에 이 신 스틸러들의 정체성이 상당 부분 담겨 있는 것 같다. 정체는 모르지만 멋져 보이는 것들을 끌어들여 자신의 이미지로 색칠해 정착시키는 그들의 역량. 단순히 음악에 머물지 않고 영상과 퍼포먼스를 비롯해 각종 인쇄매체와 생활용품으로 확대시키며 대중의 삶으로 파고들었던 그 흔적은 지금까지 생생한 색조를 보존한 채 여전히 각종 영역에서 꾸준히 소비되고 있다. 어쩌면 지나치게 앞서갔던 그들의 걸음걸이에 이제야 속도를 맞출 수 있게 된 것일지도.

중간다리 역할을
자처하는,
일본 록 신의 마당발

《29》

1995

대중과 평단 모두를 자신의 편으로 만든 단 한 장의 앨범. 한 트랙 한 트랙
지나갈수록, 느긋하면서도 알고 보면 치밀한 그의 음악적 역량에
두 손 두 발 들고 만다.

일본음악을 즐겨 듣는 이들에게도 오쿠다 타미오라는 이름은 왠지 어색하다. 꾸준한 음악활동에 비해 히트곡이 적어서 그런지, 아니면 록스타답지 않은 소탈함 탓에 눈에 잘 띄지 않아서 그런지는 모르겠지만, 국내에 많이 알려져 있는 이름은 분명 아니다. 1980년대를 풍미한 밴드 붐의 기수 유니콘(ユニコーン)의 중심 멤버이자 모르는 뮤지션이 없는 마당발 싱어송라이터, 여기에 《Sony Music Artist》 명예고문이라는 직위까지 더해지면 도대체 이 사람이 뭐하는 양반인가 싶을 정도다. 한 가지 확실한 것은, 25년이 넘는 시간동안 반전에 반전을 거듭하며 여전히 호기심을 자아내는 아티스트로 자리하고 있다는 사실이다. 그의 천진난만함엔 확실히 사람을 기분 좋게 만드는 매력이 있음을 부인하기 힘들다.

티렉스(T-REX)의 앨범명을 따서 만든 밴드 유니콘이 시동을 건 것이 1987년. 블루 하츠(THE BLUE HEARTS), 더 붐(THE BOOM), 준 스카이워커즈(JUN SKY WALKER(S))와 3인 4각으로 밴드 붐을 이끌었고, 당시 멤버들의 개성으로 하여금 아이돌과 같은 인기를 누리던 시절이었다. 다소 부진하던 초기에는 사사지 마사노리(笹路 正徳)[1]의 지휘 아래 보위 식의 비트 록을 구사하던 팀이었지만, 《服部(핫토리)》1989부터 단독 프로듀싱 체제로 변화를 꾀하며 독자적인 세계관을 구축하기 시작했다. 이 작품의 선행 싱글이었던 〈大迷惑(대민폐)〉[2]는 샐러리맨의 애환을 그리는 가사에 오케스트라와 록을 결합한 새로운 음악성으로 주목받으며 히트곡 반열에 올라섰다.

이후에도 〈働く男(일하는 남자)〉1990나 〈ブルース(Blues)〉1991, 〈雪が降るの町(눈 내리는 길)〉1992 등의 대표 넘버들과, 한번 했

---

1 후에 스피츠(スピッツ)의 명곡들을 프로듀싱하며 밴드를 전국구급 스타 반열에 올려놓게 된다.
2 일반적인 팀과 다르게 메이저 데뷔한 지 2년이 지나서, 이미 앨범을 두 장이나 발표한 뒤에 느지막하게 첫 싱글을 발표했다. 이에 대해 오쿠다가 말하길 "까먹고 있었어"라고. 그의 성격을 잘 보여주는 대목이기도 하다.

다 하면 반년씩 이어지는 의욕 넘치는 라이브 투어를 통해 독특한 팀 컬러를 인정받으며 인기를 유지해나갔다. 특히 음악적 특성이 뚜렷한 개개인이 모두 작사와 작곡, 보컬을 고루 다룬다는 점에서 희소성이 큰 팀이었다. 여기에 가벼움을 자처하며 엔터테이너 역할에 충실했으며, 그 안에서 느껴지는 유유자적한 그림자가 이글이글 타는 현실의 태양을 가려주며 대중에게 잠시나마 서늘한 여유를 제공했다.

그렇게 자유분방한 이들이니 굳이 밴드 체제를 유지할 이유가 없었다. 7년간의 유랑을 끝낸 후 이들은 1993년 해체 수순을 밟게 된다. 가장 큰 비중의 작사, 작곡과 보컬로 이미 싱어송라이터로서의 존재감을 인정받은 오쿠다 타미오는 비로소 본격적인 여행의 출발선에 서게 된다. 이전부터 더 밴드 해즈 노 네임(The band has no name), 테라다(寺田) 등의 유닛으로 두 집 살림

을 이어오던 그였기에 팀 밖에서 음악을 하는 모습이 전혀 어색하지 않았지만, 혼자선 과연 어떤 음악을 선보일지 내심 두근두근 하던 것도 사실이었다.

이내 레코드숍에 진열된 솔로 데뷔작 《29》1995는 일본 록 명반을 꼽을 때 반드시 거론되는 작품이다. 사람의 귀를 확 하고 낚아채는 화려함이나 흡인력은 부족할지 몰라도, 영미 록을 기본으로 한 작법에 어느 순간 쇼와 시대를 연상시키는 멜로디가 들어가고, 그 위에 소재를 끌어와 자연스레 의미를 부여함으로써 공감대를 형성하는 솜씨. 여러 매체가 오쿠다 타미오를 '일본 록의 대장'이라

언급한 건 바로 이 시점부터였다.

〈愛のために(사랑을 위해)〉1994, 〈ルート2(route2)〉1995와 같은 트랙을 담은 이 음반은 그가 어떤 뮤지션인지 단번에 보여준다. 일반적으로 '빈둥빈둥 록(のらりくらりロック)'이라 부르는 그의 음악은 허술함과 치밀함이 공존하는 아수라 같은 매력을 지니고 있다. '즐긴다'는 대전제를 깐 뒤 나사가 약간 풀어진 듯 헐렁헐렁한 연주와 가창을 이어가지만, 그 안에는 '내가 맡은 건 확실히 한다'는 프로의식이 자리 잡고 있다. 또한 이런 것들이 억지가 아니라 자연스럽게 배어나온다는 사실에 또 한 번 시선이 간다. 그의 음악적 원천은 분명 영미에 있지만, 그 레퍼런스를 전혀 느낄 수 없는 이유는 그 소스들을 다시 한 번 자신의 재료들과 섞어 전혀 다른 종류의 맛을 제조해낸 덕분이다.

그가 높게 평가받는 이유는 이게 다가 아니다. 무엇보다 눈여겨봐야 할 것이 바로 그의 오지랖 넓은 활동반경이다. 세대를 가리지 않는 그의 사교성은 그야말로 상상초월이다. 덕분에 결성한 프로젝트의 수만도 열 손가락으로 세기 힘들 정도다. 또한 프로듀서로 대박도 터뜨렸는데, 그것이 바로 여성 록 듀오 퍼피(PUFFY)였다.

'나도 코무로 테츠야(小室 哲哉)나 코바야시 타케시(小林 武士)처럼 할 수 있을지 누가 아냐'라고 술자리에서 장난치듯 말하던 그는, 어느 순간 데뷔작부터 4작품 연속 밀리언을 달성한 대단한 신인의 프로듀서가 되어 있었다.[3]

퍼피의 시그너처 송 〈アジアの純真(아시아의 순진)〉1996의 가

---

3 두 멤버인 아미와 유미는 아직도 그를 존경하는 의미에서 '선생님(先生ちゃん)'이라는 호칭으로 부르고 있다.

사를 써주기도 한 이노우에 요스이(井上 陽水)와 콜라보레이션 유닛이 곧바로 뒤를 이었고, 이 신구세대의 만남에 많은 이가 환호의 제스처를 내비쳤다. 이후에도 여러 음악작업을 통해 수많은 뮤지션과 관계를 유지해오며 록 신의 가교 역할을 톡톡히 하고 있다.

앞서 언급한 레전드 이노우에 요스이를 비롯해 요시다 타쿠로(吉田 拓郎)의 학교 후배이기도 하며, 옐로 몽키(THE YELLOW MONKEY)의 요시이 카즈야(吉井 和哉)와 우루후루즈(ウルフルズ)의 토타스 마츠모토(トータス 松本)는 친구로 만남을 이어오고 있다. 여기에 스피츠(スピッツ)의 쿠사노 마사무네(草野 マサムネ)에게는 동경의 선배이며, 코이즈미 쿄코(小泉 今日子)와 키무라 카에라(木村 カエラ), 새디스틱 미카 밴드(サディスティック・ミカ・バンド), 킨키 키즈(KinKi Kids), 케미스트리(CHEMISTRY), 차토몬치(チャットモンチー) 등 선후배들과 끊임없는 협업을 통해 친분을 넓혀나가는 모습을 보면 존경어린 시선을 보낼 수밖에 없다. 전설과 어깨동무가 어색하지 않고, 한참 후배 뮤지션들과 같이 있어도 위화감이 없는 몇 안 되는

인물. 그렇게 아래와 위의 교집합이 되는 중심축이라는 점에서 그 중량감이 더욱 부각된다.

그런 것이 가능했던 데에는 수더분한 인상과 넓은 관심사가 주효했다고 볼 수 있다. 무엇보다 나이를 짐작할 수 없게 하는 엉뚱한 일면은 현재 그의 커리어를 구축하는 데 꽤나 큰 지분을 이루

고 있음에 틀림없다. 못 말리는 기타 콜렉터인 데다가 낚시에 관심이 많으며, 특히 차에 대한 노랫말을 자주 소재로 사용하는 모습을 보인다.[4] 여기에 엄청난 게임마니아이기도 해 이미 유니콘 시절 게임잡지에 연재를 하는 등 하나에 몰두하면 그야말로 끝을 보는 성격의 소유자이기도 하다. 이 모든 것을 음악에 투영시키고, 다른 가수들과 어울리는 친목거리로 사용하며 그렇게 25년을 넘게 걸어왔다.

틀에 갇히길 거부하는 그의 속성은 그가 출연했던 록 페스티벌에서도 어김없이 나타난다. 밴드 편성 없이 홀로 기타를 치며 노래하고, 중간 중간 술을 홀짝이며 관객들과 농담을 주고받는 유유자적이 트레이드마크인 '나홀로 방랑여행(ひとり股旅)'으로 러닝타임을 꾸미는 경우가 있는가 하면, 두 시간 반이라는 정해진 시간 내에 노래를 만들어 공개하는 '나홀로 칸타빌레(ひとりカンタビレ)'를 펼쳐보이기도 한다. 그야말로 보는 사람을 가장 다양한 방법으로 행복하게 만드는 뮤지션 중 한명이지 싶다. 부르고 싶을 때 부르고 연주하고 싶을 때 연주한다. 자신이 즐거워야 보는 사람도 즐겁다는 명제를 손수 실천하고 있는 그는 2009년 유니콘을 재결성해 예전보다 훨씬 업그레이드되고 완숙해진 퍼포먼스로 많은 팬을 홀리고 있는 중이다. 유연함 속에 강함이 깃들어 있기란 얼마나 어려운 일인지 알면서도, 창작의 고통을 결국엔 내면의 행복으로 체화시키는 그의 커리어가 여전히 많은 아티스트에게 동기를 부여해주고 있다. '음악이란 어렵지 않다'는 대의명분을 미끼로 대중을 낚시하는 강태공은 그렇게 시간을 관통해 여전히 트렌드의 중심에서 낚싯줄을 던지고 있다. 잔잔한 파문이 일도록 말이다.

---

4 《CAR SONGS OF THE YEARS》(2001)처럼 차에 대한 노래만 모아 놓은 베스트 앨범이 있을 정도다.

Ø 멤버

요시키(YOSHIKI, 드럼, 피아노. 1965~)

토시(Toshl, 보컬. 1965~)

파타(PATA, 기타. 1965~)

히스(HEATH, 베이스. 1965~)

스기조(SUGIZO, 기타, 바이올린. 1969~)

히데(HIDE, 기타. 1964~1998)

타이지(TAIJI, 베이스. 1966~2011)

우리나라에 가공할만한
영향력을 발휘했던
비주얼 록의 전도사

《BLUE BLOOD》

2002

〈WEEK END〉, 〈X〉, 〈ENDLESS RAIN〉, 〈虹〉 등 제목만 들어도 가슴
설레며 따라 부를만한 트랙이 즐비하다. 메이저에 성공적으로 정착할 수 있게
도운 앨범이면서, 요시키가 설립한 인디즈 레이블 《Extasy Records》가
글레이(Glay), 루나 씨(LUNA SEA) 등의 후배를 양성할 수 있도록 해준 앨범.

2011년 10월 28일, 올림픽 체조경기장을 찾은 이들이라면 생각보다 많은 인파에 깜짝 놀랐을지도 모른다. 이미 히데(HIDE)도 타이지(TAIJI)도 없고, 한차례 내한공연을 취소한 괘씸죄까지 부과되어 있던 터였다. 1만 5000석이나 되는 좌석을 채우기가 쉽지 않으리라는 건 자명한 사실이었다. 하지만 데뷔한 지 27년, 메이저 진출부터 따지면 23년 만에 한국 땅을 밟는 그들에 대한 마음은 단순한 애정을 뛰어넘은 애증 그 자체였다. 누구에게는 서구 문화권에 대한 동경을 아시아의 작은 섬나라로 돌리게 된 상징적인 존재와 대면이었을 것이고, 누구에게는 일본문화 제재의 강도가 심했던 시절 지하에서 프로젝터를 돌리며 숨죽인 함성을 내뿜던 간절함의 해갈이었기에, 그 만남이 가지는 의미가 여느 아티스트보다 클 수밖에 없었으리라.

우리나라에서 엑스 재팬은 한마디로 정의하기가 참으로 어려운 밴드다. 일본 음악을 넘어 록의 우상으로 손꼽히며 빽판의 일정 비율을 도맡았고, 반대로 과장된 보도를 통해 왜색의 주동자가 되기도 했다. 이런 요인 탓에 많은 이의 불편한 시선을 견뎌야 했고, 겨우겨우 만난 동호회 사람들과 조심스럽게 팬덤을 공유해야만 했던 향수. 그런 기억이 있는 이들에게 엑스 재팬의 내한은 음악을 넘어 어린 시절의 추억을 상기시키는 매개체이자 현실에 억눌려 있던 갑갑함을 간만에 해방시켜주는 탈출구처럼 느껴졌을 것이다.

이들은 전신이었던 엑스(X) 시절을 통해 인디즈 시장의 전환점을 마련했다는 점에서 큰 의의를 가진다. 음반을 내기 위해선 인디 시절 인기를 토대로 메이저 레코드사와 계약해 금전 지원을 받는 게 일반적이었는데, 요시키(YOSHIKI)는 자주 레이블인

《Extasy Records》를 설립하고 인디즈 회사로 메이저에 출사표를 던졌다.[1] 소꿉친구였던 토시(ToshI)와 함께 디멘시아(Dementia)의 타이지, 다음해에 미용사로 전업하려던 요코스카 샤벨 타이거(Yokosuka Saver Tiger)의 히데를 영입했고, 레코딩에 도움을 줬던 파타(PATA)까지 불러들였다. 그렇게 모여 〈紅(홍)〉이 수록된 앨범 《Vanishing Vision》1988을 발표해 제작 앨범 전량을 팔아치우며 메이저 차트에 이름을 올리는 쾌거를 이루어낸다.[2] 이후 요시키는 이 레이블을 통해 루나 씨(LUNA SEA)나 글레이(GLAY) 등을 발굴하며 자신의 왕국 설립에 박차를 가하기도 했다.

이 성공을 계기로 《CBS SONY》와 계약을 맺고, 전성기의 두 축을 이루는 《BLUE BLOOD》1989와 《Jealousy》1991를 선보였다. 〈ENDLESS RAIN〉, 〈WEEK END〉, 〈X〉 등의 명곡은 모두 이때 완성된 곡이었다. 1992년에는 3일 연속 도쿄돔 공연을 개최해 12만명 동원에 성공했다. 과장된 메이크업과 퍼포먼스, 빈번했던 미디어 노출에 호불호가 갈리며 당시 해외 유명 뮤지션들만 공연하던 곳을 채울 수 있겠냐는 우려가 많았지만 이들은 코웃음 치듯 무난히 만석을 만들어내며 음악인생의 절정기를 맞이했다.[3]

이들의 승승장구와 함께 인디 신과 비주얼 록 필드는 엄청난 탄력을 받게 되었다. 멜로딕 스피드 메탈을 일본 정서에 맞는 선율로 감싼 독자적인 스타일은 본국과 서양의 조합에 새로운 길을 제시했고, 앞서 언급한 글레이나 디르 앙 그레이(Dir en Gray),

---

1 사실, 계약을 제의한 레코드 회사가 없었기 때문에 마련한 자구책에 가까웠다.
2 인디 레이블로 메이저 차트에 이름을 올린 최초의 사례였다.
3 1992년에 치른 엑스 재팬의 단독공연은 바로 이 도쿄돔 3Days가 유일했기 때문에, 활발하지 않은 라이브 활동을 비판하는 의견도 많았다.

라르크 앙 시엘(L'Arc~en~Ciel)의 뿌리가 되어 메인스트림 히트를 이끌었다. 이처럼 단순한 밴드를 넘어 록 신의 베리에이션을 넓힌 선구자 역할 또한 겸하고 있었다. 그저 요란한 화장을 한 베테랑 로커에 그치기에는, 이들이 마음속에 품고 있던 그릇이 너무 컸다.

그렇게 액셀만 밟아나갈 것 같던 우량 엔진에도 위기가 찾아왔다. 우선, 도쿄돔 공연을 마지막으로 밴드를 떠난 베이시스트 타이지의 공백이 컸다. 당시에는 음악적 견해가 이유라고 말했지만, 훗날 요시키에 의해 해고당했음을 고백하며 그의 독단적인 태도를 수면 위로 올렸다.[4] 미리 작업해두었던 《ART OF LIFE》1993를 통해 그럭저럭 활동을 이어나갔지만, 《DAHLIA TOUR 1995-1996》투어 중 요시키의 몸 상태가 악화되면서 이후 활동에 먹구름을 드리웠다. 이렇게 위태위태하게 줄타기를 이어갔던 이들은 《Dahlia》1997를 마지막 앨범으로 남긴 채 12월 31일 도쿄돔 공연을 끝으로 해산했다.

그렇게 엑스 재팬의 이름이 수면 아래로 가라앉을 즈음 큰 사건이 일어났는데, 바로 히데의 죽음이었다. "PSYCHEDELIC VIOLENCE CRIME OF VISUAL SHOCK"라는 캐치프레이즈를 쓴 멤버로서, 사실상 비주얼계의 시초로 인정받는 그의 갑작스런 사망소식은 많은 팬을 슬픔의 구렁텅이로 내몰았다. 얼터너티브와 펑

크가 혼재된 강렬한 음악, 시대를 앞서갔던 스타일링 등으로 성공적인 솔로 활동을 펼치며 강력한 팬덤을 몰고 다녔던 그였다.

---

4 음악적으로 중요한 역할을 하고 있었는데도 사실상 세션에 가까운 취급을 당했다. 그런 멤버가 수입에 대해 문제를 제기하니 요시키의 입장에서는 더 이상 데리고 있을 필요가 없었던 것이다. 탈퇴 후 일주일만에 라우드니스(LOUDNESS)에 합류하지만, 불행한 개인사 후 2011년 7월 17일에 45세의 나이로 숨을 거뒀다.

엑스 재팬에서도 타이지와 함께 핵심 중의 핵심을 이루고 있었기에, 그를 다시 볼 수 없다는 사실에 대한 아쉬움은 상상 이상으로 컸다. 분명 록 신을 넘어 일본 음악계를 지탱하는 뚜렷한 존재감을 가진 인물이었다.

긴 시간이 흐른 뒤, 2007년 재결성을 거쳐 염원해왔던 내한공연을 치렀다. 그동안 루머와 논란들을 말끔히 해소하며 클래스는 영원하다는 구절을 떠올리게 만든 그들. 일본음악을 접한 사람들 대다수가 그 시작을 엑스 재팬과 함께 했고, 알게 모르게 우리나라 가요에 많은 영향을 준 밴드이기도 하다. 짙은 화장과 화려한 의상으로 시선을 사로잡았던 그들은, 이제야 그 두터운 분장을 지우고 진심으로 팬들을 마주하며 뒤늦게 옛날의 지지에 대한 감사의 인사를 보내고 있다. 모든 고난을 극복한 그들에게 여전히 이 한마디는 유효하다. "We are the X!!!"

Ø 멤버
마츠모토 타카히로(松本 孝弘, 기타. 1961~)
이나바 코시(稲葉 浩志, 보컬. 1964~)

그들의 행보가 곧
새로운 기록에 도전인
일본 록의 신화

《SURVIVE》

1997

비즈는 어느 누구보다도 디스코그래피가 방대해 한 장만 추천하기가 어렵다.
지금의 대중이 알고 있는 비즈라면 아무래도 본격적인 하드록 노선을 걷기
시작한 이 앨범이 입문용으로 좋지 않을까 싶다. 이전의 비트 록을 접하고
싶다면 《BREAKTHROUGH》(1990)나 《RISKY》(1990)를, 하드록의
정점을 맛보려면 《Brotherhood》(1999)나 《ELEVEN》(2000),
《EPIC DAY》(2015)가 좋은 선택이 될 것이다.

8000만 장이 넘는 음반 판매량, 25년에 걸쳐 45작품 연속 오리콘 싱글 차트 1위, 전국 투어 한 번에 50만 명 동원. 현재진행형 전설이라는 호칭을 달아줘도 전혀 무리 없는 기록들이다. 이처럼 제이팝의 역사 안에서 이들의 위상을 설명하려면 지면이 모자랄 정도다. 말하기에도 벅차고 글로 표현하기도 어딘가 모자란 것만 같은 그룹이기에 언급하기 전부터 이미 숨이 차오르는 느낌이 들지만, 그나마 중요한 부분을 조금씩 발췌해 소개한다. 제이팝을 좋아하지 않아도 음악을 좋아한다면 어디선가 한번쯤 들어봤을 법한, 일본 음악계의 B, 비즈의 이야기다.

1988년이 데뷔연도이니, 이들이 시동을 건 지 벌써 사반세기에 이른다. 물론 여전히 활동 중인 레전드 아티스트 역시 많지만, '수치적인 측면'에서 계속 그 최고치를 경신해나가고 있기에 더욱 경이롭다. 이토록 큰 감투를 쓰리라는 것을 데뷔 당시 멤버들은 과연 짐작이나 했을까.

보컬을 맡고 있는 이나바 코시(稲葉 浩志)는 본래 수학교육과에 재학중인 교사 지망생이었다. 그러던 중 교생실습에 나가려

면 머리카락을 단정하게 잘라야 한다는 이야기를 듣고 단숨에 그 꿈을 접게 된다. 그리고는 고등학교 시절 꿈꾸던 록 보컬리스트가 되기 위해 데모테이프를 만들어 여러 소속사로 보내기 시작했다. 포기도 빠르고 추진도 빠른 그였다. 그 테이프를 건네받은 인물 가운데 한 명이 바로 당시 《ビーイング(Being)》의 사장이자 음악 프로듀서인 나가토 다이코우(長戸 大幸)였다. 학생 시절

이나바 코시가 부른 티본 워커(T-Bone Walker)의 〈T-Born Shuffle〉과 레드 제플린(Led Zeppelin)의 〈You Shook Me〉, 빌리 조엘(Billy Joel)의 〈Honesty〉를 재차 듣고, 이 테이프를 자신의 소속사에 있던 한 기타리스트에게 넘겨준다. 그가 바로 비즈의 리더이자 기타를 맡고 있는 마츠모토 타카히로(松本 孝弘)였다.

이후 작은 스튜디오에서 만나 비틀즈(The Beatles)의 〈Let It Be〉와 〈Oh, Darling〉을 맞춰보던 두 사람은 기재 고장으로 오랜 시간 합주를 이어나가지 못했다. 그런데도 아무런 이야기 없이 비즈로서 데뷔는 당연히 결정되어 있었다는 듯 후속절차를 밟아나갔다. 후에 이나바가 이야기하길 "마츠모토 씨한테 '함께 밴드를 하자!'라고 직접적으로 들은 적은 한번도 없다"고 할 정도로, 마치 번갯불에 콩 구워먹듯 발표한 데뷔 싱글 〈だからその手を離して(그러니까 그 손을 놓아줘)〉1988가 레코드샵에 진열되었다. 첫 만남에서 불과 4개월 뒤 일이었다.

당시 불고 있던 '밴드 붐'에 편승하고 싶지 않아[1] 굳이 악기별 편성을 고집하지 않았다는 마츠모토의 의지에 따라 2인 편성을 기본으로 하되 서포트 멤버를 넣는 형식으로 본격적인 활동을 전개해나가게 된다. 초반에는 인지도 상승을 노리고자 선배인 티엠 네트워크(TM NETWORK)의 투어에 동행하는 경우가 많았다. 그렇지만 오리콘 차트 100위 안에도 들지 못하는 암흑기가 계속되었다. 조금씩 활로가 보였던 것이 바로 EP 《BAD COMMUNICATION》1989이었다. 앨범 타이틀 곡이 163주나 랭크인 되며 잠재력에 대한 가능성을 확인시켜주었다. 동시에 '신인은 3장 안에 히트작품을 만들 수 없다면 단념해야 한다'는 통설에 대한 유예기간을 연장시켜 준 소중한 작품이기도 했다.

---

1 당시에 《三宅裕司のいかすバンド天国(미야케 유지의 멋진 밴드 천국)》이라는 프로그램은 공공의 적과 같았다. 너무 많은 비슷비슷한 밴드들이 쏟아지자 이 경향을 피하고자 하는 뮤지션들도 많아지기 시작했다. 결국 이런 새로운 시도들이 다수의 레전드를 낳는 결과를 가져왔다.

사실 이 시기의 음악은 지금의 비즈를 듣는 이들에게는 굉장히 생소할 스타일이다. 소속사는 티엠 네트워크, 정확히 이야기해 당시 대세였던 코무로 테츠야(小室 哲哉)의 음악을 비즈에게 투영시키길 원했고, 마츠모토 역시 당시 티엠 네트워크의 세션으로 활동하며 알게 모르게 그 영향권 안에 있었다. 때문에 정통 록에서 비껴나 테크노와 유로비트 요소에 리얼 세션을 접목시키는 방향으로 갈피를 잡아나갔고, 드럼머신 주도 하에 기타 사운드가 포인트를 주는 댄스 뮤직이라는 방향성이 강하게 표출되던 시기였다.

첫 히트싱글인 〈Be there〉1990와 최초의 오리콘 1위를 안겨준 〈太陽のKomachi Angel(태양의 Komachi Angel)〉1990, 8번째 싱글 〈Lady navigation〉1991 등이 당시의 대표적인 작품이라고 할 수 있겠다. 물론 그 와중에 〈Alone〉1991 같은 발라드 트랙도 있었고, 인트로를 현악으로 장식한 〈愛のままにわがままに 僕は君だけを傷つけない(사랑 그대로 내 멋대로, 나는 너만은 상처 입히지 않아)〉1993 같은 곡도 이 시대를 이끈 여러 시도 가운데 하나였다.

지금과 같은 파워풀한 사운드의 조짐을 보여주는 곡이 바로 〈Don't leave me〉1994였다. 어느 곡보다 통렬한 드럼소리, 전주를 풍성하게 만드는 하모니카와 브라스 섹션 등이 영미의 하드록 노선을 강하게 이어받고 있었다. 같은 해에 나온 앨범《The 7th Blues》1994 역시 이런 기조를 선보이며 조금씩 티엠 네트워크의 후계자 이미지를 지워가기 시작했다. 오리지널리티를 강조하겠다는 선언이었다. 이후 몇 년의 정립기간을 거쳐 나온《Survive》1997를 통해 완전한 유턴을 감행하게 된다. 국내 팬들도 많이 알고 있는 〈Liar! Liar!〉1997는 스타일 변화에 대한 팀의 고뇌가 뭉쳐 만들어낸 일종의 증표 같은 작품이었다. 리얼 세션이 보여주는 비중과 무게감이 전과는 비교가 되지 않을 정도로 크게 실려 있다.

이러한 사운드의 강경함이 가장 선명하게 새겨졌던 때가 바로 《Brother-hood》1999와 《Eleven》2000 시절이었다. 스피드감과 함께 현란한 기타주법이 총망라된 〈ギリギリchop(아슬아슬 chop)〉1999, 간단한 리프배킹만으로 생명력을 불어넣은 〈Juice〉2000 등, 팝보다 록의 영향력이 강하게 작용하던 때이기도 했다. 팝과 록, 두 요소의 조율은 팀에게도 최대의 과제였다. 2000년 들어 이 과제를 완벽하게 해결한 곡이 바로 〈Ultra soul〉2001이었다. 대중성을 겸비한 시그너처 송을 거론할 때 반드시 이 곡을 꼽는데, 스타일은 오히려 초창기 시절의 전자음악에 가깝다는 점에서 아이러니컬한 작품이다. 많은 디제이나 밴드가 장내 분위기를 띄우려 할 때 많이 사용하는 곡이기도 하며, 최근작인 《C'mon》 2011에서 재녹음해 수록할 만큼 팬에게도 뮤지션에게도 애정이 서려 있는 싱글이다.

이처럼 초반의 스타일을 고수하는 대신, 과감히 자신의 보금자리를 바꿈으로써 그 생명력을 연장시켜 나갔다. 안정적인 자리에 정착하는 데에 소속사와 선배 가수들의 도움이 분명 컸을 테지만, 2000년대에도 그 기세를 유지하고 있는 것은 바로 자체적인 변화 노력 덕분이라 언급하고 싶다. 영미의 하드록을 수용해 일구어냈던 체질 개선은 '일본 하드록의 스탠더드'를 제시하며

비즈를 누구도 범접할 수 없는 영역에 데려다 놓았다. 라우드니스(Loudness)나 바우 와우(Vow Wow) 같은 헤비메탈은 부담스럽고, 이미 상투성에 물들어 버린 이카텐(イカ天) 출신 밴드들에게 거부감이 들었던 이들은 보위(BOØWY)에 대한 허전함을 이들을 보며 메워 갔다. 시대적 경향에 반기를 들면서도 은근히 대중의 요구에 충실히 부합했던 게 바로 비즈의 음악이었던 것이다.

이후 2000년대 중반을 넘어서며 자신의 포지션을 공고히 하게 된다. 거의 매년 앨범을 내고 실시하는 공연은 그 압도적인 퀄리티로 인해 '직접 봐야만 하는 아티스트', '실망시키지 않는 아티스트'라는 명찰을 달아주었다. 2013년에 있었던 《B'z LIVE-GYM Pleasure 2013 ENDLESS SUMMER-XXV BEST》는 30번의 무대로 55만 명에 육박하는 인원을 동원했을 정도니, 공연계에서 이들의 파워는 가히 막강하다고 할 수 있다.

그동안 발표한 싱글만 50장, 앨범도 19장에 달한다. 2013년에 발매된 싱글 컬렉션만 쭉 들어도 거의 4시간에 달하는 방대한 분량이다. 그렇게 오랜 길을 걸어왔는데도, 아직도 이들의 행보를 따라가다 보면 설레고 기대되고 또 흥분된다. 이것이 25년이 된 팀에게 가질 수 있는 감정이라고는 상상할 수 없을 정도다. 누군가는 "다 비슷하게 들린다"며 매너리즘을 꼬집곤 하지만, 그 익숙함마저 장점으로 포용할 수 있을 정도로 이들의 작품은 이미 일본인의 기호항목이자 삶의 일부에 가깝다. 10년 뒤에도 이 두 모험자들에게 유효할 문장은 그들의 싱글 제목 중 하나와 같지 않을까 싶다. "It's showtime!"

Ø 전멤버
니시카와 타카히로(西川 隆宏, 키보드. 1964~)

Ø 멤버
요시다 미와(吉田 美和, 보컬. 1965~)
나카무라 마사토(中村 正人, 베이스. 1958~)

모든 이가 꿈꾸던
환상의 팝 밴드

《The Swinging Star》
1992

시대가 받아들일 준비가 되었으며, 동시에 시대가 원했던 작품이었다.
나카무라 마사토가 주도한 블랙뮤직의 그루브함, 이 이국적인
요시다 미와의 음색이 극강의 대중성을 지닌 멜로디와 만나며
엄청난 화학반응을 일으킨 명반이다.

레전드는 아무것도 없는 곳에서 갑작스레 탄생하기도 하지만, 몇 가지 시대적 경향이 중첩되어 나타나기도 한다. 팝그룹 드림스 컴 트루는 철저히 후자에 속하는 아티스트라 할 수 있다. 우선 쿠보타 토시노부(久保田 利伸)에 의한 펑크(Funk) 사전학습 덕분에 나카무라 마사토(中村 正人)가 추구하는 블랙뮤직이 큰 어려움 없이 대중에게 전파되었고, 요시다 미와(吉田 美和)는 마츠토야 유미(松任谷 由実)에서 촉발되어 전성기를 맞은 여성 아티스트 신의 흐름을 관통하고 있었다. 다만 기존의 물줄기만을 탔다면 거기에서 그치고 말았을 것이다. 극강의 대중성, 그리고 '남자 둘 여자 하나'라는 혼성의 개념과 함께, 이국적인 음색과 풍부한 성량을 가진 보컬과 맞물리며 그 꿈은 이윽고 현실이 되었다.

시장상황도 이들의 대세 등극에 한몫했다. 그들의 전성기였던 1990년대의 소비주체는 이십대 여성이었다. 트렌디 드라마와 대중가요의 전략적 제휴는 더욱 강해졌고, 이와 함께 이들의 음악은 날개 돋친 듯 팔려나가기 시작했다. CD 워크맨, 가라오케 박스 등의 도입은 언제나 노래를 듣고 부를 수 있도록 만들며 음반 소비를 더욱 부추겼다. 그렇게 전반적으로 젊은 음악이 일본 대중음악 신의 주류가 되어가던 시기, 그 중심에 있던 드림스 컴 트루는 기존의 여러 물줄기가 모여 만들어낸 하나의 커다란 강에 비유할 만하다.

1988년에 결성했으니, 벌써 햇수로 30년에 가깝게 쉬지 않고 달려온 셈이다. 어스 윈드 앤 파이어(Earth, Wind and Fire)를 비롯해 1970년대 흑인음악에 영향 받은 나카무라 마사토가 개그 듀오 톤네루즈[1]의 콘서트 투어에서 서포트 멤버로 참가하고 있던 중 코러스로 초빙된 요시다 미와를 만나며 움직임이 시작되

---

1 이시바시 타카아키(石橋 貴明)와 키나시 노리타케(木梨 憲武). 특히 이시바시는 TBS에서 방송된 《うたばん(우타방)》을 즐겨보던 사람에겐 굉장히 낯익은 얼굴이다.

었다. 여기에 키보드를 담당할 니시카와 타카히로가 합세하며 데뷔 준비를 완료했다. 당초 차차 앤 오드리즈 프로젝트(CHA-CHA & AUDREY's PROJECT)였던 그룹명을 지금의 것으로 바꾼 후, 싱글 〈あなたに会いたくて(너를 만나고 싶어서)〉1989와 앨범 《DREAMS COME TRUE》1989를 동시발매하며 고대하던 오리지 널 아티스트의 첫 발을 내딛게 되었다.

　좋은 음악에 대해 대중은 즉각 반응했다. 스테디셀러로 군림 했던 두 번째 싱글 〈LOVE GOES ON…〉은 결국 밀리언에 도달 했고,[2] 점차 그 열기가 고조되어 3집 《WONDER 3》1990는 당시 데뷔 최단기간 앨범판매 100만 장 돌파의 기록을 세웠다. 그들 의 이름값만큼이나 많은 프로모터가 이들의 노래를 타이업하려 경쟁했고, 드라마 주제곡과 CM 송에서도 계속 사용되며 완연한 황금기를 맞이한다. 이만큼 시대의 요구에 정확히 부합하는 팀 은 없었다. 그만큼 당시 사람들의 요구를 완벽히 충족시켜준 스 타일의 음악이었다.

　《MILLIONS KISSES》1991가 만들어낸 더블 밀리언도 대단한 성과라 할 만 하지만, 아무래도 《The Swinging Star》1992의 위업을 뛰어넘기 란 불가능하다. 첫 주 및 누계 판매 량 기록을 갈아치우며 300만 장이라 는 고지를 처음으로 밟았던 이 작품은 〈決戦は金曜日(결전은 금요일)〉, 〈晴 れたらいいな(맑았으면 좋겠네)〉, 단 두 장의 싱글수록만으로도 이 정도의 기록을 달성했다는 점에 주 목해야 한다. 팀의 성향상 싱글에 무게 중심이 쏠려 있는 상황에

---

2 밀리언에 도달한 시기만 따지면 〈決戦は金曜日〉가 더 빨랐다.

서, '드림스 컴 트루'라는 브랜드가 단순히 유행가 제조집단에서 벗어나 완성도 높은 대중음악을 추구한다는 믿음이 확실히 정착했음을 알려주는 지표이기 때문이다.

음반판매량 100만 장이 200만 장에 이르는 데에 17년이 걸렸다는 사실을 생각해본다면,[3] 2년만에 출연한 트리플 밀리언은 그야말로 경이로운 수준이었다. 점차 록이나 팝, 뉴뮤직 같은 용어들이 제이팝이라는 한 단어로 응축되어가던 시기에, 제이팝 시대의 시작을 상징하는 유서 깊은 한 장이라고 해도 지나친 말이 아니다. 이전까지는 요시다 미와의 작곡이 많았던 것에 비해, 《The Swinging Star》는 나카무라 마사토가 훨씬 큰 비중을 차지하고 있다는 점 또한 이 작품을 들을 때 기억해야 할 포인트 가운데 하나이다.

여기까지 종합해 보았을 때, 이들의 성공요인은 역시나 '젊은 여성을 사로잡았다는 것'에 초점이 맞추어진다. 모든 가사를 써내려간 요시다 미와의 솔직한 표현은 남성보다는 반대편에서 훨씬 더 큰 호응을 이끌어냈고, 이전까지는 없던 새롭고 세련된 것

을 원하던 이들의 요구 또한 충족시키며 붐을 조성했다. 서구 음악의 요소와 멜로디를 끌어와 일본어 가사를 입힘으로써 발현되는 이국적인 느낌과 익숙한 감성의 조화. 이것이 드림스 컴 트루의 음악의 요체이며, 지금까지 유지되는 음악 기조다.

히트곡 행렬은 계속되어, 〈go for it/雨の終わる場所(비가 그치는 곳)〉1993, 〈Winter Song〉1994, 〈サンキュー(Thank you)〉1995,

---

3 100만 장 최초 돌파는 이노우에 요스이 《氷の世界(얼음의 세계)》(1973), 200만 장 최초 돌파는 마츠토야 유미 《天国のドア(천국의 문)》(1990).

〈LOVE LOVE LOVE/嵐が来る(폭풍이 와)〉1995 등의 싱글이 밀리언셀러를 기록했다. 대표곡으로 거론하는〈未来予想図(미래예상도〉 등 싱글이 아닌 앨범 수록곡들도 고르게 사랑받았다. 이와 함께 1991년부터 시작해 4년마다 실시중인《史上最強の移動遊園地 DREAMS COME TRUE WONDERLAND(사상 최강의 이동유원지 DREAMS COME TRUE WONDERLAND》투어를 개최하는 등 라이브에서 더욱 강한 면모를 드러내고 있다.

음악의 뿌리가 소울과 펑크인 만큼, 미국 현지에서 승부를 걸던 시기도 있었다. 현지에서 500만 장 판매와 그래미 수상을 꿈으로서 공언하고 있던 차에 기회가 찾아왔지만, 역시 본토 공략은 그리 녹록치 않았다. 영화《THE SWAN PRINCESS》의 엔딩 테마인〈ETERNITY〉1994로 해외 대중에게 이름을 알렸지만,《Virgin / DCT》로 이적해 본격화한 미국 진출은 결국 실패로 끝났다.

드림스 컴 트루는 1990년대 제이팝에 큰 영향을 준 팀이다. 음악 기조는 미시아(MISIA)나 우타다 히카루(宇多田 ヒカル)를 통해 그 뜻이 이어졌고, '혼성 3인조'라는 구성은 '도리카무편성'이라는 용어로 굳혀지며 같은 편성의 팀들이 등장하는 계기가 되기도 했다. 17장의 앨범과 52장의 싱글이라는 어마어마한 디스코그래피에도 전혀 지친 기색이 보이지 않는 이들의 활동은, 2000년대로 접어들기 전 일본의 버블경제가 보여줄 수 있던 마지막 호조와 같았다. 꿈이 아직은 현실로 남아있던 순간이었다.

자드 **ZARD** 1991~2007

일본 대중음악계의
영원한 공주님,
잊을 수 없는 그 고고함

《揺れる想い》
(흔들리는 마음)

1993

오다 테츠로와 쿠라바야시 세이치로의 활약이 돋보이는 앨범.
우리가 알고 있는 자드라는 가수에 대한 기억은 아마 상당부분 이 작품에서
기인하는지도 모르겠다. 〈負けないで(지지 마)〉, 〈揺れる想い(흔들리는 마음)〉,
〈In my arms tonight〉, 이 세 곡만으로도 이미 충분한 무게감이 느껴진다.

일본음악을 잘 모르는 이들에게도 친숙한 이름이 바로 자드다. 음악이 전파된 경로야 본문에서 차차 설명하겠지만, 한번 들으면 잊을 수 없는 투명한 음색과 친숙한 멜로디는 찰나의 마주침을 지속적인 만남으로 이끄는 대중성을 지니고 있었다. 세상을 떠난 후 적지 않은 시간이 흘렀는데도 끊임없이 추억하게 되는 목소리. 이렇게 갑자기 떠날 줄 몰랐기에 노래를 들을 때마다 세상에 없다는 사실이 믿어지지 않는 자드, 사카이 이즈미(坂井 泉水)의 실루엣이 지금도 눈앞에 아른아른하다.

지금이야 '자드 = 사카이 이즈미'로 부르는 게 당연해졌지만, 초창기만 해도 5인 라인업을 갖춘 밴드의 모습을 하고 있었다. 코러스 가수가 되기 위해 오디션을 보러온 사카이를 《ビーイング(Being)》의 프로듀서 나카토 다이코우(長戸 大幸)가 픽업했고, 이후 호시 히로야스(星 弘泰), 마츠다 후미토(町田 文人), 미치쿠라 코스케(道倉 康介), 이케자와 키미타카(池澤 公隆) 등이 2집 《もう探さない(더는 찾지 않아)》1991부터 합류했다. 그러던 중 1991년부터 1993년까지 멤버들이 탈퇴 수순을 밟아 결국 사카이 이즈미의 프로젝트 밴드 형식으로 전열이 가다듬어졌다.

첫 싱글로 히트메이커 오다 테츠로(織田 哲郎)가 작곡을 담당한 하드록 풍의 〈Good-bye my lonelyness〉1991가 낙점되었다. 당시 표방하던 것은 지금 우리가 알고 있는 자드와 조금 다른 강한 여성의 콘셉트였다. 배킹 기타의 디스토션이 강하게 걸려있었으며, 몇 겹의 코러스를 입혀 합창 같은 웅장함을 표현하고자 했다. 결과는 20만장을 웃도는 판매량. 데뷔곡으로 기록한 성공적인 행보였다.

세일즈에서 상승세를 탔던 시기는 록적인 취향을 내려놓고 좀

더 팝으로 대중에게 어필했던 〈眠れない夜を抱いて(잠들지 못하는 밤을 껴안고)〉1991부터였다. 작곡에 오다 테츠로와 쿠리바야시 세이치로(栗林 誠一郎), 편곡에 하야마 타케시(葉山 たけし)와 이케다 다이스케(池田 大介)를 기용하며 '자드 사운드'를 확립해 나갔고, 얼마 지나지 않아 이들의 시그너처 송이 되는 싱글을 탄생시킨다. 바로 그 곡이 〈負けないで(지지 마)〉1993다.

그간 사랑노래 중심이었던 분위기를 일신하기 위해 쓴 격려조의 가사가 희망찬 멜로디와 만나 일본 최고의 응원송을 탄생시켰다. 이 곡의 의미는 각별한데, 무엇보다 시기가 절묘했다. 1993년은 일본의 버블경제가 끝난 '잃어버린 10년(失われた10年)'의 첫 해였다. 실의에 빠져 있던 사람들은 이 노래를 들으며 힘을 얻었고, 160만 장이라는 수치로 자체 최고 판매량을 갱신하며 확실히 자신의 이름을 제이팝 역사에 아로새기게 된다.

이는 어떤 상황에서도 끝까지 포기하지 않는다는 '땀과 눈물의 고시엔(고교야구)'의 기치와 부합해 주제가로 기용되었고, 2011년 동일본지진 시 《負けないでプロジェクト(지지마 프로젝트)》라는 캠페인 하에 이 곡을 삽입해 부흥에 대한 응원의 메시지를 보내기도 했다. 현재 일본 음악 교과서에 실려 있으며, 음악방송인 《Music Station》에서 실시한 '6000명에게 물은 응원송 랭킹'에서 당당히 1위를 차지한 곡이기도 하다. '일본인들에게 가장 힘을 북돋워준 노래'의 자리는 분명 다른 가수의 어떤 곡으로도 대체할 수 없는 커다란 것임에 분명하다.

이것이 자드에게 있어 본격적인 시작이었다. 〈揺れる想い(흔들리는 마음)〉1993의 밀리언 돌파를 비롯해 다른 싱글들도 80여만 장의 성과를 거두었고, 동명의 앨범 《揺れる想い》1993은 더블 밀리언을 달성하며 한해에만 거의 800만 장에 가까운 판매량을 기록하는 결과를 낳았다.[1] 그런데도 매스컴 노출은 극히 적었다. 소속사의 아티스트들이 대부분 신비주의를 전략으로 내세우긴 했지만, 자드는 그중에서도 특히 심했다. 1991년 데뷔 후 첫 라이브가 600명을 대상으로 한 1999년의 선상 라이브였을 정도이니, 팬들의 마음은 타들어가다 못해 녹아버릴 지경이었다.

이처럼 자드의 활동은 '보이지 않을수록 팔린다'고 하는 당시 경향에 정점을 찍었다. TV 출연을 극도로 자제했던 그녀에게 있어 주요한 홍보수단은 역시 타이업이었다. 각종 CM과 드라마, 애니를 통해 신곡을 접한 팬들은 풀버전을 듣기 위해 결국 싱글이나 앨범을 구매할 수밖에 없었다. 오다 카즈마사(小田 和正)나 차게 앤 아스카(CHAGE and ASKA) 같은 케이스라고 생각하면 되겠다. 《夜のヒットスタジオ(밤의 히트 스튜디오)》부터 시작해 《三宅裕司のいかすバンド天国(미야케 유지의 멋진 밴드 천국)》에 이르는, 미디어가 아티스트를 만들어냈던 관계성에서 탈피해 각각 독립성을 갖게 되는 시기이기도 했다.[2]

단순한 자국 내 홍보수단에 불과했던 타이업 전략은, 재패니메이션 붐 덕분에 타국으로 수출되며 아시아권을 비롯한 그 외 지역에서 제이팝의 인지도를 상승시키는 효과를 낳았다. 슬램덩크의 엔딩곡이었던 〈マイ フレンド(My friend)〉1996, 드래곤볼 GT의 엔딩곡 〈Don't you see〉1997를 거쳐, 결정적으로 작용했던 것이 《명탐정 코난》에 삽입되었던 곡들이었다. 〈運命のルー

---

1 당시 《ビーイング》이 최고라고 불릴 수 밖에 없었던 이유는, 자드를 제외하더라도, 비즈(B'z)가 싱글 2장과 앨범 1장, 완즈(WANDS)가 싱글 4장과 앨범 2장, 티볼란(T-bolan)이 싱글 2장과 앨범 1장, 딘(DEEN)이 싱글 1장을 각각 밀리언 반열에 올려놓았기 때문이다. 이 중 지속적인 라이브 활동을 하는 것은 비즈뿐이었다.

レット廻して(운명의 룰렛을 돌리며)〉1998와 〈星のかがやきよ(별의 반짝임이여)〉2005, 〈悲しいほど貴方が好き(슬픈 만큼 네가 좋아)〉2006 등을 통해 그 이름을 외국으로 알리게 된 것이다.

여기에 고교야구선수권대회에 주제가로 기용된 것을 시작으로, 여러 스포츠 경기에서 자드의 노래를 사용하면서 사람들의 관심을 유발시켰다. 또한 국내 가요계로 눈을 돌려보면, 이수영이 〈Good day〉를 〈Good Bye〉라는 곡으로 리메이크했으며, 드라마 《반올림》에서는 〈負けないで〉를 번안해 주제곡으로 삼았다. 이렇게 국내에 상주하고 있는 애니팬과 스포츠팬, 드라마팬과 가요팬들을 유입시켜 '제이팝을 모르는 사람도 좋아하는' 독특한 위치를 점하게 된다.

굉장한 미모의 소유자였던 만큼 지속적인 방송활동을 통해 아이돌과 같은 위치를 누릴 수도 있었겠지만, 그런 속성을 배제한 채 '작사가'라는 직위를 먼저 획득함으로써 아티스트 이미지를 구축했다. 더구나 꾸미는 것에는 관심이 없었다. 하얀 티셔츠에 청바지를 입고 있는 사진들이 생전에 가장 아름다운 컷으로 꼽

히는 만큼, 대중을 위한 시각적 프로모션에 굳이 집중하지 않으며 아이돌과 아티스트의 중간점에서 활약했다. 후에 오오츠카 아이(大塚 愛)나 아이코(aiko), 유이(yui) 같은 여성 솔로 가수들이 이와 같은 사례를 참고해 아이돌이나 아티스트의 구분 없이 자유롭게 양쪽을 오가며 활동하게 된다.

자드의 처음이자 마지막 투어는 《What a beautiful moment

---

2 TV 프로그램들을 대신한 것이 결국 타이업이었다는 것을 생각한다면, 미디어가 일방적으로 아티스트를 이용하던 시기에서 벗어나, 상호협력적 관계로 안착했다고 볼 수 있다.

tour》라는 이름으로 2004년에 개최, 천운의 관객들과 단 11번의 공연을 함께했다. 이어 〈ハートに火をつけて(가슴에 불을 붙여)〉2006를 통해 40번째 오리콘 톱 10의 금자탑을 쌓았고, 활동 15년을 맞이해 PV와 사진집을 동시발매해 본인에게나 팬으로서 뜻 깊은 한해로 장식되는가 싶었다. 그러나 이 행복은 오래가지 못했다. 그녀는 자궁경부암으로 인해 병상에 눕게 되고, 제거 수술 후에도 몇 차례 전이로 인해 쉽사리 건강을 찾지 못했다.

그러던 중 비극이 일어났다. 입원 중 회복경과를 보이고 있던 2007년, 비 오는 날 산책을 나갔다 돌아오는 길에 계단에서 미끄러져 뇌좌상으로 세상을 떠나고 만 것이다. 얼마 전까지만 해도 강하게 컴백 의지를 보이던 그녀였기에 많은 이가 그 갑작스러운 죽음에 너무나도 허망해 했고, 안타까워 했다. 그런 마음들이 하나둘 모여, 4만 명이 넘는 사람들이 그가 떠나는 길을 배웅했다. 영원히 남을 그녀의 노래에 대한 고마움의 표현이었다.

자드는 시대를 격려하며 많은 사람에게 꿈과 희망, 그리고 용기를 주었다. 어떤 이의 존재감은 없어지고 나서야 깨닫는 법인지, 사망 이후 각종 특집 기사들이 실리기 시작했고 음반 매출 또한 급상승했다. 이런 국민적 관심을 계기로 흥미를 가지기 시작했다는 이들 또한 속출하며 자드 열풍이 다시 시작되기도 했다. 같은 시대를 사는 수만 가지 감정을 함께 공유하는 것이 뮤지션의 존재의의이자 숙명임을 알렸던 사카이 이즈미와 그 멤버들. 오늘도 어딘가의 누군가는 자드의 노래를 들으며 다시금 하루를 살아갈 힘을 얻는다.

Ø 멤버
쿠사노 마사무네(草野 マサムネ, 보컬, 기타, 하모니카. 1967~)
미와 테츠야(三輪 テツヤ, 기타, 코러스. 1967~)
타무라 아키히로(田村 明浩, 베이스, 코러스. 1967~)
사키야마 타츠오(崎山 龍男, 드럼, 코러스. 1967~)

スピッツ
スピッツ

언제까지고
변하지 않을 푸르른
초록빛의 소년들

《ハチミツ》

(벌꿀)

1995

《ハチミツ(벌꿀)》을 스피츠 최고의 작품이라고 말하긴 힘들다. 하지만 확실한 것은, 이 앨범 한 장으로 인해 지금 우리가 알고 있는 스피츠의 존재감이 정립되었다는 사실이다. 스피츠 열풍의 시작점.

블루 하츠(THE BLUE HEARTS)가 〈人にやさしく(사람에게 상냥하게)〉1987로 조금씩 반응을 얻기 시작할 무렵, 그들의 공연을 보고 끝없는 열등감에 사로잡혀 음악을 향한 의지를 잃어가던 이가 있었다. 바로 스피츠의 프런트맨 쿠사노 마사무네(草野 マサムネ)였다. 당시만 해도 펑크에 빠져있던 그는, 무대에 있는 코모토 히로토(甲本 ヒロト)를 보고 자신의 한계를 일찌감치 단정지어버리고 만다. 역설적이지만 바로 그 순간부터, 스피츠의 시계는 본격적으로 돌아가기 시작한다.

1980년대 중반의 밴드 붐으로 일반인 사이에서도 록스타의 꿈이 전염병처럼 퍼져나갈 무렵, 그 일반인 무리 안에 쿠사노 마사무네와 타무라 아키히로(たむら あきひろ)도 있었다. 당시 블루 하츠에 대한 트라우마를 간신히 벗어난 쿠사노는 타무라의 친구인 미와 테츠야(三輪 徹也), 미와의 지인이자 드럼으로 정평이 난 사키야마 타츠오(さきやま たつお)를 끌어들여 4인 라인업을 구축하는 데에 성공한다. 1987년의 일이었다.

신주쿠의 로프트(LOFT)와 시모키타자와의 야네우라(屋根裏) 등 라이브하우스를 근거지를 삼아 활동반경을 조금씩 넓혀갔지만, 이들의 스타일은 아직도 블루 하츠와 플라잉 키즈(Flying Kids)[1]의 답습에 머물러 있었다. 유행이라는 흐름을 거부하기엔 내공이 부족한 탓이었다. 이에 쿠사노 마사무네는 조금씩 어쿠스틱 사운드에 관심을 보이며 지금의 슬럼프를 벗어날 타개책을 고심하기 시작했다. 그래서 필요했던 것은 바로 '자신들다움'에 대한 자각이었다. 인디즈 데뷔곡이었던 〈ヒバリのこころ(종달새의 마음)〉1988은 앞으로 가야할 길을 제시해준 소중한 한 곡이었다. 현실 속 투쟁을 섬세한 비유로 써내려간 가사, 곧으면서

---

1 《三宅裕司のいかすバンド天国(미야케 유지의 멋진 밴드 천국)》을 통해 주목 받은 7인 펑크 밴드. 처음으로 5주 연속 우승을 차지하며 초대 그랜드 킹의 자리에 올랐다.

도 때로는 거친 음색이 유행을 비껴가는 소중한 음악집단의 탄생을 예고했다.

하지만 그 예고편을 알아차린 이들은 몇 되지 않았다. 비즈(B'z)와 엑스 재팬(X JAPAN), 프린세스 프린세스(PRINCESS PRINCESS)와 플리퍼즈 기타(Flipper's Guitar) 등 다양한 록음악이 접전을 펼쳤지만 그 안에 스피츠라는 이름은 없었다. 지금이야 초창기 명곡으로 꼽지만 〈夏の魔物(여름의 마물)〉1991이나 〈魔女旅に出る(마녀, 여행을 떠나다)〉1992 등은 발표 당시 모두 흥행에서

참패한 곡들이었다. 그나마 이들의 이름을 알렸던 곡이 바로 〈君が思い出になる前に(네가 추억이 되기 전에)〉1993였다. 이루어지지 않는 인연에 대해 허심탄회하게, 그리고 아련하게 털어놓는 쿠사노 마사무네의 노랫말은 첫 오리콘 진입이라는 쾌거를 이루어냈다. 그 기쁨도 잠시, 이어 선보인 4집 《Crispy!》1993가 기세를 이어가지 못하면서 그는 다시금 자신의 능력을 곱씹어보게 된다. 나는 정말 프로에서 승부를 걸 만한 능력이 있는 사람인 걸까 하고.

사실 1990년 하마다 쇼고(浜田 省吾)가 있는 사무소 《ロードアンドスカイ(ROAD&SKY)》에 들어가기까지 1년간 교섭과정은 메이저 데뷔로 인해 변할지도 모를 자신들의 정체성을 마음속에 새기기 위한 시간이었다. 히트에 대한 욕심 자체가 그렇게 크지 않았지만, 자신을 도와주는 스태프들에 대한 고마움은 세일즈 결과로 보답해야 한다는 생각 또한 굳건했다. 결국 이들은

상업적 성과를 도모하기 위해 처음으로 프로듀서를 맞이했다. 사사지 마사노리(笹路 正德)를 기용해 제작한 앨범 《空の飛び方(하늘을 나는 법)》1994이 오리콘 차트 14위를 차지했다. 〈空も飛べるはず(하늘도 날 수 있을 거야)〉, 〈青い車(파란 자동차)〉 등의 곡을 남긴 확실한 타개책이었다.

그렇게 데뷔 전과 데뷔 후에 부딪혔던 큰 벽을 차례로 뛰어넘은 이들에게 주어진 것은 부와 명예였다. 〈ロビンソン(Robinson)〉1995은 무려 30주 이상 차트에 머물려 네 명의 소년을 전국구 스타로 승격시키게 된다. 여기에 〈涙がキラリ☆(눈물이 반짝)〉1995이 가세한 6번째 스튜디오 작품 《ハチミツ(벌꿀)》1995로 그동안 써내려온 성장스토리에 완벽한 방점을 찍었다. 서툴기만 했던 소년들은 어느덧 현실 세계 속 '어나더 월드'를 정립시키고 있었다.

또 하나의 시그너처 트랙 〈チェリー(Cherry)〉1996가 탄생한 것도 이즈음이다. 일본인의 애창곡으로 손꼽는 이 곡은 이들을 표현하는 하나의 상징적 지표로 자리 잡았다. 이러한 승승장구 속

에서 공연 위주로 활동을 펼쳐나갔고, 그 와중에 칼리지 록이라는 카테고리의 정립과 더불어 자연스레 미스터 칠드런(Mr.Children)과 스피츠, 정확하게는 사쿠라이 카즈토시(桜井 和寿)와 쿠사노 마사무네의 라이벌 구도를 형성하게 된다. 세련된 도시남과 순박한 시골청년의 대비로도 상징되는 두 팀의 구도는 지금까지 명확하게 지지층을 양분하며 1990년대를 대표하는 록 음악사의 한

자리를 차지하고 있다.

2000년 들어 이시다 쇼키치(石田 ショーキチ), 카메다 세이지(龜田 誠治) 등을 프로듀서로 맞으며 좀 더 하드록 노선에 근접하는 모습을 보였다. 2006년에는 15주년을 맞이해 기념비적인 베스트 앨범 《CYCLE HIT 1991-1997 Spitz Complete Single Collection》과 《CYCLE HIT 1998-2005 Spitz Complete Single Collection》을 발매하며 젊은 세대가 미처 읽지 못한 아름다운 이야기들을 재전송했다.[2]

동일본지진 이후 충격으로 인한 스트레스로 잠시 주춤했던 쿠사노 마사무네지만, 그간 걸어왔던 행보처럼 다시금 일어나 삶의 의지를 이어왔다. 그 결과물이 바로 현실의 고통과 불안은 미래에 대한 희망과 맞닿아 있다는 메시지의 최근작 《小さな生き物(작은 생명체)》2013다. 여러 심상이 자유로이 펼쳐져 있는 시와 멜로디는 여전히 푸르른 모습으로 우리와 공존하고 있음을 이 작품을 통해 다시금 확인한다. 스피츠의 음악이 담고 있는 순수함, 그것은 나이가 먹어도 각자의 어린 시절을 잊지 않게 만들어주는 삶의 비타민이다.

---

2 스피츠의 베스트 앨범은 2000년에 발매된 《RECYCLE Greatest Hits of SPITZ》가 먼저이지만, 소속사 사장인 타카하시 노부히코가 독단적으로 결정해 발매한 것이라 멤버들의 심한 반발을 샀다. 결국 2006년 1월 정식 베스트 앨범을 내기에 앞서 《RECYCLE Greatest Hits of SPITZ》의 제작이 중지되었다.

Ø 전멤버
모리 카츠유키(森 且行. 1974~)

Ø 멤버
나카이 마사히로(中居 正広. 1972~)
키무라 타쿠야(木村 拓哉. 1972~)
이나가키 고로(稲垣 吾郎. 1973~)
쿠사나기 츠요시(草彅 剛. 1974~)
카토리 싱고(香取 慎吾. 1977~)

스 Smap
맙

오랜 시간 동안
일본 대중을 웃기고 울린
진정한 엔터테이너들

《GIFT of SMAP》
2002

칸노 요코(菅野 ようこ), 마에다야마 켄이치(前山田 健一)[1], 나오토 인티라이미
(ナオト インティライミ), 시이나 링고(椎名 林檎), 드레스코즈(ドレスコーズ)
와 보디스(THE BAWDIES), 마티 프리드먼(Marty Friedman)과 코니시
야스하루(小西 康陽)까지, 신구를 아우르는 수많은 라이터의 작품이 한 장에
모여 있다는 것만으로도 들어볼 가치는 충분하다. 다만 너무 진지하게
접근하지는 말자. 스맙의 궁극적인 지향점은 어쨌든 '즐거움'이니까.

AKB 그룹이 주도권을 쥐고 있을지언정 여러 군소 그룹들이 어느 정도 활동반경을 보장받고 있는 여아이돌 신과 달리, 남아이돌의 헤게모니는 아직도 자니스가 쥐고 있다. 자니 키타가와(ジャニー喜多川)를 중심으로 한 이 대(大)소년왕국이 창립된 것이 1962년이니 참 오랫동안 흔들림 없이 그 자리를 지켜왔다고 할 수 있다. 물론 위기가 없었던 것은 아니다. 2000년대 초반 다 펌프(DA PUMP)나 윈즈(w-inds) 등을 내세운 《ヴィジョン·ファクトリー(Vision Factory)》가 잠시 대항마였던 적도 있었고, 자니스 주연의 드라마들이 시청률에서 줄줄이 참패하며 위기론이 급부상한 적도 있었다. 허나 그런 위기들이 무색하게 자니스는 여전히 난공불락이다. 무지막지하게 커져버린 소속사의 파워와 함께, 그간의 경험으로 써내려간 매뉴얼이 이미 하나의 해답으로서 일본 연예계를 지배하고 있는 덕분일 것이다.

그 중심에는 바로 스맙이 있다. 킨키 키즈(KinKi Kids)나 아라시(嵐), 뉴스(NEWS)나 칸쟈니 8(関ジャニ∞)에 이어, 그 아래 세대인 헤이세이점프(Hey! Say! JUMP)와 키스마이풋투(Kis-My-Ft2), 섹시 존(Sexy Zone)까지 이어지는 연대기는, 스맙이라는 뿌리가 있었기에 가능한 역사라고 해도 지나친 말은 아니다. 데뷔 20주년이 지난 지금도 각종 음악방송을 비롯해 예능프로그램과 드라마, 영화까지, 쉬는 날이 없을 정도로 바쁜 활동이 이어지는 것을 보면 일본인은 참 오래도 이들의 얼굴을 보며 또 노래를 들으며 살아왔지 싶다. 이토록 긴 시간동안 변함없는 즐거움을 안겨준 이들이기에 '국민 아이돌'이라는 호칭이 아깝지 않은 그룹이다.

1970~80년대를 주름잡았던 고 히로미(郷 ひろみ)와 콘도 마

1가수나 탤런트로 활동할 때는 보통 햐다인(ヒャダイン)이라는 이름을 사용한다.

사히코(近藤 真彦), 쇼넨타이(少年隊), 히카루겐지(光GENJI) 시대에 이르러서야 우리가 지금 알고 있는 '자니스 주니어' 시스템[2]이 선보이게 된다. '스케이트 보이즈'라는 이름으로 히카루겐지의 백댄서 활동을 하고 있던 이들은 팀 결성 3년 만에 드디어 첫 싱글인 〈Can't stop!!-Loving-〉1991으로 메이저 무대에 발을 내딛게 되었다. 그렇게 큰 히트를 하지는 못했는데 어째서인지 《NHK 홍백가합전》 출연이 결정되었고, 그렇게 인지도를 올릴 절호의 찬스까지 잡았다.

하지만 자니스의 마법이 이상하리만치 통하지 않았다. 심혈을 기울인 데뷔 과정과 달리, 성장은 더뎠고 공연장 객석은 텅텅 비기 일쑤였다. 마침 아이돌이 출연할만한 가요프로그램도 조금씩 사라져가던 상황. 이에 멤버들은 지푸라기라도 잡는 심정으로 방송국을 돌아다니며 무엇이든 시켜 달라 애원했다. 그 와중에 잡힌 것이 버라이어티 방송이었고, 멋있는 캐릭터 대신 우스꽝스러운 모습으로 사람들에게 어필하기 시작했다. 이를 계기로 팀의 지향점이 크게 바뀌기에 이른다.

이후 대표 예능 프로그램 《SMAP X SMAP》가 1996년에 런칭되었다. 동시에 키무라 타쿠야(木村 拓哉)가 높아진 위상을 반영하기라도 하듯 드라마 《ロングバケーション(Long Vacation)》의 주연을 맡으며 결정적인 도약대를 마련했다. 말 그대로 이들은 '원조 예능돌'이었다. 여러 토크쇼와 콩트를 통해 인지도를 쌓아 활동반경을 넓혀가는 전략은 사람들에게 친숙함을 안겨주며 점점 이들

---

2 우리나라의 연습생 시스템과 비슷한 개념이다. 자니스의 파워가 방송계에서 막강했던 덕분에 비교적 주니어들이 나와서 활약할 수 있는 프로그램이 많았고, 정식 데뷔 전 이런 활동을 통해 인지도와 인기를 어느 정도 얻은 뒤 데뷔하는 공식이 지금까지 이어지고 있는 중이다. 참고로 자니스는 아무리 방송에서 종횡무진 활약한다고 해도 'CD'를 발매하기 전까지는 정식 데뷔하지 않은 것으로 간주한다.

을 정상권으로 이끌었다. 멋있는 일면만 강조해왔던 기존 틴스타에서 벗어난 친숙한 존재로서 접근. 긴 커리어의 초석은 이렇게 만들어졌다.

행복도 잠시, 모리 카츠유키(森 且行)가 가수생활을 그만두겠다는 의사를 피력하며 그룹을 떠났다. 갑작스레 찾아온 위기였다. 그렇게 남은 키무라 타쿠야, 나카이 마사히로(中居 正広), 이나가키 고로(稲垣 吾郎), 쿠사나기 츠요시(草彅 剛), 카토리 싱고(香取 慎吾)라는 다섯 개의 원석은 다시금 부딪히고 뒹굴며 자신의 빛깔을 찾아나가야 했다. 당시에는 꽤나 큰 사건이었지만, 지금은 멤버들도 웃으며 이야기할 수 있는 추억이기도 하다.

예능 중심 활동 탓에 음악을 소홀히 했을 것이라 생각할 만하지만 절대 그렇지 않다. 물론 가수의 자질은 부족할지 몰라도,[3] 특정 층에 한정되지 않은 대중적인 노래들로 많은 리퀘스트를 받아냈다. 대표적인 넘버로 세 곡을 들 수가 있는데, 먼저 언급해야 할 것이 바로 〈夜空ノムコウ(밤하늘 저편)〉1998이다. 작사에 유명 뮤지션 스가 시카오(スガ シカオ)가 참여하면서 화제를 모았던 곡으로 첫 밀리언셀러를 달성했다. 누구나 쉽게 따라 부를 수 있는 멜로디가 범국민적 반향을 일으켰고, 그 덕분인지 2002년부터 중학 교과서의 한 페이지를 차지하고 있다.

그 다음이 바로 〈らいおんハート(Lion Heart)〉2000다. 발표 직후 만인의 연인이었던 키무라 타쿠야가 쿠도 시즈카(木村 静香)와 결혼을 발표해 많은 팬이 아쉬워했지만, 결혼 축가나 프러포즈 송으

---

3 일본의 아이돌은 가창력이나 춤 실력에 구애받지 않는다. 대중은 그보다 '그 인원들이 얼마만큼의 즐거움을 가져다주는가'로 아이돌의 존재의미를 부여한다. 우리나라와 일본의 아이돌을 바라보는 가장 큰 차이점이라고 할 수 있을 것이다.

로 쓰이며 긴 생명력을 가지게 된 곡이다. 그리고 3년 뒤, 스맙 커리어에서 결코 빠뜨릴 수 없는 노래인 〈世界に一つだけの花(세상에 하나뿐인 꽃)〉2003이 태어나게 된다.

원래 앨범 수록곡이었던 이 곡은 쿠사나기 츠요시 주연의 드라마 《僕が生きる道(내가 사는 길)》에서 주제가로 사용하면서 사람들에게 알려지기 시작했다. 요청이 쇄도하면서 결국 싱글로 재발매해 스맙 최초의 더블밀리언 곡이 되었다. 《NHK 홍백가합전》 출연을 계기로 다시금 상위권에 올라와 무려 39주 만에 1위를 재탈환하는 기염을 토하기도 했다. 이 곡을 작사/작곡한 싱어송라이터 마키하라 노리유키(槇原 敬之)는 각성제 소지법 위반으로 인한 공백을 딛고 멋지게 재기했다. 특히 이 곡이 담고 있는 '넘버 원이 아닌 온리 원'이라는 메시지가 많은 사람에게 감동과 희망을 안겨줬다. 더불어 이 곡의 안무 또한 유행해 무대에서 이들을 따라하는 관객의 모습이 장관을 이루는 등, 이루 말할 수 없는 순간을 남겨준 대표 넘버이다.

여기에 이들의 공연 또한 스포트라이트의 중심이다. 콘서트보다 쇼 측면을 강조한 스맙의 투어는 다양한 연령대가 즐기기 좋은 퍼포먼스로 정평이 나 있다. 2002년에는 한 번의 투어로 115만 명을 동원하기도 했으며, 2010년에는 총 관객수 1000만 명을 돌파하는 등 단순히 TV에서만 활동하는 화려한 연예인이 아닌 함께 춤추고 노래 부를 수 있는 친숙한 스타로서 사람들에게 다가가고 있다. 또한 20주년을 맞았던 2011년에는 첫 해외 공연지로 중국을 택하며 3만 명의 광기 어린 환호를 이끌어냈다.

일본의 방송매체를 접했던 한국 대중에게 이 다섯 명은 모를 수가 없는 존재들이다. 토크 프로그램을 즐겨봤다면 나카이 마

사히로의 재담에 숨이 넘어갈 정도로 웃어봤을 것이고, 일드 마니아라면 《GOOD LUCK!!》, 《プライド(Pride)》, 《空から降る一億の星(하늘에서 내리는 1억개의 별)》에 나온 키무라 타쿠야의 연기를 보며 설레던 기억이 있을 터이다. 쿠사나기 츠요시가 하는 한국말에 신기해 하던 나도, 이나가키 고로의 연기나 카토리 싱고의 여장에 즐거워하던 너도, 이 모두가 바로 스맙을 통해 만들어진 추억을 가지고 있다. 한국에서 이 정도이니 일본 사람들은 어떠할까. 없으면 허전한 오랜 친구 같은 인물들일 것이다.

사건사고가 있어도 서로를 믿어주는 팀워크 덕분에 계속해서 활발한 움직임을 이어가고 있으며, 그 끈끈함은 많은 이가 스맙을 믿고 기다리는 가장 큰 이유이기도 하다. 일본인이 당연하리만치 멤버들의 성격, 취향, 취미를 꿰뚫고 있다는 사실은, 그들이 얼마나 자신들을 영리하게 소비해왔는지, 그 희소성을 지키려 얼마나 노력했는지 알 수 있는 대목이다. 단지 오랜 시간동안 브라운관에서 볼 수 있었다는 점만으로도 이들은 이미 일본 최고의 아이돌이라 칭하기에 부족하지 않다. 그들의 엔터테이너성만큼은 일본 그 어떤 아티스트도 따라올 수 없을 만큼 높은 곳에 있다는 것을 증명했으니까.

Ø 멤버
사쿠라이 카즈토시(桜井 和寿, 기타, 보컬. 1970~)
타하라 켄이치(田原 健一, 기타. 1969~)
나카가와 케이스케(中川 敬輔, 베이스. 1969~)
스즈키 히데야(鈴木 英哉, 드럼. 1969~)

삶의 진리를
배달하는
음악 우체부

《SUPERMARKET FANTASY》

2002

이들의 작품들도 개인차가 있을 뿐, 일정한 퀄리티를 유지하는 것으로 유명하다. 그중에서도 이 앨범은 유난히 싱글 발표곡과 앨범 수록곡 사이의 밸런스가 좋다. 15곡이나 되는데도 딱히 정지시킬만한 부분 없이 듣는 이를 끝까지 끌고가는 힘이 있는 앨범이다. 미스치루식 팝의 절정.

일본의 인기밴드를 묻는 질문엔 여러 대답이 나오겠지만, 국민밴드가 누구냐고 묻는다면 그 대답으로 돌아오는 두 세 그룹 중 반드시 그들의 이름이 들어있을 것이다. 데뷔 20주년을 넘긴 지금도 여전히 압도적인 음반 판매량과 비교불가의 관중동원력을 유지하고 있는 공전절후의 밴드. 트렌드에 영향 받지 않는 보편적 팝 넘버 메이커의 교과서. 이 모두가 미스터 칠드런만을 위한 미사여구라 할 수 있다. 세대간 공유점을 찾기 힘든 요즘 시대에도 함께 들을 수 있는 노래를 만들며, 이를 매개체로 꾸준히 과거와 현재를 이어가는 대표적 아티스트이다.

좋은 가사와 멜로디의 소중함을 늘 강조한 미스치루[1]의 위대함은 나날이 기대치가 높아가는데도 실망감을 준 적이 한번도 없다는 사실에 있다. 20년이란 활동기간을 쉬지 않고 달려왔는데 딱히 언급할만한 페이스 저하를 찾아보기 힘들 정도다. 1994년과 1995년 발표한 모든 CD가 밀리언셀러에 오르며 '미스치루 현상'이라는 용어를 만들어낼 당시에도, 이 정도의 롱런을 예상한 이들은 아마 많지 않았을 것이다.

하지만 어느덧 몸에 밴 탁월한 팝 감각으로 명곡들을 쏟아내며 대중이 따라오게끔 만들었고, 그렇게 자신의 생명력을 무한대에 가져다 놓았다. 오래 활동한 뮤지션이라도 신곡으로 어필하는 이들이 많지 않은 지금이기에, 이들의 존재감은 더욱 그 가치를 인정받고 있는 중이다.

고교생이었던 사쿠라이 카즈토시(桜井 和寿)와 타하라 켄이치(田原 健一), 나카가와 케이스케(中川 敬輔)가 모여 결성한 교내밴드 비트닉(Beatnik)을 시작으로, 월스(The Walls)라는 이름을 거쳐 스즈키 히데야(鈴木 英哉)를 영입, 지금의 4인 체제가 된

---

1 미스터 칠드런의 일본식 약칭이다. 비슷한 예로 도리카무(DREAMS COME TRUE)가 있다.

것이 1988년이었다. 이후 지금의 이름으로 완전히 개명, 그 당시 밴드들이 그랬듯 시부야와 신주쿠의 라이브하우스를 중심으로 아마추어 생활을 3년 동안 지속했다.

거기서 한발 더 치고 나갈 수 있는 계기는 바로 프로듀싱을 전담해오고 있는 코바야시 타케시(小林 武史)를 만난 뒤에 찾아왔다. 그는 인디즈 시절의 인기에 취해 있다 메인스트림의 암초를 만나 난파되어 있는 밴드의 구세주 역할을 자처했다. 성과는 좋지 않았지만 나름대로 의미를 남겼던 데뷔작 《EVERYTHING》1992 이후, 그의 도움을 받아 '온전히 음악으로 승부하는 밴드'를 목표로 곡 자체의 퀄리티에 집중하기 시작했다. 《Versus》1993를 상승세의 토대로 삼고 〈CROSS ROAD〉1993를 밀리언셀러 반열에 올리더니, 이내 완연한 전성기를 맞이했다. 새 정규앨범 《Atomic Heart》1994와 싱글 〈Tomorrow never knows〉1994가 각각 300만 장과 200만 장을 웃도는 대히트를 기록하며 그들의 음악이 흐르지 않는 순간을 좀처럼 허용하지 않았던 것이다.

곧이어 노래 속 행복한 자신과 현실 속 우울한 자아간 딜레마를 주제로 실험적 사운드를 시도한 《深海(심해)》1996를 발표, 수록곡이자 대표 싱글인 〈名もなき詩(이름 없는 시)〉는 첫 주에 100만 장을 넘기며 그야말로 종교에 가까운 기세를 떨쳤다. 그렇게 새 시대의 스탠더드는 비로소 온전히 제 모습을 갖추게 되었다. 그렇게 승승장구할 것만 같았던 그들의 커리어는 위기상황을 맞게 되는데, 사쿠라이 카즈토시의 갑작스런 소뇌경색 판정이 그

이유였다. 무기한 활동 중단에 들어가며 아티스트 생명까지 위협받았지만, 나약함은 순간이었다. 복귀 싱글인 〈Hero〉2002라는 제목에 걸맞게 그는 보란 듯이 일어나 다시 마이크를 잡고 무대를 휘젓기 시작했다. 투병의 흔적이 빠르게 아물어갔다.

우리나라에서 자주 언급하는 곡은 아무래도 〈くるみ(호두나무)〉2003가 아닐까 싶다. 꿈을 잊고 살던 이들이 다시금 밴드를 결성해 자신의 열정을 불사른다는 내용이 영화 《즐거운 인생》과 비교되는 이 곡의 뮤직비디오는, 언어를 넘어선 감동을 전달하며 국내 대중에게도 깊은 인상을 남겼다. 이처럼 영상이 전달하는 스토리도 감동적이지만, 가사를 함께 곱씹어보면 왜 일본인이 미스치루의 오랜 추종자를 자처하는지에 대한 이유를 조금이나마 알 수 있을 것이다.

出會いの數だけ別れは增える (만남의 수만큼 이별은 늘어가겠지) /
それでも希望に胸は震える (그래도 희망에 가슴은 떨릴 거야) /
引き返しちゃいけないよね (돌아보면 안 돼) /
進もう君のいない道の上へ (나가자, 네가 없는 길 위로)

-〈くるみ(호두나무)〉中

이렇듯 보편적인 삶 속에서 얻는 깨달음을 시적 언어로 차곡차곡 쌓아나가는 화법은 미스치루의 음악을 이루는 큰 부분 가운데 하나다. 자신의 깨달음을 어렵지 않은 단어로 같은 반 친구에게 쪽지를 써서 건네주는 듯한 친절함. 그들이 멋진 친구일 수밖에 없는 이유는 바로 이런 점에 기인하고 있지 않을까 싶다.

그런 그들도 어느덧 데뷔 25주년을 향해 달려가고 있다. 곡을 만들고, 녹음을 하고, 투어를 하는 사이클을 계속 이어가면서도 이렇다 할 하락세가 없었다는 사실은 이들을 기적의 밴드로 추앙하게끔 만들 정도다. 싱글 발표와 TV 출연이 예전만큼 빈번하진 않지만, 늦어도 2년에 한번씩은 앨범을 내고 투어를 하며 '현재'의 모습만으로도 충분한 존재감을 발하고 있다. 주위 사람들과 관계, 사회적 통념, 국가적 재난 등 여러 장애물과 부딪치며 생겨난 모든 감정이 탁월한 대중적 감각과 만나며 모두가 공유할 수 있는 결과물로 빚어지고, 이에 대한 꾸준함이 '진부'를 '보편적 정서'로 탈바꿈시킨다. 그리고 이 감정을 공연에서 펼쳐 보임으로써 그들은 '메신저'로 진화하게 되는 것이다.

머지않아 또 그들의 신보가 나올 것이다. 그 안에는 누군가의 추억이 있을 것이고, 누군가의 사랑이 있을 것이고, 누군가의 아픔이 있을 것이고, 누군가의 이별이 있을 것이다. 그렇게 다시 그들의 음악을 곱씹으며 언제나 그랬듯 우리는 새로운 기억을, 만남을, 그리고 미래를 맞이한다. 각자가 가진 다른 사건의 공통된 감정만 끌어내 공감이라는 강한 동기화를 엮어내는 그들의 언어. 그것은

어느새 '우리의 삶' 그 자체가 되어가고 있음을 20년이라는 세월은 급하지 않게 증명해 왔다. 하루의 끝자락에 함께 하고픈 그들의 소리. '솔직한 나'와 만날 거울과 같은 이 울림에 평생 귀 기울이고 싶은 건 나만의 바람이 아니라는 것을 믿는다. 그렇게 또 한 살, 그들과 함께 나이를 먹어간다.

Ø 멤버
하이도(hyde, 보컬. 1969~)
켄(ken, 기타. 1968~)
테츠야(tetsuya, 베이스. 1969~)
유키히로(yukihiro, 드럼. 1968~)

국내 대중까지
휘어잡은
제이록의 매력

《ray》

1999

밴드의 색깔과 대중성을 잘 섞어낸, 누가 들어도 납득할 만한 앨범이다.
접근성으로만 치자면 《REAL》(2000)이나 《SMILE》(2004)이 나을 법
하지만, 초창기 특유의 음울한 매력까지 함축한 앨범을 꼽는다면 《ray》
만한 작품이 없다.

2007년 《펜타포트 록 페스티벌》에 일본 밴드가 헤드라이너를 맡을 것이라는 초유의 소식이 들려왔다. 여건상 일본음악의 불모지라고 할 수 있는 우리나라에서 어느 밴드가 헤드라이너를 선단 말인가. 그런 의문이 머릿속에 맴돌 때쯤 '라르크 앙 시엘'이라는 이름을 듣자 이내 우려가 안도감으로 바뀌었다. 그만큼 국내에서도 큰 팬덤을 가진 일본 아티스트로 자리하고 있는 이들. 어떻게 라르크 앙 시엘은 열도를 넘어 광범위한 팬들을 확보하게 되었을까.

관서 지방을 중심으로 활동하던 테츠야(tetsuya)가 세션 대회에 참가했다 우연히 만난 하이도(hyde)에게 가입을 권유했던 것이 1991년이니 그들의 역사도 제법 많은 나이테가 생겼다. 결성 당시부터 암암리에 인지도를 높여가던 이들은 금세 100명 단위의 관객을 동원하는 인기 인디즈 밴드가 되었고, 이듬해 곧바로 도쿄로 진출해 세력을 뻗쳐나가기에 이르렀다. 기타를 맡고 있던 히로(hiro)가 탈퇴하고 친분 관계가 있던 켄(ken)이 밴드에 합류하던 시기였다. 그렇게 본격적으로 작품 레코딩에 돌입했고, 드러머 또한 페로(pero)에서 사쿠라(sakura)로 교체되는 진통을 겪으며 데뷔작 《DUNE》1993이 태어나게 된다.

인디즈 차트에서는 이미 대적할 상대가 없었던 이들은 소니뮤직 산하의 《キューン・ソニーレコード(큔 소니 레코드)》와 계약을 맺고, 〈眠りによせて(잠에 기대어)〉1994를 발표하며 메이저로 거점을 옮기게 된다. 워낙 지지세력이 많았던 이들이라 해도, 메이저 입성 아티스트 대다수가 그랬듯, 메인스트림 정복은 쉽지 않았다. 전국투어였던 《L'Arc~en~Ciel Tour Sense of Time 94의 몇몇 공연은 완매에 실패했다. 반전을 가져다준 것은 바로 〈夏の憂鬱(여름의 우울)〉1995, 〈flower〉[1] 1996의 싱글 히트였다. 《True》1996는 첫 오리콘 1위를 차지함과 동시에 밀리언셀러를 기록, 인디의 기대주가 메인스트림의 신예로 발돋움하는 시기였다.

그렇게 순탄히 정상에 올라설 줄 알았건만 실제는 그렇지 못했다. 드러머인 사쿠라가 각성제 소지 혐의로 체포되며 구설수에 오른 것. 이에 잠시 휴지기를 가지기로 결정한다. 8개월 간 자숙을 거쳐 선보인 곡은 상황과 대비되는 제목의 〈虹(무지개)〉1997. 서포트 멤버로 현재 일원이기도 한 유키히로(yukihiro)를 맞아들여 완성한 이 노래는 이전에 없던 높은 판매고를 기록하며 완벽한 부활의 신호탄이 되었다. 그렇게 연말 도쿄돔 공연까지 그 기세를 이어가며 위기 후 더욱 강해진, 그리고 결집된 모습으로 많은 이의 환호를 받아냈다.

이후 3년간 13장의 싱글과 4장의 앨범을 발표. 미친 듯한 릴리즈 행진을 펼쳤다. 밀리언 싱글이 5장이나 탄생했고, 같은 날 발표한 앨범 《ark》1999와 《ray》1999는 모두 더블 밀리언을 기록하며 완벽히 라르크의 시대임을 천명했다. 이 두 장의 앨범

은 인디즈 시절부터 간직해오던 특유의 무겁고 음울한 수록곡들과 캐치한 선율을 가진 싱글곡들의 밸런스를 완벽히 맞춰내며 대중과 평단 모두에게 박수를 얻어냈다. 연속된 스케줄을 통해 연마한 실전 감각과 절정에 달해있던 송라이팅 능력이 빚어낸 마스터피스였다.

---

1 베스트 앨범인 《click best singles 13》의 수록곡을 뽑는 팬투표에서 1위를 차지한 곡이기도 하다.

재미있는 것은 국내에서 가장 인지도가 높은 곡 〈Driver's high〉 1999는 당시 싱글들 중에서는 저조한 성적인 34만 장 판매를 기록했다는 점이다. 밀리언 아니면 70만에서 80만 장 정도를 기록했던 타 싱글들의 성적과 비교하면 확실히 저조한 수치다. 물론 싱글 〈Driver's high〉는 이 곡이 수록된 앨범이 먼저 발표되고 난 후 리컷 싱글로 발표했기 때문이라는 점도 작용했지만, 라르크 답지 않은 과한 청량감에 기존 팬이 거부감을 가져온 측면도 있다.

여기에서 생각해볼 점은 이들의 인지도에 미친 일본 애니메이션의 영향력 측면이다. 2000년대 이후 일본음악 애호가 외의 대중이 알고 있는 일본음악은 대부분 '애니 주제가'라는 점에서 그 공통점을 찾을 수 있다. 앞서 언급했듯 1990년대 초반 자드(ZARD), 쿠라키 마이(倉木 麻衣) 등 《ビーイング(Being)》 소속 가수들이 본격화 시킨 타이업 전략이 일본 애니메이션의 세계적인 유행과 맞물려 예상치 못한 제이팝의 확산을 가져온 덕분이다. 대표적으로 《바람의 검심》 주제가였던 주디 앤 마리(JUDY AND MARY)의 〈そばかす(주근깨)〉1996, 《강철의 연금술사》 오프닝이었던 포르노 그라피티(Porno Graffitty)의 〈メリッサ(Melissa)〉2003 등이 떠오르는데, 이 곡들의 인지도는 결코 한국에 국한되어 있지 않다는 점에 주목해야 한다. '만화주제가'에 대한 우리나라의 인식, 예를 들면 애들이나 듣는 음악이라거나, 유치하다거나 하는 시각으로 일본의 애니송에 접근하는 것은 굉장히 잘못된 발상이라고 할 수 있다.

또 하나 주목할 만한 부분은 비주얼계 논란이다. 지금이야 이들을 이 카테고리로 분류하는 사람들은 거의 없지만, 인디즈 시절에는 분명 그 속성을 가지고 있었던 탓에 라르크 앙 시엘이라는 밴드를 어떻게 바라봐야 하는가에 대해 이견이 있었다. 여기에 불을 붙인 것이 바로 NHK의 《POP JAM》이라는 프로그램에  서 벌어진 사건이었는데, 이들을 비주얼계라고 소개한 진행자의 멘트에 발끈한 테츠야가 불성실한 태도로 무대에 임해 논란이 되었다. 후에 테츠야는 단순히 환경이 불만족스러워서 그랬다고 해명했지만, 평소 이 단어에 대해 '차별용어다, 우리의 노래를 제대로 듣지 않았다는 증거'라며 강경한 태도를 보여왔던 그였기에 확실한 해명이라 보기엔 부족했던 것이 사실이었다.

이러한 행보는 당시 몰락해가던 비주얼계의 상황도 맞물려 있다. 실질적인 수장에 가까웠던 히데(hide)가 자살하면서 비주얼계의 본래 의미가 흐려지기 시작했고, 음악보다는 콘셉트를 통한 상업성에 치중하는 밴드가 많아지며 급격히 그 진의가 퇴색해갔다. 그렇기에 라르크 앙 시엘의 '탈 비주얼' 선언은 어떻게 보면 당연한 것이었으며, 동시에 '비주얼계 시대의 종식'을 공표하는 것이기도 했다. 이후 시간이 흘러 나이트메어(ナイトメア), 아리스나인(Alice Nine) 등의 네오 비주얼계가 활동중이지만, 2010년 이후의 비주얼 록 신은 '팬덤 장사'라는 인식을 벗어나지 못하는 수준에 머물러 있기도 하다.

《REAL》2000 이후 잠시 개인 활동에 집중하다 2003년에 라이브 《Shibuya Seven Days 2003》로 부활해 싱글 〈Ready steady go〉2004와 앨범 《Smile》2004을 선보이며 접혀있던 날개를 간만

에 폈다. 2012년에는 20주년을 맞아 한국과 중국 및 미국과 프랑스에 이르기까지 범세계적인 투어를 감행했고, 지속적으로 작품활동을 이어나가며 밴드의 성실성을 과시하기도 했다.

벌써 불혹을 훌쩍 넘긴 시점인데도 이들은 건재하다. 아니 훨씬 더 견고한 철옹성을 쌓아가고 있다. 동시에 뱀프스(VAMPS)로, 긱슬립쉽(geek sleep sheep)으로, 또 솔로활동으로 각각 커리어를 쌓아나가고 있는 이들에게 결코 정체란 없는 것 같다. 하나의 마니악한 팀을 넘어 광범위한 기호집단이 되어버린 이들이 오랜 활동기간에 걸쳐 습득한 건 자신에게 지워진 무게감을 더 나은 미래를 위한 연료로 활용하는 원숙함이다. 누구보다 성실하게 달려온 지난 세월, 이젠 밴드가 가족이고 음악이 삶이 되었을 이들에게 가장 소중한 사생활이란 자신을 좋아해주는 관객들과 함께하는 무대 그 자체가 아닐까.

Ø 멤버
테루(TERU, 보컬. 1971~)
타쿠로(TAKURO, 기타, 키보드. 1971~)
히사시(HISASHI, 기타. 1972~)
지로(JIRO, 베이스. 1972~)

글
레
이
GLAY

대중친화적 밴드라는
칭호가 가장
잘 어울리는 이들

《pure soul》
1998

《REVIEW-BEST OF GLAY》의 대히트로 인해 안게 된 중압감을 탈피함과
동시에 밴드의 색채를 더욱 많은 이에게 퍼뜨리는 역할을 담당했다.
싱글 곡이 아닌데도 컴필레이션에 빠지지 않는 앨범 수록곡 〈pure soul〉을
비롯해, 더욱 성숙해진 글레이의 세계관이 표출되어 있는 작품.

이들이야말로 일본의 팝록 그 자체이다. 멤버 각각의 개성과 빼어난 연주력, 캐치한 멜로디로 수많은 대중을 사로잡아온 그들. 그런 제이팝의 대들보도 2014년으로 데뷔 20주년을 맞은 중견 밴드가 되었다. 그간 큰 공백 없이 활동을 이어왔고, 자국 외 여러 아시아권 나라에서도 큰 인기를 얻었으며, 2012년엔 한국 팬들의 열화와 같은 요청에 라이브 뷰잉[1]을 실시하기도 했다. 별다른 스캔들이나 사고 없이 음악만 바라보며 걸어온 이 네 명의 록 대디(Rock Daddy)가 이끌어나가는 글레이. 1990년대를 언급할 때 당연히 빠져서는 안 되는 이들이다.

글레이 하면 따라오는 이름이 루나 씨(LUNA SEA)와 라르크 앙 시엘(L'Arc~en~Ciel)이다. 비슷한 시기에 벅틱(BUCK-TICK)과 엑스 재팬(X JAPAN)이 불붙여 놓은 비주얼 신의 끝자락을 타고 유입된 밴드들이었다. 여기에 루나 씨와 글레이는 요시키가 수장이었던 《Extasy Records》에 함께 소속되어 있기도 했다. 선배들이 닦아놓은 길은 분명 멋진 조명으로 반짝였지만, 편견으로 인해 그 길을 따라 걷는 사람 역시 정해져 있던 곳이었다. 그만큼

'비주얼계'라는 카테고리는 폐쇄적이었으며, 그 이면에 있는 상업적 성격으로 인해 많은 이에게 거부감을 사던 중이었다.

이들의 시작 역시 순탄하지 않았다. 1988년 고등학교 동창이었던 테루(TERU)와 타쿠로(TAKURO)가 먼저 손을 잡았고, 이후 히사시(HISASHI)를 끌어들여 도쿄로 상경한 후 지로(JIRO)와 합류해 라이브하우스를 전전하며 조금씩 인

1 현지 콘서트를 생중계로 연결해 극장 등에서 상영하는 이벤트를 말한다.

기를 모았다. 아직 수입이 변변치 못한 시절이라 막노동을 하며 근근이 생계를 이어나가야만 하는 경제적 빈곤함이 이들을 괴롭혔다. 다행히 인디즈 시절 자체 제작한 앨범들이 좋은 평가를 받았고, 1994년 실시한 첫 라이브에서 매진을 기록하며 그간의 고생이 보상을 받는 듯 보였다. 그 해 요시키의 지휘 아래 메이저 데뷔 싱글 〈RAIN〉[2]1994을 내놓으며 성공가도를 위해 몸풀기를 시작했다.

그렇다고 성과가 바로 나타나면 그 곳은 프로의 세계가 아닐 터. 〈真夏の扉(한여름의 문)〉1994과 〈彼女の"modern..."(그녀의 "modern...")〉1994이 부진해 씁쓸하게 한해를 마감했지만, 불행 중 다행이라 할 만한 것이 있었다. 바로 〈彼女の"modern..."〉부터 시작된 사쿠마 마사히데(佐久間 正英)의 참여였다. 자신의 우상 보위(BOØWY)의 프로듀서를 도맡았던 그가 가세하면서 조금씩 밴드의 방향성이 잡혀갔으며, 《SPEED POP》 투어부터 서포트 멤버로 토시 나가이(TOSHI NAGAI)와 다이(D.I.E.)가 합류하며 완벽한 체제를 구성하게 되었다.

그렇게 골격을 완성하자 거짓말처럼 반응이 왔다. 명징한 기타 솔로 프레이즈로 시작되는 시즌 송 〈Yes, Summerdays〉1995가 히트를 기록한 뒤, 〈グロリアス(Glorious)〉1996가 곧바로 오리콘 차트 톱 텐에 진입했다. 첫 쾌거였다. 공식 팬클럽 《HAPPY SWING》이 창단한 것도 이맘 때. 그야말로 충실히 글레이라는 이름을 알렸던 시기였다.

밀리언셀러라는 기쁨을 처음으로 맛보게 해준 세 번째 앨범 《BELOVED》1996와 드라마 《ひと夏のプロポーズ(한여름의 프러포즈)》에 타이업된 동명의 싱글 〈BELOVED〉1996가 빼어난 완

---

2 후반부에 요시키의 피아노 연주가 삽입되어 있다.

성도로 확실한 상승세를 보여주었다. 첫 싱글 차트 1위곡인 〈口唇 (입술)〉1997에 이어 명곡 반열에서 빠지면 섭섭한 발라드 〈HOW-EVER〉1997로 제이팝사에 명확한 흔적을 남겼다. 여기에 베스트 앨범 《REVIEW-BEST OF GLAY》1997가 약 480만 장의 판매고를 올렸고,[3] 연말의 가장 큰 브라운관 축제 《NHK 홍백가합전》에 출연했다. 투어 또한 아레나 규모로 확대되는 등, 그야말로 이보 다 더 좋을 수는 없던 해였다.

이렇게 〈HOWEVER〉를 시작으로, 이듬해 연간 싱글 판매 1위 에 빛나는 스피디한 록 넘버 〈誘惑(유혹)〉1998을 비롯해 〈SOUL LOVE〉1998, 〈BE WITH YOU〉1998와 대표 겨울넘버 〈Winter, again〉1999에 이르기까지 모두 밀리언셀러를 기록하며 최고조의 기세를 올리게 된다. 1999년 3월에는 도쿄돔에서 5일간 라이브 를 실시했고, 《MAKUHARI MESSE 10TH ANNIVERSARY GLAY EXPO'99 SURVIVAL》에서는 한 번 공연에 20만 명을 동원하며 누구도 넘볼 수 없는 기록의 주인공이 되었다.[4] 12월에는 제 41 회 일본 레코드 대상을 수상했고, 같은 소속사 동료인 루나 씨와 함께 도쿄돔에서 합동공연을 실시하며 믿을 수 없는 성공 기록 을 만들어낸 한 해를 마무리했다.

이토록 큰 반향을 일으킨 원천은 무엇이었을까. 너무 뻔한 이야 기일지 모르지만, 결국 '좋은 곡은 팔린다'는 명제를 우선적으로 언급하고 싶다. 이들의 음악은 록과 팝의 경계를 무의미하게 만드 는 성질의 것이었다. 모든 곡에 기억하기 쉬운 '필살 멜로디'를 실 어놓았으며, 덕분에 화려한 편곡 없이 통기타 코드반주만으로도 그 매력을 전달하기에 충분했다. 하드록 튠이든, 슬로 템포든, 이들은 대중이 원하는 바를 한번도 놓친 적이 없다는 사실. 이것

---

3 당시 시점에서 보면, 역사상 최고 판매량이었다.
4 일본 최다 관객 동원 공연이며, 유료 라이브에 한정하면 세계 최고 기록이기도 하다.

이 남녀노소의 구분이 무의미한 광범위한 지지를 얻어낼 수 있었던 가장 큰 이유였다.

또한 솔직한 가사로 이끌어낸 공감대 역시 한 몫 했다. 타쿠로

의 삶에서 비롯되는 희로애락이 노랫말을 통해 많은 이의 인생에 대입되며 그들의 노래에 더욱 귀 기울이게끔 만들었다.[5] 이러한 가사 속 온기는 이들의 인간미와 겹쳐졌다. 같은 중고등학교를 거쳐 도시로 상경해 막노동까지 하며 관계를 이어나갔던 이 네 명의 끈끈함이, 비즈니스 관계에 머물렀던 이들과 다른 훈훈함을 느끼게 해주었던 것이다.

꿈같은 1999년을 마무리하니, 이들에겐 아이러니하게도 크나큰 회의감만 남았다. 어떻게 할 수 없을 정도로 커져버린 이 글레이라는 브랜드를 더 감당해낼 수 있을까 하는 막막함. 당시 레코드 대상 수상에 대한 이견으로 불화설까지 나돌았지만 해체로 이어지지는 않았다. 오히려 행보에 더욱 가속도를 올려, 2001년과 2002년에 걸친 《GLAY DOME TOUR 2001-2002 ONE LOVE》를 개최하고, 싱글 〈Way of Difference〉2002를 발표하며 살짝 떨어진 페이스를 다시 회복시키는 계기를 만들었다. 여기에 10월 중일 국교 정상화 30주년을 맞아 중국 북경공인체육관에서 개최한 라이브에 전 국가주석 장쩌민이 참여해 이들의 공연이 곧 국가적인 이벤트임을 증명했다.

2005년에는 기존 소속사를 떠나 독립했고, 2010년에 자주 레이블 《loversoul music & associates》를 설립해 꾸준한 음반 발표와

---

5 이 점은 미스터 칠드런(Mr. Children) 역시 가지고 있었던 큰 장점이었다. 마치 자신의 이야기를 하는 듯한 가사는 1990년대 히트곡을 관통하는 중요한 포인트 중 하나였다.

라이브로 자신의 지향점을 확실히 찾아나가고 있다. 2012년에는 히사시와 지로의 작품을 싱글 A면 곡으로 처음 발탁했으며, 앨범 또한 사쿠마 마사히데의 손길에서 벗어나 셀프 프로듀싱을 시도하는 등 쉼 없는 노력과 그에 걸맞는 진화를 선보이고 있다.

2014년 들어 20주년 관련 이벤트를 연달아 실시하고 있는 이들에겐 엄청난 장거리를 한번도 멈추지 않고 달려온 마라토너라는 비유가 왠지 어울린다. 세상을 떠난 사쿠마 마사히데를 대신해 카메다 세이지(亀田 誠治)를 초빙해 만든 《MUSIC LIFE》2014는 시간의 흐름이 이들의 열정에 아무런 방해가 되지 않음을 보여주는 결과물이다. 이제는 화려함을 내려놓은 진정성으로 팬들을 대하고 있는 글레이. 1990년부터 대중의 곁을 지켜온 이들의 노고는, 록스타라는 거창한 수식어보다 언제나 기쁨을 북돋아주고 슬픔을 덜어준 동반자에 그 맥이 닿아있다. 흑(록)도 아닌 백(팝)도 아닌 글레이라는 이름의 선명한 회색은, 그렇게 삶과 이상의 중간 지점에서 우리의 인생을 지탱해주고 있다.

Ø 멤버
유키(YUKI, 보컬. 1972~)
타쿠야(TAKUYA, 기타. 1971~)
온다 요시히토(恩田 快人, 베이스. 1963~)
이가라시 코다(五十嵐 公太, 드럼. 1963~)

이중인격 마녀가
보여주는
판타지 월드

《The Power Source》
1997

밴드만 가질 수 있는 화려한 색감. 멜로디가 선사할 수 있는 최대치의 쾌감,
무르익은 연주 실력이 주는 카타르시스. 여러 요소가 조화를 이뤄 완성된
이들의 최고작. 특히 〈くじら12号(고래12호)〉부터 이어지는 후반부 네 트랙은
그야말로 환상적이다. 젊은날의 유키를 만나보고 싶다면 바로 이 작품!

일본어 원곡이 국내에서 유명세를 탈 수 있는 조건은 극히 제한되어 있다. 가장 최적화된 경로는 라르크 앙 시엘(L'Arc~en~Ciel)의 사례에서 엿볼 수 있듯 역시 애니메이션 주제가 기용이라고 할 수 있다. 이 사례에 적합한 뮤지션 중 하나가 주디 앤 마리(JUDY AND MARY)다. 이들의 시그너처 트랙 〈*そばかす*(주근깨)〉1996가 애니메이션 《바람의 검심》 주제가로 기용되었고, 원곡 그대로 국내 전파를 탄 덕분에 그 이름이 제법 알려져 있는 편이다. 다만 일본음악에 대한 인식이 거의 없다시피 했던 당시에는 단순히 '만화주제가' 정도로 치부한 탓에 '밴드'로서 정체성이 크게 부각되지 않아 양국교류의 한계를 적나라하게 드러내기도 했다.

하지만 도쿄돔에서 고별 콘서트를 개최했고, '부활했으면 하는 밴드'를 주제로 설문조사를 실시하면 늘 상위권에 랭크되는 등 일본에서 이들의 입지를 알게 되면 이야기는 또 달라진다. 한 쪽에서는 비주얼계를 대표하던 엑스 재팬(X JAPAN)과 그에 영향을 받은 라르크 앙 시엘이나 글레이(GLAY), 루나 씨(LUNA SEA) 등이, 또 다른 한 쪽에서는 칼리지 록을 부흥시킨 미스터 칠드런(Mr.Children)과 스피츠(*スピッツ*)가 양대산맥을 이루고 있던 1990년대의 제이록 신에서, 경쾌한 펑크스타일 사운드와 어디에도 없던 색다른 퍼포먼스를 선보인 밴드. 아직도 많은 이의 향수를 불러일으키는 주디 앤 마리의 모습은 많은 일본인이 가지고 있는 짜릿한 추억 중 하나이다.

무엇보다 이들이 가지는 의의는 레베카(*レベッカ*) 이후 프런트우먼 밴드의 공식적인 계보를 이음과 동시에 걸팝의 선구자적 역할 또한 겸임하고 있다는 점에 있다. 쾌활하며 밝은 아이인 주

디와 뒤틀리고 어두운 아이인 마리, 한사람 안에 숨 쉬는 양면성을 표현하려 했다는 메인보컬 유키(YUKI)의 의도는 '제멋대로인 로리타 소녀의 펑크 록'이라는 지향점을 구체화시켰다. 여기에 팝록 사운드 및 발랄한 비주얼을 덧붙여 어디에도 없던 처방전을 완성해 젊은 층의 음악불감증을 단숨에 치료해주었다.

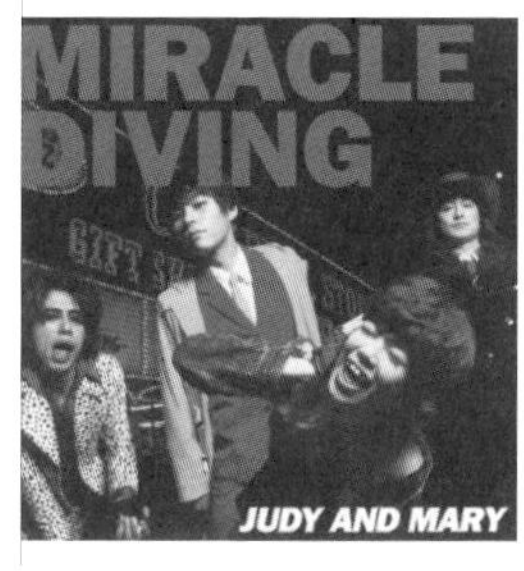

이 오색찬란한 음악적 배경의 초석에는 본래 헤비메탈 밴드로 활동하고 있던 온다 요시히토(恩田 快人)가 있다. 홋카이도에서 우연히 만난 영화 단기 아르바이트생 유키를 끌어들인 것 역시 온다라는 사실을 떠올린다면 그 공로의 상당 부분을 나눠가져야 옳을 법하다. 당시 밴드 지망이었던 유키의 가성에 반해 가입을 적극 권유해 1992년 주디 앤 마리가 결성되었고, 본업과 별개인 서브밴드로서 활동을 시작하게 된다. 그러던 것이 점점 불이 붙어, 오디션을 통해 타쿠야(TAKUYA)와 이가라시 코타(五十嵐 公太)를 합류시킨 후 정식으로 메이저 데뷔를 완수하게 된다. 여기에 100만 장을 넘긴 〈*そばかす*〉까지 작곡하며 명실상부 톱 클래스로 올라서는 데에 가장 큰 역할을 하게 된다. 후기에는 팝 색채가 짙어지며 타쿠야의 비중이 점점 커지긴 했지만, 팬 사이에서는 좀 더 하드록에 접근했던 온다 중심의 초창기 시절을 그리워하는 이도 많은 편이다.

〈Power of love〉1993로 데뷔, 이듬해 첫 히트작《Orange Sunshine》1994과 싱글 〈Over drive〉1995를 시작으로 본격적인 활동을 시작한다.《MIRACLE DRIVING》1995을 통해 최고 성적을 갱신

했고, 이어 펑크에서 팝록으로 중심축을 옮기며 자신의 신세계를 디테일하게 구사해낸 4집 《The Power Source》1997가 200만 장 이상의 판매고를 올리며 전성기를 이끌었다. 이 작품에 실려 있는 〈そばかす〉와 〈くじら12号(고래12호)〉, 〈クラシック(Classic)〉 등이 고른 반응을 얻으며 소녀의 자아를 가진 마녀의 미완성 성장스토리는 최대의 황금기를 맞게 되었다.

그러나 목 상태가 문제였다. 쉬지 않고 활동을 이어간 탓에 유키는 진행중인 투어를 이어나갈 수 없는 상황에 이르렀다. 이에 잠시 휴지기를 가질 수밖에 없었지만, 달려나가야 할 때에 멈춰 있는 것이 못마땅했던지 이내 차기작인 《POP LIFE》1998를 선보였고, 첫 도쿄돔 투어인 《POP LIFE TOUR '98》까지 완수하며 확실한 복귀를 선언했다. 이후 2001년 도쿄돔 공연을 마지막으로 해체하기까지 〈LOVER SOUL〉1997, 〈散歩道(산책길)〉1998, 〈Brand New Wave Upper Ground〉2000 등을 히트시키며 건재한 모습으로 커리어를 부끄럽지 않게 마무리 지었다.

주디 앤 마리는 '걸밴드', 구체적으로 이야기해 '프런트우먼'이

있는 밴드로서 큰 존재감을 과시하고 있다. 마치 꿈을 꾸는 듯 노래하는 유키의 창법과 음색, 판타지 같은 가사와 멜로디는 전에 없던 포지션을 창출해내며 일본음악 신에 또 다른 흐름을 만들어냈다. 해체 후 유키는 솔로 활동으로 승승장구하며 밴드 시절 성공을 이어갔으며, 후에 개성 있는 여성 싱어송라이터들이 등장할 수 있는 무대를 마련해 주었다.

사실 이들의 음악은 제이팝을 듣는 이와 듣지 않는 이를 구분하는 척도가 되기도 한다. 그만큼 유키의 노래는 보편성이 약간 결여된 보이스 컬러에 과한 표현과 비음까지 섞여 있는 이른바 '로리타 보컬'이라 할 만하기 때문이다. 이 때문에 탄탄한 편곡과 수준급 연주를 선보이고 있어도 국내에서는 상대적으로 낮게 평가했던 게 사실이다.

그래도 조금만 뜯어보면 그 속에는 그들의 솔직한 감정이 가득 담겨있다는 걸 확인할 수 있다. 마치 캔디를 깨물어 먹을 때 생기는 파열음, 이와 동시에 퍼지는 상큼함 같은 매력이 환상적인 시 세계와 맞물려 상상을 현실로 이끌어낸다. 여러 가지 악기로 밑그림을 그린 뒤 멜로디와 음색으로 채색한 그림동화, 그것은 빛바램 없이 그 시절 십대와 이십대를 겪은 이들의 마음속에 뿌리 깊은 감수성으로 치환되어 있다. 주디 앤 마리의 음악은 언제까지고 변하지 않는 '불멸의 동화'인 셈이다.

아무로 나미에 安室奈美恵 1977~

누구보다 혹독하게
자신을 단련시켜온
철의 여인

《PLAY》

2007

일반적으로 아무로 나미에 하면 코무로 테츠야가 주도한 초기 앨범을
명반으로 꼽는 경우가 많지만, 전체 완성도를 따진다면 이 앨범이 한 수
위라고 생각한다. 오랜 경력을 통한 노련미와 작곡진의 센스가 최고조에
달해 있을 당시에 만든, 두 번째 전성기의 최고작.

그 누구도 이의를 제기할 수 없는 제이팝의 여왕. 지금도 진화를 거듭하는 현재진행형 디바. 솔로 여가수라는 영역에서는 물론, 일본 대중음악사 전체를 조망해 보더라도 아무로 나미에(安室 奈美恵)라는 이름은 가히 압도적인 위력을 발휘한다. 순식간에 스테이지를 제압하는 카리스마는 여전히 일반 여성의 동경을 수집중이며, 한발 더 나아가 국제적인 영향력까지 뽐내고 있다. 수많은 여가수의 레퍼런스 역할을 본의 아니게 맡고 있는 그녀의 커리어는, 화려함만큼이나 고난 또한 많았다는 점에 강한 조명을 비출 필요가 있다.

그룹 시절을 합하면 벌써 데뷔 20주년을 훌쩍 넘긴 그녀다. 솔로 경력은 1995년이 시작이지만, 그 전에 훗날 아이돌 그룹 맥스(MAX)가 될 멤버들과 함께 슈퍼 몽키즈(Super Monkeys)로 무대에 섰던 때가 있었다. 수업료 문제로 오키나와 액터즈 스쿨의 입학을 단념해야만 했던 그녀를 특별우대생 자격으로 받아들인 교장 마키노 마사유키(マキノ 正幸)의 혜안과 선견지명은, 약간의 시차를 거쳐 자신이 틀리지 않았음을 증명해낸 셈이다.

초반의 어려움을 딛고 발표한 아무로 나미에 with 슈퍼 몽키즈(安室奈美恵 with SUPER MONKEY'S) 이름의 싱글 〈Try me〜私を信じて(나를 믿어줘)〉가 70만 장을 넘는 히트를 기록하며 본격적으로 솔로 가수로서 활동할 토대를 다지기 시작했다. 여기에 첫 번째 전환점이자 인연이라고 할 코무로 테츠야(小室 哲哉)와 만남이 성사됨과 동시에 《avex trax》를 새로운 거처로 결정했다. 그녀가 출연한 광고를 보고 단번에 어프로치를 감행했을 만큼, 관계자 사이에서도 스타성만큼은 정평이 나 있던 상태였다.

대중음악계를 주무르던 전자음악 거장과 잠재력으로 무장한

소녀의 만남. 그것은 예상을 훨씬 웃도는 시너지 효과를 창출해냈다. 이적 후 첫 싱글이었던 〈Body Feels EXIT〉1995가 단번에 밀리언을 달성했고, 뒤이어 〈Don't wanna cry〉1996, 〈You're my sunshine〉1996, 〈a walk in the park〉1996 등이 연속 100만 장 행진을 이어갔다. 이때다 싶어 발표한 앨범 《SWEET 19 BLUES》1996는 300만 장의 판매량을 기록함과 동시에 자신을 하나의 사회현상으로 격상시켰다. 당시 무대에서 보여주었던 갈색 머리와 태닝 피부, 미니스커트 및 통굽 부츠로 대표되는 이른바 '아무라(アムラー)'라는 신조어가 그녀를 둘러싼 사회현상의 가장 적합한 예일 듯하다.

〈CAN YOU CELEBRATE?〉1997를 통해 발라드에서도 재능을 발휘하는 한편, 사생활에서는 결혼이라는 큰 경사를 맞게 된다. 아이돌로서 행복과 인간으로서 행복은 공존할 수 없다는 이전 사례들을 비웃기라도 하는 듯한 과감한 행보이기도 했다. 이듬해 처음으로 휴지기를 가지며 아들을 출산하면서 행복은 언제나 그녀 곁에 머무를 것만 같았다. 그러던 중, 예고 없이 불행이 찾아왔다. 〈RESPECT the POWER OF LOVE〉1999의 발표일이

었던 3월 17일, 자신의 어머니가 숙부에게 살해당하는 끔찍한 사건이 바로 그것이었다.

이 소식에 일본 열도는 큰 충격에 빠졌고, 공황상태에 빠진 그녀도 긴급하게 모든 활동을 정리했다. 하지만 채 2주가 지나기도 전에 다시 활동을 재개하며 많은 이들의 우려를 샀다. 당시 충

격이 너무 커 모든 걸 내려놓고 연예계를 떠나고 싶다는 마음도 간절했지만, 이때의 자신을 다잡게 한 것은 바로 하나 있는 아들이었다고 훗날 밝혔다. 어머니만 가질 수 있는 강한 모성애, 인간으로서 행복을 추구한 그녀였기에 가질 수 있었던 복귀의 원동력이었다.

싱글 〈think of me/no more tears〉2001를 끝으로 코무로 테츠야와 결별했다. 그렇게 두 번째 전환기를 맞으며 매너리즘을 타파하기 위한 고민을 거듭한 그녀가 완벽한 변신을 위해 장착한 무기는 바로 블랙뮤직. 알앤비와 힙합을 적극 수용하며 본격적인 '뮤지션' 행로를 밟아나가기 시작했다. 지브라(ZEEBRA), 버벌(Verbal) 등과 함께 한 프로젝트 그룹 스위트 시크(Suite Chic)를 거쳐, 첫 셀프 프로듀싱을 완수한 《STYLE》2003은 당시 고정되어있던 아무로 본인의 이미지를 가뿐히 부수며 새 시즌의 목소리를 드높인 작품이었다.

나오와이엠티(Nao'ymt), 티쿠라(T.Kura) 등을 작곡진으로 영입함과 동시에 둔탁한 비트를 중심으로 한 편곡, 저음역대를 중심으로 한 단단한 창법이 자리 잡으며 아무로식 힙합 댄스튠을 성공적으로 구현해냈다. 《STYLE》부터 《Queen of Hip-Pop》2005, 《PLAY》2007까지는 〈Put 'Em Up〉, 〈GIRL TALK〉, 〈WANT ME, WANT ME〉, 〈Hide & Seek〉 등의 퀄리티 높은 곡들을 탄생시킨 그야말로 제 2의 전성기였다. 그렇게 바닥을 찍고 반등해 발표한 베스트 앨범 《BEST FICTION》2008은 밀리언셀러를 달성, 그녀가 걸어온 길이 결코 헛되지 않았음을 증명했다.

다시금 우뚝 서 맞이한 20주년은 각별했다. 5대 돔투어를 통해 아직도 많은 아무로 추종자들이 있다는 것을 세상에 알렸고,

《Uncontrolled》2012는 트렌디한 댄스뮤직을 적극 받아들이며 또 한번 변화의 막을 열었다. 이후 음악적으로도 부단한 노력을 기울이고 있음을 《FEEL》2013에 수록된 EDM 트랙들을 통해 증명

했고, 2014년 역시 라이브투어 개최 및 발라드 베스트 앨범을 내며 끊임없이 전진하고 있다.

우리나라에서도 아무로 나미에의 인기는 상당한 편이다. 무엇보다 국내 여가수들의 레퍼런스로 가장 많이 입에 오르내리는 것을 떠올려보면, 그리고 2004년 내한공연을 가졌을 당시 팬들 뿐 아니라 많은 현직 음악인들이 아무로 신드롬의 발원지를 직접 지켜보았던 것을 생각해보면, 그 영향력이 보통은 아니라는 것을 쉽게 알 수 있을 것이다.

꾸준함의 원인을 단순히 '열심히 했다'는 것으로만 파악해서는 안 된다. 수많은 어려움 속에서도 줄곧 변화를 모색하는 도전의 아이콘이야말로 각종 화려한 수식어 뒤에 감춰두고 있는 그녀의 진짜 모습이기 때문이다. 기존 지지층이 이탈할지도 모르는 상황에서 과감하게 감행한 모험들이 결국 정상 이탈을 허락하지 않은 셈이다. 십대, 이십대, 삼십대에 발표한 정규앨범 모두를 오리콘 차트 1위에 올려놓은 유일한 솔로가수 아무로 나미에, 그녀는 '역경을 이겨내면 그 역경이 경력이 된다'는 것을 몸소 보여준 일본 대중음악계의 철의 여인이다.

Ø 멤버
아라가키 히토에(新垣 仁絵. 1981~)
우에하라 타카코(上原 多香子. 1983~)
이마이 에리코(今井絵理子. 1983~)
시마부쿠로 히로코(島袋 寛子. 1984~)

Ø 멤버
아라가키 히토에(新垣 仁絵. 1981~)
우에하라 타카코(上原 多香子. 1983~)
이마이 에리코(今井絵理子. 1983~)
시마부쿠로 히로코(島袋 寛子. 1984~)

정통파 아이돌 계보의
마지막 페이지

|추천앨범|

《RISE》

1998

300만 장이나 팔려나간 스피드 음악의 결정판. 그들의 대표곡들이 밀도 있게 담겨 있다. 매년 겨울만 되면 여기저기서 들리는 〈White Love〉, 졸업송으로 정평이 나 있는 〈my graduation〉 등 전형적 스타일과, 프로그래밍이 아닌 실제 연주가 가세해 좀 더 풍성한 사운드를 들려주는 〈Sophisticated Girl〉 과 〈Lovely Friendship〉 등이 함께 수록되어 있어 다채로운 모습을 즐길 수 있는 이들의 최고작이다.

　1985년 데뷔한 오냥코 클럽(おニャン子クラブ)의 대히트는 아이돌 신의 근본 자체를 뒤흔드는 사건이었다. 이제껏 빼어난 외모에 뛰어난 실력으로 무장한 아이돌들을 봐왔던 대중은, 옆 반에도 있을 것만 같은 평범한 외모의 아이들이 초특급 스타로 떠오르는 것을 보며 새삼 세상이 변했음을 자각했다. 이처럼 갑작스레 TV에 불어닥친 '아마추어의 시대'에 들어선 대중은, 더 이상 실력 면에서 아이돌에게 높은 잣대를 내세우지 않았다. 틴스타에게는 개인의 능력치보다 더욱 중요한 것이 있음을 이미 두 눈으로 확인한 후였다.

　이런 와중에 기존 정통파 아이돌의 계보를 마지막으로 이어받은 이들이 바로 스피드(SPEED)와 맥스(MAX)였는데, 그중에서도 스피드의 활약은 단연 발군이었다. 아무로 나미에를 배출했던 오키나와 액터즈 스쿨 출신인 이들은, 3년 8개월이라는 짧은 활동만으로 수많은 추종자를 만들어내며 1990년대 후반 아이돌 댄스팝계 최강자로 군림했다. 더 이상 십대 소녀에게서 뛰어난 춤사위와 가창력을 원하지 않던 시기였는데도, 오로지 자신의 실력으로 사람들의 눈과 귀를 붙든 셈이다.

　데뷔 초반 이들이 주목받았던 가장 큰 이유는 바로 나이 때문이었다. 소학교를 갓 입학했을 때부터 브랜드 뉴 키즈(BRAND-NEW KIDS)로 활동하면서 차곡차곡 경험치를 쌓아온 이들은, 1995년 《THE夜もヒッパレ(THE 밤도 히트 퍼레이드)》에 출연하며 그렇게 염원하던 데뷔를 완수했다. 동시에 이 프로그램을 통해 그룹 이름을 공모했고, 이듬해 1월 스피드라는 브랜드를 얻었다. 이 때 멤버들의 나이는 제일 어린 멤버가 11, 많아봐야 14세에 불과했다.

그런 연령대가 무색하게 첫 싱글 〈Body&Soul〉1996은 일반 성인 아티스트들과 어깨를 나란히 해도 전혀 무리 없는 성숙한 댄스팝이었다. 그 세련됨은 굳이 '풋풋함'을 무기로 내세우지 않아도 될 만큼 매력적이었고, 오랜 트레이닝을 통해 단련한 안무실력은 무대에서 빛을 발하며 많은 사람을 놀라게 했다. 당시 아이돌이 내세웠던 것들을 전부 배제하고, 오로지 노래의 퀄리티와 실력만으로 커버하겠다는 배짱은 코무로 테츠야(小室 哲哉)가 촉발시킨 댄스팝의 유행과 맞물려 엄청난 성공사례로 돌아왔다.

이어 드라마 《イタズラなKiss(장난스런 키스)》1996의 주제가로 발탁된 두 번째 싱글 〈STEADY〉1996가 밀리언셀러를 달성하며 본격적으로 고공비행의 시동을 걸게 된다. 연말에는 제 38회 레코드 대상에서 신인상을 차지했고, 강렬한 기타사운드가 돋보였던 세 번째 싱글 〈Go!Go!Heaven〉1997은 첫 오리콘 차트 1위에 올랐다. 의심할 바 없는 슈퍼스타의 탄생이었다. 공연에 강한 그룹인 만큼 《Starting Over from ODAIBA》라는 이름으로 첫 단독 라이브를 개최하는데, 2만 석을 10분 만에 매진시켜 열풍의 정도를 짐작케 했다.

곧이어 겨울 하면 떠오르는 곡 중에 하나인 〈White Love〉1997가 더블 밀리언을 돌파하며 이들의 시그너처 트랙으로 자리매김했고, 연말에는 《NHK 홍백가합전》에 출연해 다시 없을 한 해의 마지막을 멋지게 장식했다. 이어 앨범 《RISE》1998 발표 및 멤버들이 주연을 맡은 영화 《アンドロメディア(Andromedia)》도 개봉했으며, 첫 전국투어인 《SPEED

TOUR 1998 RISE》도 실시했다. 첫 전국투어였는데도 4대 돔을 포함했다는 사실에서 당시 이들의 인기를 실감할 수 있다. 이처럼 2년이라는 시간동안 가수로서 할 수 있는 모든 것을 압축해 보여주듯 다양한 활동과 성과를 통해 스피드라는 이름을 제이팝 사에 깊이 새겨 넣었다. 정말 순식간에 일어난 일들이었다.

1999년에 접어들며 각 멤버들이 솔로 활동을 적극 모색하기 시작했다. 단순한 번외활동이겠거니 생각했던 대중은 10월 한 주간지를 통해 발표된 팀 해산 소식에 당혹을 금치 못했다. 사실 각자의 발전을 위해 일찌감치 결정되었던 사항이었지만, 어떠한 암시도 없이 갑작스레 나온 소식이었기에 팬들은 아쉬움을 토로했다. 이들의 아쉬움을 달래기 위해 멤버들이 할 수 있는 일이라곤 11월부터 한 달 여에 걸친 파이널 돔 투어와, 해체 전 마지막 오리지널 작품인 《Carry On my way》1999를 선사하는 일 뿐이었다. 그리고 2000년 3월 31일 《Music Station》에 마지막으로 출연해 20분 동안 9곡을 메들리로 부르며 작별인사를 건넸다. 3년 8개월이라는 시간이 마치 꿈이었던 것처럼, 미처 자신의 후계자조차 정하지 못한 채 그렇게 이별을 고했다. 거짓말 같은 스피드의 마지막 모습이었다.

그녀들이 이어받았던 '노래와 춤에 능한 십대 소녀' 콘셉트는 현재 일본이 아닌 한국 아이돌 신의 기조로 자리 잡혀 있다. S.E.S.의 일본 활동 당시 '한국의 스피드'라는 프로모션 문구를 내세우기도 했으며, 보아(BoA) 역시 재빠르게 스피드가 점하고 있던 영역에 정착해 성

공한 케이스라고 할 수 있다. 일본에서는 코다 쿠미(倖田 來未) 같은 여성 솔로 아티스트가 이들의 기조를 이어받고 있으며, 아이돌 신에서는 한동안 이런 흐름이 자취를 감추었다가 한류가 거세짐에 따라 케이팝 아이돌을 의식한 이걸스(E-girls) 같은 정돈된 퍼포먼스를 보여주는 그룹이 출연하는 등 변화의 기미가 감지되는 추세다.

모닝구 무스메(モーニング娘。), 퍼퓸(Perfume), AKB48. 스피드를 동경해 연예계에 입문한 이들 중 다수가 2000년대 인기 아이돌 그룹의 멤버로서 활약하고 있다. 이처럼 단순히 노래를 듣고 퍼포먼스를 즐기는 대중의 입장에서 한 발 나아가, 새로운 꿈을 십대 청소년들에게 심어준 이정표 같은 역할을 하기도 한 존재들이었다. 이들이 써 내려간 정통파 아이돌 계보의 마지막 페이지는, 그 압도적인 반짝임 때문인지 아직도 마땅한 후계자를 찾지 못하고 있다.

모닝구 무스메 モーニング娘

우리가 알고 있는
일본 여아이돌의 표상

《4th いきまっしょい!》
(가자!)
2002

〈LOVEマシーン〉 같은 사회현상에 견줄 만한 인기는 지나갔지만, 4, 5기의
성공적인 영입으로 내실을 다지던 시기였다. 우리나라에도 알려진 〈恋愛レボリ
ューション21(연애Revolution 21)〉이나 〈ザ☆ピ~ス(The Peace)〉와
같은 싱글을 담고 있다. 차트 상위권에 랭크되었던 〈でっかい宇宙に愛がある
(큰 우주에 사랑이 있어)〉, 〈好きな先輩(좋아하는 선배)〉 등 인기곡으로 꼽는
수록곡들도 풍성하다.

“외모나 실력이 그렇게 뛰어난지도 모르겠고, 귀여운 애들 몇 명은 보이더라. 그리고 인원은 왜 그렇게 많지? 어쨌든 걔네들 좋아하는 건 다 오타쿠잖아. 아, 멤버들이 뭐 졸업 같은 걸 한다던데? 무슨 학교도 아니고…” 솔직히 말해 기본적으로 이런 ‘무시’나 ‘비아냥’을 바닥에 깔고 시작하는 것이 국내 대중이 말하는 일본 여아이돌의 이미지다. 지금이야 AKB 그룹을 지칭하는 말에 더 가깝겠지만, 결정적으로 이런 오해 아닌 오해를 제공한 것은 바로 2000년대 초반을 장악했던 모닝구 무스메라고 할 수 있다.

《X-Factor》에 각각 참가했다가 사이먼 코웰(Simon Cowell)의 권유로 팀을 만든 뒤 세계적 인기를 구가하고 있는 원 디렉션(One Direction)은 사실 모닝구 무스메의 시작점을 떠오르게 하는 사례다. 1997년 《ASAYAN》이라는 프로그램에서 개최한 《シャ乱Q女性ロックボーカリストオーディション[1](샤란Q 여성 록 보컬리스트 오디션)》에 참가해 떨어진 인원들을 추슬러 결성시킨 것이 바로 그룹의 시작점이기 때문이다.

‘아이돌에게는 서사가 있어야 한다’는 전제는 이때부터 본격적으로 시작되었다. 이들은 프로모션 싱글인 〈愛の種(사랑의 씨앗)〉1997 5만장을 5일 동안 ‘직접 팔아’ 완매시켜야만 데뷔를 할 수 있다는 전제하에 활동을 시작했고, TV는 이 고된 분투기를 여과 없이 방영하였다. 이것이 대반향을 일으키며 인기 상승에 직접적인 영향을 가져다주었고, 목표 또한 달성해내며 메이저 진입에 성공했다. 이후 팀 내 경쟁과 갈등을 계속해서 내보내며 사람들의 이목을 집중시켰다. 어떻게 보면 우리나라에서 현재 유행중인 리얼리티 예능의 시초격이었던 셈이다.

---

1 샤란큐(シャ乱Q)의 보컬을 맡고 있던 것이 츙쿠(つんく). 모닝구 무스메 뿐만 아닌 헬로 프로젝트 내 모든 그룹의 프로듀스, 작사, 작곡을 15년 넘게 담당해 오고 있는 인물이다. 초난강(쿠사나기 츠요시)의 한국 진출곡이었던 〈정말 사랑해요〉의 작곡자이기도 하다.

요즘 아이돌이 흔하게 쓰는 졸업 시스템 측면에서도 그녀들은 선구자 역할을 톡톡히 했다. 같은 멤버의 지속적인 노출로 인한 피로감을 상쇄시키면서, 관련 이벤트를 창출해 팬들의 지갑을 노

릴 수 있는 상업성의 극대화. 이 두 가지가 집약된 멤버 교체 시스템은 모닝구 무스메에 와서 확실히 정착되었고, 이후 AKB48을 비롯한 일본 아이돌을 넘어 애프터스쿨 같은 국내 그룹도 이를 적극 도입해 새로움을 꾀했다.

당시 소속사인 《UP-FRONT AGEN-CY Co, Ltd.》와 프로듀서인 층쿠(つんく)는 확실히 탁월한 안목을 가지고 있었다. 2기의 야구치 마리(矢口 眞里), 3기의 고토 마키(後藤 眞希), 4기의 카고 아이(加護 亜依)와 이시카와 리카(石川 梨華) 등 뽑는 멤버마다 스타로 발돋움했다. 인기 멤버가 탈퇴하면 기세가 사그라질 것이라는 우려와 달리 신 멤버 오디션이 거듭될 때마다 그 화제성에 힘입어 기름을 부은 듯 더욱 활활 타오르기 시작했다. 5기에 와서 예전의 날카로움이 사라지고 캐릭터 확립에서 지지부진해졌다는 평가를 받았지만, 침체기인 하로프로를 짊어지고 온 것이 군계일학의 다카하시 아이(高橋 愛)와 초창기의 비난을 모두 이겨내고 실력으로 인정받은 니이가키 리사(新垣 里沙)라는 것을 보면, 2000년대 초반의 빛나던 감각이 아직 살아있다는 걸 알 수 있다.

또한 유닛이라는 개념도 이때부터 시작되었다. 다양한 조합을 통해 개성을 어필하며 '멤버는 하나의 그룹 아니면 솔로로 활동한다'는 기존 틀을 깨뜨렸다. 탄포포(タンポポ), 미니모니(ミニ

モニ), 풋치모니(プッチモニ)를 포함해, 매년 모든 하로 프로젝트 멤버를 모아놓고 다양한 조합을 꾀했던 셔플 유닛까지, 콘셉트에 대한 발상은 실로 무서운 수준이었다. 이를 통해 다소 묻혀 있던 멤버들에게도 기회가 갔으며, 각 멤버들의 사기도 진작시킬 수 있었다. 소외되는 이들의 가능성을 이끌어내는, 캐릭터 쇼에 가까운 이러한 소그룹 편성은 여러 제작자들에게도 큰 영감을 주었다.

최대 히트곡이라 하면 역시 최초의 밀리언셀러를 기록한 〈LOVEマシーン(LOVE머신)〉1999을 들 수 있다. 고토 마키의 영입과 함께 선보인 이 곡은, 경기 침체기를 겪는 일본에게 힘이 되는 응원성 가사와 쉬운 안무로 대중에게 어필하며 신드롬에 가까운 반응을 이끌어냈다. 이후 현영이 리메이크하기도 했던 〈恋愛レボリューション21(연애 Revolution 21)〉2000 등으로 기세를 이어나갔고, 아베 나츠미(安部なつみ)[2]의 졸업 싱글 〈愛あらば IT'S ALL RIGHT(사랑이 있다면 IT'S ALL RIGHT)〉2004이 뒤이어 콘서트의 엔딩을 장식하는 주요 트랙으로 자리 잡았다.

〈リゾナントブルー(Resonant blue)〉2008는 멤버도 팬들도 관계자들도 한마음이 되어 인정하는 후반기 명곡이다. 당시 매너리즘과 자기복제의 수렁에 빠져 있던 층쿠에게서 나온 마지막 불꽃같은 이 곡은 인기의 하락과 관계없이 퍼포먼스와 비주얼 측면에서 완숙함을 보이고 있던 이른바 '플라티나기'의 절정을 견인했다. 이후 2010년과 2011년을 거치

---

2 그룹뿐만 아니라 일본 여자 연예인을 통틀어서도 상당한 인기를 구가했다. CDTV에서 조사하는 '여자친구 삼고 싶은 아티스트'에서도 2001년부터 2004년까지 1위를 독식했을 정도로, 그녀만은 아이돌의 굴레를 벗어났다고 평가받는 상징성 있는 멤버이기도 했다.

며 중심과도 같았던 다카하시 아이를 포함한 5, 6, 7기 멤버들의 대거 졸업과 9, 10기의 가입이 맞물렸고, 이로 인해 그룹 자체는 완전히 새로운 분위기로 일신하게 되었다. 리더인 미치시게 사유미를 필두로 여러 이벤트와 함께 다시금 판매량을 반등시켰고, 지금까지 발표한 56장의 싱글은 모두 데일리 10위 내 랭크라는 엄청난 기록을 이어가고 있다.

한편 이런저런 사건사고도 많았다. 갑작스러운 증원에 의한 1기와 2기의 대립, 과다한 스케줄로 인한 혹사, 심증만 있던 '아이돌의 연애금지'라는 사안에 대한 물증이 잡히기도 했다. 야구치 마리는 배우 오구리 슌(小栗 旬)과 스캔들로, 후지모토 미키(藤本 美貴)는 개그맨 쇼지 토모하루(庄司 智春)와 스캔들로 각각 졸업 콘서트 없이 탈퇴당하는 수모를 겪으며 아이돌은 팬들의 '유사연애대상'이라는 점을 확실히 했다. 또한 카고 아이는 자신의 이미지와 상반되는 흡연 장면이 포착되며 한차례 물의를 일으켰고, 이후에도 불륜과 자살미수 등으로 일본 연예계에 크나큰 물의와 충격을 안겼다. 다나카 레이나(田中 れいな)와 카메이 에리(亀井 絵里)는 본의 아니게 한국인을 비하하는 듯한 제스처를 취하고 찍은 사진을 블로그에 올렸다가 혐한 그룹이라는 오명을 뒤집어쓰는 등, 개인의 자아가 미처 형성되기 전에 시작된 가수생활은 미성숙에서 비롯된 여러 가지 사건을 일으키기도 했다.

여러 졸업 멤버들의 결혼과 출산 소식은 어느덧 시간이 많이 흘렀음을, 그들의 전성기가 꽤 오래전이었음을 시사하는 지표가 되기도 한다. 그러나 그들은 지금도 계속해서 달리고 있다. 어느덧 하로프로젝트의 수장이 된 6기 멤버 미치시게 사유미(道重 さゆみ)[3]를 필두로 열심히 고삐를 당긴 덕분에 다시금 상승세를 타고

---

[3] 최장기간 재적 멤버. 2014년 11월 26일 그룹을 졸업했다. 추후 예능활동 무기한 중지 예정.

있는 중이다. 아이돌 인플레이션이 심한 시기인 만큼 단기적인 판매량 증가로 이를 확신하기는 힘들지만, 다시금 자신들만의 방식으로 나아가고 있다는 것은 확실하다.

소속사의 기획력 부재와 슬럼프에 빠진 층쿠의 작법 등 당장 손봐야 할 점은 너무나 많지만, 그런 불만은 다 변명이라 여기며 무대에서 에너지를 쏟아낸다. 아이돌의 사명은 자신들을 찾아온 팬들을 위해 그 수가 적건 많건 최선을 다해 노래하고 춤추는 것임을 이미 알고 있는 것이다. 고로 전성기를 상징하는 마지막 멤버인 미치시게 사유미가 졸업하며 어느 때보다 위기에 봉착한 시점임에도 "모닝구 무스메는 끝났다"는 말, 아직은 아껴두고 싶다.

위풍당당한
일본 대중음악계의 여제

《Duty》

2000

호피 무늬 의상을 입고 찍은 재킷을 기억하는 이들이 많을 것이다. 이처럼
스타일링에서도 화제를 불러 모았지만, 결국 승부처가 된 것은 음악이었다.
여기에 자신의 솔직한 내면을 담아내며 많은 이의 공감을 불러온 것도 히트
요인. 시대가 하마사키 아유미의 편임을 공식적으로 선포했던 대표작이다.

그녀가 가진 기록만으로도 이미 다른 가수들을 압도한다. 일본 역대 음반판매량 3위[1], 37장의 싱글을 차트 1위에 올려놓았으며 그중 〈Free&easy〉2002부터 〈L〉2010에 이르기까지 8년간 내놓은 25장은 한 번의 끊김도 없이 모조리 정상에 등극했다. 뿐만 아니라 일본을 넘어 중국, 대만, 싱가포르 등지에서도 엄청난 인기를 구가했다. 이와 동시에 거대 기획사 《avex trax》의 대들보를 넘어 그 자체였던 여가수. 하마사키 아유미라는 이름을 지탱할 수 있는 수식어는 아무래도 '여제'라는 거대한 단어 밖에 없을 듯 싶다.

1990년대 후반의 제이팝계는 그야말로 여성 싱어들의 전쟁터였다. 밴드를 제외하면, 드림스 컴 트루(DREAMS COME TRUE), 차라(Chara), 아무로 나미에(安室 奈美惠), 우타다 히카루(宇多田 ヒカル), 우아(UA)가 공존하던 시기였다. 이 격전지로 뛰어들기 전, 그녀는 일곱 살이라는 어린 나이에 연예인을 꿈꾸며 고향인 후쿠오카에서 모델로 활동을 시작했다. 도쿄 상경 후 본격적으로 자신의 영역을 만들어보려 했지만, 1995년 도지-티(DOHZI-T)를 프로듀서로 맞아들인 앨범이 아무런 반응을 얻지 못하자 고등학교를 자퇴한 채 방황일로를 걷기 시작했다. 그러던 중 우연히 지금의 소속사가 운영하는 클럽에 들르게 되었고, 여기서 우연히 맥스 마츠우라(Max Matsuura)를 만나며 운명과 같은 가수의 길을 다시금 걷기에 이르렀다.

얼마간 준비를 거쳐 내놓은 데뷔작 〈poker face〉1998는 아쉽게도 여가수 붐을 타지 못한 채 사그라지고 말았다.[2] 흥미로웠던 것은 데뷔곡부터 직접 가사를 쓰기 시작했다는 점인데, 단순한 '싱어송라이터' 흉내가 아닌 마음을 흔드는 언어들의 조합으로 조금씩

---

1 솔로 여가수로만 치면 1위다. 2012년 8월 20일부로 5000만 장을 돌파했다.
2 그렇다고는 해도 최고 순위 20위, 약 4만 3000장의 판매고를 올렸다. 신인 치고는 나쁘지 않았던 셈.

대중의 마음에 다가가고 있었다. 〈YOU〉1998를 거쳐 〈Trust〉1998
에 이르자 판매량은 거의 4배가 되었고, 여기에 결정타를 날린
것이 바로 첫 정규작 《A Song for xx》[3]1999다.

いつも　い子だね って言われ續けてた
(언제나 강한 아이구나, 라는 말을 계속 들어왔어)
泣かないで偉いねって 褒められたりしていたよ
(울지 않는구나, 대단한데 라며 칭찬받거나 하기도 했어)
そんな言葉 ひとつも望んでなかった
(그런 말 하나도 바라지 않았는데도)

- 〈A song for XX〉中

　이른 실패로 인한 외로움과 아픔을 겪었기에 나올 수 있던 가
사였다. 당시 제이팝계의 가장 커다란 소비층은 1990년대 초부
터 트렌디 드라마의 타이업을 통해 유입되어 완벽하게 정착한
십대에서 이십대 여성들이었다. 그 연령층에 꼭 맞는 이 노랫말

은 모두 마음에 걸려있던 잠금장치를
해제시켰다. 앨범보다 싱글의 판매량
이 앞서던 시기였는데도, 그는 첫 밀
리언셀러를 이 첫 풀렝스 앨범으로 성
취해냈다.
　2집을 향해가며 조금씩 가속도를 올
리게 되는데, 당시 최고 히트메이커였
던 층쿠(つんく) 작곡의 고혹적 발라드 〈Love~ Destiny~〉1999에
서 첫 싱글 1위를, 스즈키 아미(鈴木 亜美)와 맞대결로 관심을 보

---

3 '에이 송 포'라고 읽는다.

앗던 〈BOYS&GIRLS〉1999에서 첫 밀리언을 달성하며 누구도 의심할 수 없는 스타의 반열에 오르게 되었다. 이어서 싱글 〈A〉1999가 160만장, 세미누드 재킷이 화제를 불러일으켰던 두 번째 정규작 《LOVEppears》1999는 더블밀리언 고지에 안착, 완벽한 성적으로 한 해를 마무리했다. 이듬해에도 3연작 싱글 〈vogue〉2000와 〈Far away〉2000, 〈SEASONS〉2000를 필두로 한 《Duty》2000가 290만 장의 판매고를 올렸고, 이와 함께 앨범 대상을 수상하며 그 신드롬을 이어나갔다.

그리고 2001년, 세기의 라이벌전이 펼쳐졌다. 바로 하마사키 아유미의 베스트 앨범 《A BEST》2001와 우타다 히카루의 2집 《Distance》2001의 동시 발매였다. 기자들은 이 두 여가수의 자존심 싸움을 어마어마한 분량의 기사로 화답했고, 이를 통한 광고효과도 모자라 각 소속사들은 천문학적인 비용을 쏟아 부으며 홍보전쟁에 돌입했다. 그야말로 전례가 없는 무시무시한 싸움이었다.

총 판매량으로 따진 결과는 우타다 히카루의 승리로 마무리되었지만, 몇 주에 걸쳐 1위를 주거니 받거니 할 정도로 격한 대결이었다. 후에 《A BEST》는 본인의 의지와 상관없이 발매된 작품이라고 언급했지만, 이와 별도로 제이팝계에 길이 남는 이슈를 남겼으며 자신에게도 최고판매량을 안긴 앨범으로 남아있다는 것은 엄연한 사실이다.

처음 하마사키 아유미의 음악을 들은 사람들이 그녀의 유명세

에 의아해 하는 경우가 많은 것도 사실이다. 자세히 뜯어보면, 음악적으로 크게 인정받을 만한 스타일도 아니고, 보컬 자체에 엄청난 흡인력이 있다고 보기도 힘들다. 그런데도 일본음악의 황금기의 한가운데에서 활동하며 정상을 굳건히 지킬 수 있었던 것은, 한 소절에서 순간적으로 뿜어내는 그 에너지가 어느 뮤지션도 감당할 수 없을 만큼 강했기 때문이 아니었을까 싶다.

그만큼 그녀에겐 시대의 흐름을 읽는 능력을 넘어 존재 자체가 트렌드였다. '그의 가사나 노래를 좋아할 수밖에 없는' 시기였다. 현대화가 절정에 이르며 화려함 속의 고독, 꾸미면 꾸밀수록 텅 비어가는 허무한 마음이 커져가던 시기에, '희망은 희망대로, 절망은 절망대로 왜곡하지 않고 말할 수 있는 용기'는 대중의 마음을 흔들었다. 의도성 없이도 시선을 모을 수 있는 '동시대' 매력의 최고치, 하마사키 아유미의 본체라고 하면 바로 이것이 아니었을까.

이후에도 싱글에서는 〈M〉2000, 〈evolution〉2000, 〈H〉2002, 앨범에서는 《I am…》2002, 《RAINBOW》2002로 히트행진을 이어갔다. 본래 스타일에서 벗어난 실험적인 노선과, 일정한 스타일의 고착이 동시에 나타나던 시기였다. 아직 기세가 꺾일 시기는 아니었던지 발라드 〈no way to say〉2003로 2003년 레코드 대상을 거머쥐며 3연패라는 전무후무한 기록을 세웠고, 아레나 투어 또한 순조롭게 마무리되었다.

그 와중에 발목을 잡은 것이 바로 '에이벡스의 난'이었다. 당시 톰 요다(요다 타츠미, 依田 巽) 사장이 경영상 갈등을 이유로 전담 프로듀서인 맥스 마츠우라를 해고하자 그와 함께 회사를 이탈하겠다고 선언해 충격을 주었으며, 이로 인해 《avex trax》의 주가가 큰 하락세를 보이게 되었다. 결국 이사회는 톰 요다를 해고하고 맥스 마츠우라를 총사장으로 취임시킨다는 대반전 스토리를 써내려갔고, 한 가수 때문에 사장이 바뀐 전대미문의 결과로 마무리되었다. 하지만 하마사키 아유미는 주가 조작에 관여되었다거나 사장을 쥐락펴락하는 드센 여자로 비추어지며 이미지에 큰 타격을 입게 되었다.

이처럼 그녀는 가수로서 행복과 인간으로서 행복을 함께 누리지 못한 대표적인 여가수이기도 하다. 세월을 이길 수 있는 자는 아무도 없지만, 갑작스러운 결혼과 뒤이은 이혼, 여기에 불륜 등의 스캔들에 휘말리며 스스로 이미지를 하락시킨 측면도 컸다. 음악 또한 기존의 팝에서 벗어나 꾸준히 시도해 오던 록을 전면에 내세우기도 하고, 코무로 테츠야(小室 哲也)의 지휘 아래 《Love songs》2010를 선보이며 분위기 전환을 노려봤지만, 확실히 예전의 영광을 찾기엔 버거운 결과물이었다. 최근엔 아민 반 뷰렌(Armin Van Buuren), 로드니 저킨스(Rodney Jerkins) 등을 동원해 EDM 색이 짙어진 곡들을 선보이며 다시금 대중의 접점을 마련하려 시도하는 중이다.

국내 일본음악 커뮤니티에 잊을만하면 올라오는 글이 바로 '아유는 왜 하락세를 타기 시작했을까요?' 같은 성격의 글이다. 그만큼 그녀에겐 언제까지고 높은 산 맨 꼭대기에 있을 것만 같은 독보적인 카리스마가 있었다. 지금 시점에서 하락세의 이유를 찾아본다 한들 한 두 가지로 명쾌하게 설명할 수는 없다. 그렇지만 이만큼 전성기를 오래 누린 가수도 없으며 큰 족적을 남긴 가수도 없다. 무엇보다, 아직 무사히 걷고 있다. 이젠 슬슬 인기라는 강박에서 한발 떨어져, 달려오기에 급급해 미처 보여주지 못했던 것들을 조금씩 꺼내놓을 때가 아닌가 싶다. 왼쪽 청력을 잃어가면서도 그 과정동안 내색 한번 하지 않았던 강인함이 그의 내면에 아직 숨 쉬고 있다. 우리가 알던 하마사키 아유미는 그렇게 나약하지 않다.

우타다 히카루 宇多田ヒカル 1983~

세기말 제이팝 신의
지형도를 바꿔버린 신성

《First Love》
2002

창법, 스타일, 프로모션 전략. 그야말로 새로움 일색이었다.
지금 시점에서 보면 과대평가 같을지 몰라도, 당시에 스포트라이트를
독점하지 않았다면 그게 더 이상했을 것이다. 그만큼, 이 작품은
그 전에 없던 모든 것을 담고 있었다.

20세기 일본 대중음악계의 마지막 히로인. 이 수식어가 적합한 이를 찾기 위해 머릿속을 뒤적거린다면, 결국 우타다 히카루라는 이름이 마지막에 남을 것이라 확신한다. 밀레니엄을 한 해 앞두고 혜성처럼 등장한 그녀는 엄청난 충격파를 일으켰다. 모두가 '일본인을 위한 흑인음악'에 골몰할 때, 원형 그대로를 보존해 전파했던 그 행보는 이제 전설에 가깝다. 15세, 어린 나이인데도 이미 모든 것이 완성되어 있었던 한 아티스트의 출발점은 저 끝 간 데 모를 꼭대기였다.

제이팝사에서 그의 이름은 꽤나 큰 자리를 차지한다. 단번에 이를 확인할 수 있는 것이 바로 역대 앨범 판매량 1위라는 기록이다. 2014년 기준 800만 장에 육박한 《First Love》1999의 판매고는 개인 뿐 아니라 일본 시장의 규모를 나타낼 때 쓰는 상징적인 수치이기도 하다. 이 숫자가 증명하듯, 등장 자체가 다른 기성 가수들에게는 전무했던 임팩트를 지니고 있었다. 분명 그 시기는 미시아(MISIA)나 차라(Chara), 드림스 컴 트루(DREAMS COME TRUE) 같은 선배 가수가 이미 블랙뮤직 신을 어느 정도

점거하고 있던 때였다. 그렇지만 선점의 우위를 어드밴티지로 가져가지 못했던 것은, 결국 그 지향점이 자국의 정서에 맞추어져 있었기 때문이었다.

이를 간파해 반대로 돌아간 것이 바로 디렉터 미야케 아키라(三宅 彰)의 노림수였다. 그루브를 비롯한 둔탁한 비트와 여태 들어본 적 없던 바이브레이션과 음색. 첫 싱글 〈Automatic/time will tell〉1998은 이국적인 느낌으로 단숨에 사람들의

시선을 사로잡았다. 이처럼 일본 대중을 고려치 않은 정통 알앤 비를 본격적으로 시도했다는 점에서 그 파격은 배가되었다.

또한 그는 송라이터이기도 했다. 데뷔 앨범 타이틀과 동명인 〈First love〉1999는 그녀의 특출함을 엿볼 수 있는 대표곡이기도 하다.

最後のキスはタバコのflavorがした
(당신과의 마지막 키스는 담배 향기가 났지요)
にがくてせつない香り (쓸쓸해서 애달픈 향기)
……You are always gonna be my love
いつか誰かとまた戀に落ちても
(언젠가 누군가와 또 사랑에 빠진다 해도)
I'll remember to love You taught me how

- 〈First love〉中

십대 중반이라고는 믿을 수 없는 정서. 외유내강의 보컬과 맞물 려 경탄을 자아내게 했던 이 노래를 통해 대중은 이 뮤지션의 엄 청난 재능과 대면했다. 모두가 생각조차 하지 못했던 것을 상상 하지도 못할 나이에 구사했던 기적. 그 사실에 열도는 경악 또는 열광이라는 양자택일의 기로에 설 수밖에 없었다.

그 바탕이 되는 것은 외국에서 자라며 접한 퀸(Queen)의 프레 디 머큐리(Freddie Mercury)와 나인 인치 네일스(Nine Inch Nails), 프린스(Prince) 등에게 영향 받아 가꿔온 탄탄한 음악적 토양이 었다. 이와 함께 십대 초반부터 음반을 발표하며 조금씩 실전에 대한 감각도 키워왔다. 흔치 않은 조기교육은 그렇게 선천적 재능을 꽃피울 수 있게 한 일등공신이 되었다.

가십 측면 또한 주목받았다. 어머니가 한 시대를 풍미했던 엔카 가수 후지 케이코(藤 圭子)라는 사실이 알려지며 사생활 역시 많은 이의 관심사에 놓였다. '음악 신에 돌풍을 일으킨 우타다 히카루가 알고 보니 일본 음악계의 레전드 후지 케이코의 딸이었고, 미국에서 자라 음악을 하던 중 우연히 한 디렉터의 눈에 띄어 우연히 일본 데뷔를 결심하게 되었다'는 스토리. 기자라면 누구라도 군침 흘릴 만한 소재였다. 음악지 뿐만 아니라 열도의 모든 매스컴이 그에게 달려들었고, 이러한 취재열풍에 대중 또한 그의 이야기에 주목하기 시작했다.

시대적 영향도 한 몫 했다. 마침 1990년대는 여성 아티스트들의 붐이 일어나던 시대였다. 여성 팬들이 여가수들 앞에서 진을 치고 소리를 지르던 진풍경이 낯설지 않았다. 1990년대 초 여러 드라마 주제곡을 통한 이십대 여성들의 유입이 결정적이었다. 여성 소비자들의 구매 욕구를 충족시키는 노래들이 차트 우위에 대한 지분율을 조금씩 늘려갔고 소비 욕구 또한 최대치에 이르렀다. 시대마저 그에게 우호의 손길을 내밀고 있었던 것이다.

우타다 히카루가 폭발적인 인기를 끌 수 있었던 이유는 이렇게 복합적이다. 개인의 능력, 이를 뒷받침해주는 서사, 거품은 꺼졌지만 그래도 아직 남아있던 활화산 같던 소비욕구. 이것이 맞물린 배경을 기반으로, 뿌리 깊게 남아있던 영미문화에 대한 열등감을 '일본에서도 이런 세련된 음악을 한다', '일본에도 이런 아티스트가 있다'는 자부심으로 상쇄시키는 과정에서 탄생한 슈퍼스타, 그녀가 바로 우타다 히카루였다.

2집 《Distance》2001는 초기 알앤비 일변도의 모습에서 벗어나 어느 정도 대중성과 접점을 꾀한 작품이었다. 첫 곡 〈Wait and See ~Risk〉만 봐도 기본은 리듬을 강조하되, 빠른 템포를 적용하고 일렉 기타를 도입해 좀 더 시원스러운 댄스곡 느낌이 나도록 작업한 면모가 보인다. 이것은 스트링과 어쿠스틱 기타로 시작하는 〈Can you keep a secret〉, 〈Distance〉에서도 이어진다. 1집이 이제껏 듣도 보도 못한 성질의 것이었다면, 2집은 전작의 연장선상에 있으면서도 대중에 대한 배려를 더한 친절한 작품이었다.

한편, 미국으로 시선을 돌렸던 시기도 있었다. 2001년 《TIME》지에 U2의 보노(Bono), 비요크(Bjork)를 포함한 6명과 함께 표지를 장식했고, 《The Island Def Jam Music Group》과 계약한 뒤 우타다(Utada)라는 이름을 사용해 본격적인 미국 본토 정벌에 나섰다. 그렇게 선보였던 대망의 전미 데뷔작 《EXODUS》2004는 빌보드 앨범 차트 160위까지 올라가는 데에 그쳤다. 성과가 없는 건 아니었지만, 일본에서의 이름값을 생각하면 아쉬운 결과였다.

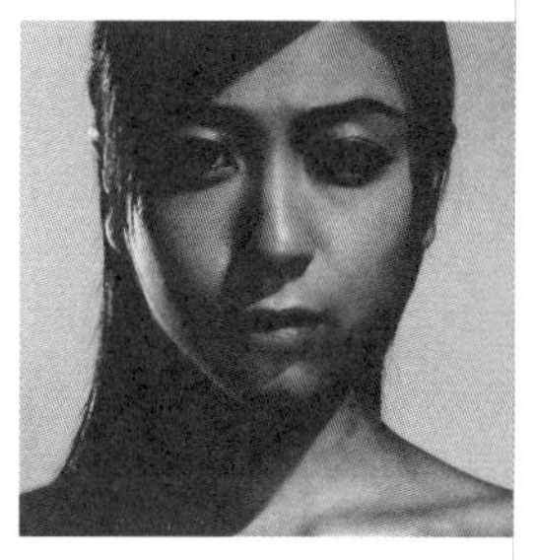

이후 4집 《ULTRA BLUE》2006를 발표하고 두 번째 전국투어 《UTADA UNITED 2006》를 개최하는 등, 간만에 일본에서 활발히 얼굴을 비추기 시작했다. 이어 《花より男子 2(꽃보다 남자 2)》에 타이업된 〈Flavor of life〉2007가 시너지 효과로 그에게 높은 세일즈를 안겨다주었고, 5집 《Heart Station》2008이 밀리언셀러를 달성하며 여전한 인기와 스타성을 과시하였다.

그러던 중, 2010년 8월 9일 자신의 블로그를 통해 활동중단을 알렸다. 아티스트로 살아온 지난날을 잠시 잊고, 하나의 평범한 사람으로서 사회에 적응하고 싶다는 연유였다. 끊임없이 자신을 보여주어야 하는 스트레스, 계속 따라다니는 매스컴, 그리고 생각치도 못했던 어머니의 사망. 스타로서 삶은 익숙하지만 인간으로서 삶은 너무나 서툴렀던 그가 생존을 위해 반드시 택해야만 했던 선택이었다. 이틀간 열린 마지막 공연 《WILD LIFE》는 64곳의 영화관에서 1만 7000명이 지켜보고, 유스트림(Ustream)을 통한 실시간 스트리밍 중계가 무려 92만 5000건의 조회수를 기록하는 등 많은 이가 지켜보는 가운데 화려하게 마무리되었다. 스테이지 위에 마이크를 두고 사라지는 모습을 보며, 한 시대를 풍미하곤 돌연히 연예인의 옷을 훌쩍 벗어버린 1970년대의 선배 히로인 야마구치 모모에(山口 百惠)의 실루엣과 유난히 닮았다고 느낀 사람이 나 혼자만은 아닐 것이다. 그리고 그 시간부터 우리는 모두 기다리고 있다. 그녀가 처음 나타난 것처럼 돌연히 컴백해 우리에게 반가움과 놀라움을 가져다 줄 그 순간을.

시이나 링고

椎名林檎

1978~

대체 불가능한
여성 싱어송라이터계의
'온리 원'

《勝訴ストリップ》
(승소 스트립)

2000

2000년이라는 시기는 단순히 연도 앞자리가 1에서 2로 바뀌는 데 그치는
것이 아니라 기존 통념을 비껴가는 아티스트가 등장하는 해라는 사실을
확실하게 알려준 작품이다. 시이나 링고라는 자아의 혼란스러움을 음악으로
200% 표출해낸 21세기 대표적 마스터피스.

‘넘버 원’보다는 ‘온리 원’이라는 수식어가 어울리는 그녀다. 독특한 창법, 직선적이면서 모호한 가사, 여러 장르가 뒤섞인 음악과 그것을 완성시켜주는 퍼포먼스의 결합은 여태까지 나온 그 어떤 것으로도 설명할 수 없는 성질의 것이었다. 그녀를 대체하거나 같은 카테고리로 묶을 수 있는 뮤지션이 거의 전무하다는 점에서, 시이나 링고(椎名 林檎)는 독자적인 브랜드로서 존재가치를 더욱 공고히 하고 있는 중이다.

시이나 링고라는 이름은 이성보다는 동성의 청자들에게 더욱 유효하게 작용하는 이름이다. 당시 트렌디 드라마를 통해 유입된 여성들이 큰 구매력을 발휘함에 따라, 여성 아티스트들이 더욱 주목받기 시작했다는 점은 앞에서도 몇 번 언급한 바 있다. 드림스 컴 트루(DREAMS COME TRUE)의 요시다 미와(吉田 美和)나 차라(Chara) 같은 이들을 언급했는데, 어떤 의미에서 이들은 일본인이 원하던 ‘전형적인 여성상’의 범주 안에 있었다. 그 와중에 오감을 자극하며 아슬아슬하게 에고를 풀어놓는 시이나 링고의 등장은, 여성 아티스트라는 카테고리가 가진 통념을 비껴가며 파란을 일으켰다.

삶 역시 평범하지 않다. 어렸을 적 몸의 이상으로 수술을 받은 후 좌우로 균등한 힘을 쓸 수 없게 된 이후로 10년 이상 지속해오던 발레와 피아노를 단념하고, 대신 음악 자체를 자신의 생존 수단으로 선택하는 현실적이면서 과감한 결단을 내렸다. 자신의 항로를 망설임 없이 결정하는 그 냉정함은 음악에 투영되며 앞으로 희망보다는 지금 처한 상황의 절망을 가감 없이 이야기하는 현재지향의 페르소나를 구축했다. 이것이 그가 가진 독보적인 카리스마의 원천이었다.

중학교 시절부터 밴드를 조직해 활동하던 중, 1999년에 열린 야먀하 주최 틴스 뮤직 페스티벌에서 장려상을 수상하더니, 이듬 해 있었던 제 5회 뮤직 퀘스트 재팬 파이널에 출장해 우수상까지

거머쥐었다. 그렇다고 바로 데뷔가 결정된 것은 아니었다. 잠시 영국에 머무른 뒤 귀국, 2년이 더 지나서야 첫 싱글 〈幸福論(행복론)〉1998을 선보였고, 결정적인 페르소나를 구축한 〈歌舞伎町の女王(카부키쵸의 여왕)〉1998으로 드디어 자신의 이름을 알리게 된다. 독특함만 강조하지 않은, 대중성도 함께 어우러진 탄탄한 작품으로 승부한 결과였다.

〈歌舞伎町の女王〉이 지금까지 시그너처 트랙으로 남아있는 요인이라면 역시 가사 때문이다. 문학에 가까운 이색적인 문체 구사 및 실제 지명의 사용, 환락가를 배경으로 한 설정 등이 이목을 끌었으며, 이것이 요염함으로 대표되는 그녀만의 캐릭터를 구축했다. 당시 시부야계에 대항해 '신주쿠계'라는 용어를 사용했는데, 이는 자신의 음악이 '시부야계'로 구분되는 것에 대한 거부감에 상당부분 기인한 것이기도 했다.

멜로디컬한 곡조가 인상적인 〈ここでキスして(여기서 키스해 줘)〉1999 등 지금까지 발표한 싱글을 모두 포함한 첫 정규작 《無罪 モラトリアム(무죄 모라토리엄)》1999은 그러한 화제성에 힘입어 밀리언셀링 고지에 오르게 된다. 이에 자신감을 얻은 그녀는 카메다 세이지(亀田 誠治)에게 일임했던 편곡에 관여하기 시작해 좀 더 짙은 농도의 자신을 보여주는 데에 초점을 맞추었다.

이러한 의도 하에 나온 네 번째 싱글 〈本能(본능)〉1999의 뮤직비디오는 그야말로 파격이라는 단어에 걸맞은 작품이었다. 간호사 복장을 한 시이나 링고가 눈앞에 있는 유리를 깨부수고, 환자로 분한 여성의 목덜미를 핥는 충격적 비주얼. 이것이 많은 사람에게 이야깃거리가 되었고, 호기심에 이를 찾아본 대중은 펑키 그루브와 이내 달라붙는 감각적인 보컬에 홀려 레코드 가게로 몰려들었다. 커리어 사상 최대 히트곡의 탄생이었다.

후에 많은 사람이 뮤직비디오의 내용에 대해 여러 의견을 내놓았지만, 정작 시이나 링고는 이런 연출에 아무런 의미도 없다고 언급했다. 이처럼 경력 전체를 관통하는 모호함은 듣는 이들에게 해석의 자유를 부여하며 그의 숨결 하나하나에 더욱 집중하도록 만드는 역할을 한다. 이 신비함이야말로 세대와 성별 제한 없이 마니아층을 굳건히 확립해 나갈 수 있게 한 일등공신이라 할 수 있다.

선행 싱글 〈ギブス(Gips)〉2000와 〈罪と罰(죄와 벌)〉2000을 거쳐 내놓은 2집 《勝訴 ストリップ(승소 스트립)》2000은 모닥불

을 거대한 화염으로 만든 기름과 같았다. 소음과 음악의 경계에 자리 잡은 사운드 메이킹, 한가운데에 록을 둔 채 재즈와 블루스를 포용했던 유연함이 200만 장이라는 대기록 달성에 힘을 보탰다. 시각에 따라서 더 '불편해졌다'는 평가도 있었지만, 그것이 오히려 사람들을 옭아매는 덫으로 작용했다. 기존 형식과 구조에 구애받지 않는 애티튜드, 그것이 더블 밀리언의 비밀을 풀어

낼 패스워드였다.

어떤 이는 마츠토야 유미(松任谷 由実) 대 나카지마 미유키(中島 みゆき), 마츠다 세이코(松田 聖子) 대 나카모리 아키나(中森 明菜)의 구도와 같은 맥락이 2000년대 초반에는 우타다 히카루(宇多田 ヒカル) 대 (하마사키 아유미가 아닌) 시이나 링고의 구도로 일어났다고 말하기도 한다. 전자가 하나의 흐름을 만들어냈다면, 후자는 전자가 만들어낸 큰 흐름 안에서 같은 재료를 다르게 사용해 신을 전복시키는 대조적 존재로 거듭난다는 전제 하에서였다.

시이나 링고 또한 재즈나 블루스 같은 루츠 및 블랙뮤직의 요소를 일정 지분 가지고 있기는 했지만, 원안 그대로 수입해온 우타다 히카루와 달리 철저히 자신의 음악을 이루는 장식품처럼 다뤄 완전히 다른 방향성을 취했다. 그 결과 같은 군집에서 시작했는데도 결국에는 그 카테고리를 비집고 나와 '링고파'로 언급될 만큼 수많은 후배에게 영향을 끼친 독자적 아티스트의 길을 걸을 수 있었다.

그에게 있어 음악적 스승을 꼽는다면 두 사람이 있다. 초기 음악적 근간이 되었던 카메다 세이지가 그의 록적인 일면에 큰 힘이 되었다면, 〈本能〉부터 프로듀싱을 담당한 이노우에 우니(井上 雨迩)는 재즈나 블루스를 비롯해 전자음악이나 빅밴드 편성 형식적인 면에서도 그의 음악적 한계를 없애는 데 큰 도움을 준 인물이다. 카메다 세이지는 도쿄지헨(東京事変) 활동을 통해 밴드 구성원으로서 합을 맞추기도 했고, 이노우에 우니는 3집 《加爾基 精液 栗ノ花(시멘트 정액 밤꽃)》2003의 프로듀서로 오케스트라나 전자악기 삽입 등의 다양한 시도를 펼칠 수 있게 만들어

주기도 했다.

도쿄지헨 활동을 2012년에 마무리한 후, 이듬해에는 15주년을 맞아 여러 작품집 발표 및 5년만의 단독공연을 개최했다. 또한 NHK 월드컵 중계 테마곡인 〈NIPPON〉2014과 간만의 정규작 《日出処(해뜨는 곳)》2014을 선보이는 등, 이제는 한결 여유로운 모습으로 솔로 활동을 전개해나가는 중이다. 이렇게 꾸준히 커리어를 이어나가면서도 크게 침체기라 할 시기도 없었으며, 작품 하나하나에 강한 메시지를 담아내면서도 음악이라는 본질을 소홀히 하지 않는 그 천재성에 탄복할 수밖에 없었던 그녀의 커리어. 음악 자체를 대하는 진지함과 성실함이 헤아릴 수 없는 감정 하나하나를 모두 생명력 가득한 곡조로 재탄생시켰다. 과연 대체 불가의 싱어송라이터이다.

Ø 멤버
후지와라 모토오(藤原 基央, 보컬, 기타. 1979~)
마스카와 히로아키(増川 弘明, 기타. 1979~)
나오이 요시후미(直井 由文, 베이스. 1979~)
마스 히데오(升 秀夫, 드럼. 1979~)

날카로운 감수성,
청춘의 불안을 꿰뚫다

《orbital period》

2007

곡으로 꼽는다면 또 모르겠지만, 앨범은 《orbital period》를 첫 손에
꼽고 싶다. 이전의 범프가 앞만 보고 달려갔다면, 이제는 옆도 보고 뒤도 보며
뒤쳐진 사람의 손을 잡고 끌어주는 법을 알게 된 시기에 발표한 작품이기에
더욱 그 인간적인 매력에 동하게 되는 것 같다. 반드시 가사와 함께 들을 것.

시대를 잇는 밴드. 어느새 범프 오브 치킨(BUMP OF CHICKEN) 은 이런 직함이 어색하지 않을 정도로 높은 위치에 올라와있 다. 미스터 칠드런(Mr.Children)과 스피츠(スピッツ)의 뒤를 잇 는 적임자의 공백이 생길 찰나에 신감각으로 무장해 등장한 이 네 명의 젊은이는 차가운 디스토션 사운드와 청춘의 불안을 담 은 가사를 통해 절망에 빠진 이들의 구세주 역할을 담당해왔다. 다른 이들에게 미처 내보이지 못했던 감정들을 들춰내 어루만져 주는 음색과 노랫말. 그렇게 구축된 그들만의 모르스 부호는 메 인스트림을 휘감으며 '약자의 반격'이라는 밴드명의 본 의미를 정확히 규정해냈다.

유치원 시절부터 안면이 있던 이들의 여정은 1994년인 중학 교 3학년부터 시작되었다. 〈Twist And Shout〉와 〈Stand By Me〉 등 비틀즈를 비롯한 브릿팝을 카피하면서 취미로 음악을 시작했고, 이듬해부터 오리지널 곡으로 각종 대회에 출장하며 음악공동체 로서 삶을 지향해갔다. 1996년 비트 브러스트 인 재팬(Beat Brust in Japan)에서 〈ガラスのブルース(유리의 블루스)〉1999로 차지한 전국대회 그랑프리는 자신의 직업을 뮤지션으로 자랑스레 내걸 수 있는 첫 발판이었다. 섬세함으로 무장한 멜로디와 연주, 여기 에 도저히 고등학생이 썼다고는 믿을 수 없는 그 시세계는 새로 운 록스타 출현의 예고편과도 같았다. 아마추어 대회에서 수상 같은 건 그저 거쳐 가는 관문에 불과했다.

그 후 멤버들의 대학수험으로 인한 휴식기를 거친 후 드디어 염원하던 데뷔 앨범 《FLAME VEIN》1999과 2집 《THE LIVING DEAD》2000를 인디즈 레이블을 통해 발표했다. 앞서 언급한 〈ガ ラスのブルース〉는 물론, 〈くだらないうた(시시한 노래)〉와 〈K〉

등 지금의 그들을 있게 한 곡들이 함께 선을 보였지만, 이때까지 얻은 지명도는 아직 미미한 수준이었다. 방송출연 또한 지양한 탓에 전파 속도는 더더욱 한계가 있었다. 그러던 중 드디어 현재의 사무소인 《トイズファクトリー(Toy's Factory)》와 계약을 하게 되고, 메이저로 진출하는 과정에서 이들의 시그너처 트랙이 탄생하게 된다.

그 곡이 바로 두 번째 싱글 〈天体観測(천체관측)〉2001이다. 자신의 정서를 어떤 방법으로 들려줄 것인가에 대한 해답을 찾은 이들은 순식간에 새로운 세기를 상징하는 아티스트로 거듭났다. 55만 장의 판매고와 함께 찾아온 대중의 열광적인 반응, 그렇게 환경의 변화와 무관한 음악적 성취로 밴드의 커리어는 고공활로를 걷게 된다. 메이저 데뷔앨범 《jupiter》2002의 대히트, 슬로 템포에도 능하다는 사실을 증명한 〈スノースマイル(Snow smile)〉2002, 애니메이션 《One Piece》의 극장판 주제가로 사용한 〈sailing day〉2003와 첫 오리콘 위클리 1위에 올라선 〈オンリー ロンリー グローリー(Only lonely glory)〉2004를 거치며 음악인들도 닮고 싶어하는 밴드로 성장했다.

범프 오브 치킨의 무게중심은 아무래도 전곡 작사, 작곡을 맡고 있는 보컬 후지와라 모토오(藤原 基央)에게 쏠려 있다. "후지와라가 옛날에 태어났으면 아마 소크라테스 같은 존재였을 것"이라는 멤버들의 인터뷰 멘트가 깊은 사유를 음악으로 구현하는 예술적 재능의 비범함을 뒷받침한다. 끝에 가서야 내포된 의미를 슬쩍 내보이는 치밀한 구성의 〈K〉에서 특히 그러한 재기를 엿볼 수 있는데, 2005년에 열린 국내의 한 문예대전에서 이 노랫말을 표절해 소설로 출품한 작품이 대상을 받은 에피소드 또한 유명하다. 문학적으로 그의 작품이 얼마나 큰 가치를 지니는가에 대해 약간은 불편하게 증명된 에피소드이기도 했다. 이렇듯 평범함에서 반전을 꾀하는 그의 자아와 사고방식은 여타 뮤지션들과 명확히 다름을 선언하는 일종의 경계선이라 할 법하다.

아마추어에서 인디로 나아가는 길이 비교적 넓은 일본 록 시장도 한번 둘러볼 필요가 있다. 지역마다 합주실이 갖추어져 있으며, 소규모에서 대규모에 이르는 록 경연대회도 수시로 열리는 등 실력만 있다면 어떻게든 프로 뮤지션으로 나아갈 수 있는 환경이 음악을 하겠다 마음먹은 네 명의 아이들을 21세기 대표 뮤지션으로 거듭나게 했다. 동네에서 시작해 재능을 기반으로 열심히 실력을 키워간다면 얼마든지 전국구급으로도 올라설 수 있는 명쾌한 구조, 일본이 가진 기름진 텃밭이야말로 강한 자생력을 가진 음악인들의 탄생에 일조하는 가장 큰 소스가 아닐까 싶다.

좀 더 큰 스케일로 승부한 《orbital period》2007를 거쳐, 이어지는 우주의 세계관을 좀 더 서정적으로 재환기시킨 《COSMO-NAUT》2010 역시 기세를 이어가며 레전드가 되기 위해 필요한 조건들을 하나 둘 충족시켜갔다. '자신의 노래를 좀 더 들려주고 싶다'는 마음이 강해져 예전보다 개방적인 활동을 전개하게 되었다는 그들은, 햇수로 4년 만에 신보 《RAY》2014를 발표했고 첫 도쿄돔 공연까지 이뤄내며 꿈과 같던 영역에 성큼 다가갔다. 여기에 첫 지상파 TV 공연이었던 《Music Station》의 출연까지, 그 치기 어렸던 소년들이 어느덧 좋은 어른들이 되어 이처럼 따뜻한

음악을 들려주고 있다는 사실이 새삼 놀라울 뿐이다.

　범프 오브 치킨은 2000년대를 장식하는 밴드 가운데 가장 윗줄에 놓아 마땅한 밴드다. '여린 소년'의 이미지를 구축하고 섬세

함을 풀어놓은 특유의 감각은 이후 같은 성향의 밴드가 대거 등장하게 되는 계기를 만들었고, 십대와 이십대 초반의 젊은 세대에게는 함께 공유할 수 있는 심적 안식처를 가져다주었다. 지금의 젊은 세대가 음악의 소중함을 본격적으로 인식하게 된 데에는 분명 이들의 역할이 컸을 것이라 생각한다.

　여타 일본 가수들의 행보에 비해 휴식기도 많았고 정규작 사이의 공백도 길었던 것을 생각해 보면, 아직 이들이 풀어놓지 않은 모험담은 아직도 많이 남아있지 않을까 조심스레 예측해본다. 이들의 세계관을 그저 허세있는 어린아이의 반항 정도로 치부하는 이들도 있지만, 그보다는 그가 내뱉는 음에, 그가 말하는 이야기에 귀를 기울이며 커온 청춘들이 훨씬 많다. 그리고 그들은 지금도 기대한다. 이들이 얼마나 더 내가 귀 기울이지 못했던 내 내면을 먼저 들여다보고 따스한 빛으로 보듬어줄지, 그리고 우리의 젊은 시절을 얼마나 더 찬란하게 만들어줄지 말이다.

Ø 전멤버
캇짱(KATCHAN, 드럼. 1983~)

Ø 멤버
야마토(YAMATO, 보컬. 1984~)
히로키(HIROKI, 보컬. 1983~)
료(RYO, 보컬. 1985~)
나오토(NAOTO, 기타, 프로그래밍. 1983~)
요(YOH, 베이스. 1983~)

오렌지 렌지 ORANGE RANGE

비옥한 음악 환경이 낳은
신감각의 믹스처 밴드

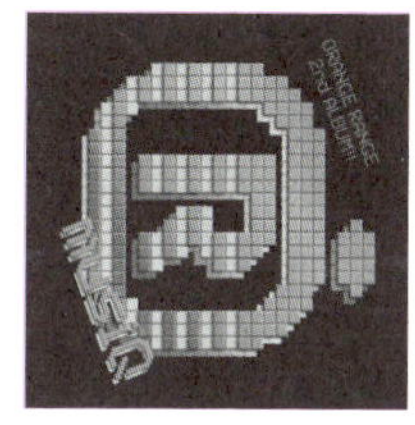

《MusiQ》

2004

260만 장이라는 압도적인 판매량이 말해주듯, 대세라는 말로도 그 기세를
표현하기 힘들 정도였다. 〈花(꽃)〉의 히트 덕도 컸지만, 모든 수록곡이
개성과 대중성이라는 두 마리 토끼를 정확히 낚아채고 있다는 점이 주효하지
않았나 싶다. 무언가에 홀린 듯 모두가 한 장씩 손에 들고 있던 그 앨범.

21세기에 들어서며 제이팝 시장은 한치 앞을 알 수 없는 소용돌이 형국으로 돌입했다. 다양한 음악의 난립과 트렌드 교체의 가속도 증가로 인해 확실한 대세라도 언제든 역전당할 여지가 충분했다. 어떤 예고도 없이 출연해 온 세상을 뒤흔든 우타다 히카루(宇多田 ヒカル)처럼, 예상치 못한 곳에서 스타가 탄생할 확률이 어느 때보다도 높았던 시기였다.

힙합과 록을 필두로 한 믹스처 음악을 들고 도쿄로 상경한 이들은 초반엔 그렇게 큰 주목을 받지 못했다. 정통성을 거부한 자유로운 사운드, 중고저음의 쓰리 보컬이 선사하는 극적인 밸런스 감은 분명 여느 밴드와 다른 독특함을 지니고 있었지만, 여름에 국한된 콘셉트 때문에 그저 한철 장사라는 인식이 대부분이었다. 그랬던 것이 어느덧 10주년을 맞이하며, 아무로 나미에(安室 奈美惠), 몽골 800(MONGOL800) 등과 함께 대표적인 오키나와 출신 아티스트로서 장기집권을 이어가고 있다. 화려한 시절을 지나 자유롭게 하고 싶은 음악을 펼쳐나가고 있는 오렌지 렌지, 그들은 새 시대에 어울리는 신선한 감각으로 2000년대 초반을 강하게 움켜쥐었다.

중학교 시절, 글레이(GLAY)를 주로 커버하던 나오토(NAOTO)와 캇짱(KATCHAN)을 시작으로, 친분이 있던 요(YOH)와 그의 동생 료(RYO), 히로키(HIROKI)와 야마토(YAMATO)가 가세해 밴드 라인업을 갖추었다. 이후 고등학교 시절동안 아마추어의 신분으로 미스터 칠드런(Mr.Children), 루나 씨(LUNA SEA) 등을 카피하며 정력적인 라이브 활동을 이어나갔고, 동시에 오리지널 곡도 착착 쌓아나갔다. 그 결실을 담은 인디즈 미니 앨범 《Orange Ball》2002은 유소년기의 열정에 걸맞는, 어수룩하면서도 활기가 넘치는 작품이었다.

당시 고등학생의 신분으로 800명이 넘는 관객을 모았고, 마침 현장에 있던 관계자에 의해 《gr8! records》를 통한 메이저 데뷔를 이뤄냈다. 뉴메틀 성향의 〈キリキリマイ(키리키리마이)〉2003로 첫 번째 인사를 건넸지만 넘치는 의욕과 달리 빛을 보진 못했다. 대신 마음을 추스르고 내놓은 여름 송 〈上海ハニ-(상하이하니)〉2003가 입소문을 타고 히트하며 조금씩 자신의 이름을 알려가게 된다. 이어 애니메이션 《나루토》의 주제가였던 〈ビバ★ロック(비바★록)〉2003으로 확실한 눈도장을 찍었고, 리듬감이 극대화된 편곡과 쓰리 보컬 라인의 하모니를 통해 정체성 구체화에 돌입했다.

강한 메시지로 주목하게 만들었던 슬로 템포 〈ミチシルベ(이정표) ~a road home~〉2004이 첫 오리콘 위클리 차트 1위를 차지했고, 뒤이어 쐐기를 박은 것이 바로 〈花(꽃)〉2004이었다. 6주 동안 매주 10만장 이상 판매고를 올리며 승승장구했고, 이어 발표한 두 번째 앨범 《MusiQ》2004는 270만 장이라는 경이적인 수치를 보이며 연간 1위라는 빛나는 순간을 만들어냈다. 여기

에 19회 일본 골든 디스크 대상의 아티스트 오브 더 이어라는 영예까지. 약간의 음악 방향 전환이 이끌어낸 결과가 2000년대 첫 신드롬의 주연이라는 영광을 선사한 셈이다.

이들 역시 타이업의 비중이 프로모션에 큰 부분을 차지하고 있었다. 업그레이드의 발판을 마련한 애니메이션 《나루토》의 주

제가 〈ビバ★ロック(비바★록)〉를 시작으로, 시그너처 송인 〈花〉은 여배우 다케우치 유코(竹内 結子)가 열연해 대히트한 영화 《지금 만나러 갑니다》의 엔딩곡으로 사용되었다. 뿐만 아니라 이후에 발표한 싱글 〈*～アスタリスク～(아스타리스크)〉2005, 〈ラヴ·パレード(Love parade)〉2005, 〈O2〉2008 역시 각각 《블리치》, 《전차남》, 《코드기어스》와 같은 애니메이션과 영화에 삽입되며 밴드의 중흥기를 이끌었다.

이들에게도 우환은 있었다. 음악 성향의 차이로 드럼을 맡고 있던 캇짱이 탈퇴했고, 전작의 기세를 이어가고자 야심차게 발표한 3집 《Natural》2005은 〈お願い!セニョリータ(부탁해요 세뇨리따)〉2005, 〈キズナ(인연)〉2005 같은 싱글들이 선전했음에도 불구하고 판매량이 반토막나며 빠르게 하향세를 그렸다. 이후 〈チャンピオーネ(CHAMPIONE)〉2006, 〈Un rock star〉2006로 활동을 이어갔지만, 고착된 스타일 탓에 이전의 폭발력을 되찾지 못하면서 완전한 암흑기로 돌입하게 된다.

이들에 대한 평론가들의 비판이 거세지던 시점이기도 했다. 시기를 잘 타고났을 뿐, 이들에게 제대로 된 음악적 기반이 없다는 게 비판의 요지였다. 그도 그럴 것이 6번째 싱글이었던 〈ロコローション(Loco Lotion)〉2004은 캐롤 킹(Carole King)이 작곡한 〈Locomotion〉의 멜로디와 가사 일부를 원작자와 상의 없이 사용했고, 여러 곡에서 표절논란이 불거졌다. 어느 한 잡지 인터뷰에서 리더인 나오토가 "우리의 구호는 베끼자다. 우선은 베끼고 본다. 그리고 여기는 모르게 해야지라든가, 여기 사용하면 들키겠지 같은 것을 (팀원들과) 서로 이야기한다"고 언급한 사실 또한 수면 위로 떠오르며 이들에 대한 논쟁이 인터넷을 뜨겁게 달

구기도 했다.

그런 정체기를 지나 본격적으로 자신만의 영역을 재구축하고자 하는 의미로 《gr8! records》를 떠나 직접 《(Super Echo Label)》을 설립한 2007년을 새 출발의 원년으로 삼았다. 이때부터 이들은 방송활동을 최대한 자제하고 라이브를 중심으로 커리어를 쌓아나가기 시작했고, 음악도 브레인인 나오토의 일렉트로니카 색채가 큰 파트를 차지하며 록 밴드라 부를 수 없을 정도의 내재적 변화를 겪게 된다. 《orcd》2010를 지나 리얼 세션을 배제하고 오로지 컴퓨터 작업으로 완성한 《NEO POP STANDARD》2012에서 이 경향은 정점을 찍게 된다. 이로 하여금 음악적 인정을 동반하며 고정적인 마니아층을 확보해 나갔다. 오렌지 렌지 제2기의 발족이었다.

《Spark》2013로 기타, 베이스, 드럼의 오렌지 렌지도 살아있음을 알렸으며, 2014년 새해 벽두에는 이들의 내한이 발표되며 많은 국내 팬들을 설레게 하기도 했다. 홍콩과 싱가포르 등을 함께 방문하는 아시아 투어의 일환으로 한국을 찾아, 오래토록 기다렸던 팬들의 갈증을 풀어주었다. 조금 늦은 감은 있지만, 지금이라도 한국을 찾아준 그들에게 아쉬움보다는 고마움이 훨씬 더 많이 남았던 감격의 이틀이었다.

이런저런 논란도 많았지만, 2000년대 초반의 제이팝사를 돌이켜 봤을 때 이들의 이름을 빼놓는 것은 불가능하다. 적지 않은 곡들이 큰 사랑을 받았고, 오키나와 붐이 일어났을 정도로 큰 반향을 일으킨 빅 아티스트였다는 사실은 변하지 않기 때문이다. 또한 이들은 일본문화 개방 후 우리나라에 정식으로 소개되어 인기를 얻은 밴드라는 점에서 또 다른 의미를 찾을 수 있다. 앞서 언급했던 영화 《지금 만나러 갑니다》의 바람을 탄 〈花〉이 제이팝 명곡으로 우리나라에 자리 잡고 있다는 사실은, 그야말로 몇 안 되는 음악수입의 성공사례라 언급할 만하다.

누군가에겐 추억이라는 이름으로 아련함을 건네주며, 누군가에겐 현재진행형 뮤지션의 모습으로 열기를 내뿜는다. 이들을 단순히 일시적 유행의 시각만으로 평가할 수 없는 이유는 명확하다. 지금까지 다양한 세대의 대중이 각각 다양한 모습으로 이들의 노래를 품고 있기 때문이다. 겹겹이 쌓아올린 시간이 증명한 음악을 향한 진심을 기반으로, 이들은 어느덧 장수 아티스트로 발돋움 했다.

Ø 멤버
노다 요지로(野田 洋次郎, 기타, 보컬. 1985~)
쿠와하라 아키라(桑原 彰, 기타. 1985~)
타케다 유스케(武田 祐介, 베이스. 1985~)
야마구치 사토시(山口 智史, 드럼. 1985~)

언어가 가진
잠재력을 음악으로
발현시키는 밴드

《RADWIMPS 4〜おかずのごはん》
(반찬의 밥)
2006

내한공연 당시 세트리스트 중 절반 정도가 이 작품의 곡이었다는 점을 상기
해본다면, 그 무게감을 짐작할 수 있을 것이다. 물론 모든 디스코그래피가
충실한 밴드로 유명하지만, 모두가 함께 공유할 수 있는 감정의 최대치는
바로 이 앨범에서 숨 쉬고 있다.

2014년 5월 24일은 잊지 못할 순간 중 하나로 남아있다. 단숨에 매진되어 버린 티켓과 공연장 앞으로 끝도 없이 늘어선 줄, 마이크를 들고 있는 멤버를 압도해버릴 정도의 합창. 현재의 제이팝이 한국의 젊은 세대에게 이 정도의 충격파를 던질 수 있다는 것 자체가 기적처럼 느껴졌던 밤. 수요가 예전 같지 않은 2010년대에, 일본음악이 바다 건너에서 어떤 의미를 던져주고 있는지 이 밴드의 팬들은 한자리에 모여 필사적으로 증명했다. 일본 록 신에서 필수요소가 되어버린 이들, 래드윔프스를 이제는 일본 대표 아티스트의 카테고리에 슬쩍 넣어볼까 한다.

특별한 레퍼런스가 감지되지 않는 장르적 유연성, 변성기를 갓 지난 소년 같은 여린 음색으로 미루어보아 이들의 음악은 확실히 로컬적인 측면이 강하다. 이 경향은 기타 록을 중심으로 확산되었던 시모키타자와계, 특히 범프 오브 치킨(BUMP OF CHICK-EN)의 영향이 크게 작용했다. 그래서 범프 오브 치킨을 이미 접하고 있던 이들이라면, 아마 래드윔프스에서 그런 잔향을 느낄 공산이 크다. 그런 유사성이 있긴 했지만, 이들은 단순히 스타일의 반영 이상을 뛰어넘어 자신의 세계관을 굳건히 구축해냈다.

시작은 2001년으로 거슬러 올라간다. 쿠와하라 아키라(桑原彰)가 노다 요지로(野田 洋次郎)를 보컬로 점찍으며 토양을 다졌고, 이듬해 8월 쿠와하라가 전날 맘대로 출장을 결정한 요코하마 하이스쿨 뮤직 페스티벌 2002에서 〈もしも(만약)〉으로 그랑프리를 수상하며 심상치 않은 전조를 보였다. 그 대회엔 현재 베이스와 드럼을 맡고 있는 타케다 유스케(武田 祐介)와 야마구치 사토시(山口 智史)가 다른 밴드의 멤버로 참가하고 있던 중이었다.

수상을 계기로 프로로 전향하기로 마음먹은 팀은 1만 장 한정

으로 〈もしも〉2003을 정식 싱글로 발표했다. 발매 즉시 매진되자, 두 달 후 내친 김에 첫 정규작 《RADWIMPS》2003까지 달려나갔다. 지금과 달리 스트레이트한 펑크 사운드를 가득 담은 작품이었는데,[1] 대학 입시를 위해 여기서 활동을 일단락하게 된다.

 2004년 3월, 이전의 콘테스트에서 얼굴을 익힌 타케다 유스케와 야마구치 사토시가 합류하며 현재의 4인 라인업이 완성된다. 이어 2005년 누 메탈(Nu Metal) 성향을 담은 두 번째 앨범을 발표하더니, 9월에 있었던 요코하마 블리츠(Yokohama Blitz) 공연에서 메이저 데뷔를 공식선포했다. 《東芝 EMI(TOSHIBA EMI)》에서 발표한 첫 싱글은 바로 〈25コ目の染色体(25개째의 염색체)〉2005. 조금씩 인기에 탄력을 받기 시작하더니 3집인 《RAD-WIMPS 3 ～無人島に持っていき忘れた一枚～(～무인도에 가져가 잃어버린 한 장)～》2006은 오리콘 첫 등장 13위를 획득했다. 자신의 영역을 넓혀가기 시작하면서 독특한 질감의 사운드를 완성해가는 버전업 단계에 돌입하는 시절이었다.

 〈4645(부탁해)〉, 〈最大公約数(최대공약수)〉 같은 곡들을 매개로 점차 큰 곳에서 공연하는 날이 늘어갔고, 〈有心論(유심론)〉, 〈ふたりごと 一生に一度のワープver.(두사람마다 일생에 한번뿐인 워프ver)〉, 〈いいんですか？(좋은가요?)〉 등의 커리어를 수놓는 노래들이 4집 《RADWIMPS 4 ～おかずのごはん～(반찬의 밥)》2006을 통해 종합선물세트처럼 펼쳐졌다. 내한공연 당시 이 앨범 수록곡이 세트리스트의 절반을 차지하고 있었다는 사실로 미루어보아, 정상급 밴드로 발돋움하는 확실한 구름판이 되어주었다고 할 수 있다. 프런트맨인 노다 요지로의 작가주의적 성격이 완연한 전성기를 맞이함과 동시에, 단순한 리프운영에서

---

1 사이드 프로젝트인 미소시루즈(味噌汁's)의 앨범 《me so she loose》(2014)에 한동안 보여주지 않았던 이런 기조가 잘 나타나 있다.

벗어나 어떤 장르에 구애받지 않는 음악적 담대함을 가지게 된 잠재력 개방의 해이기도 했다.

이후는 쾌속진격이었다. 사랑에 비중을 두고 써내려갔던 초반과 달리 점차 사회와 개인에 무게를 두며 중량감을 가지기 시작했고, 그 구심점을 원동력으로 훨씬 더 큰 자기장을 배출해냈다. 〈オーダーメイド(Order made)〉2008는 기발한 표현력으로 결핍된 자신과 채워주는 이의 관계를 노래했고, 〈携帯電話(휴대전화)〉2010에서는 핸드폰에 대한 집착이 결국 단편적인 인간관계와 미약한 존재감만 남긴다는 메시지를 유려한 워딩으로 읊어나갔다. 단순히 노래하는 것이 아니라 강하게 자신의 의견을 토로하는 노다 요지로의 창법은 어떨 때는 감당할 수 없을 정도의 빠르기로, 어떨 때는 견딜 수 없을 정도의 높은 볼륨으로 결과물에 담긴 진심을 전달한다. 벌거벗은 내면을 통해 전달되는 공감대가 거대한 팬덤의 주춧돌로 분하고 있는 것이다.

이후 6집 《絶体絶命(절체절명)》2011의 수록곡 〈君と羊と青(그대와 양과 파랑)〉이 NHK 축구중계 테마송으로 기용되는 등 일반 대중과 접점을 이루는 기회도 마

련되었다. 이를 통해 범프 오브 치킨과 함께 록 신에서 가장 큰 영향력을 발휘하는 2000년대 밴드의 위치를 확고히 했다. 2년 반만에 발표한 7집 《×と○と罪と(X와 O와 죄와)》2013와 함께 아시아 투어를 실시, 한국을 찾아와 열광적인 라이브를 펼치는 등 지치는 기색 없이 경력을 쌓아나가고 있다.

‘랏도’[2]의 매력은 아무래도 가사에 그 절반이 있다. 동시대의 십대들이 채우지 못하는 정서적 결핍감을 때로는 기쁘게, 때로는 우울하게, 더하게는 절망적인 언어로 채워준다. 반짝이는 말들로 써내려가는 미처 정확히 단정 짓지 못한 감정들. 세상의 복잡 미묘함을 알아가며 쉽게 표현할 수 없던 것들을 나 대신 이야기해주는 듯한 곡들은 단 한번을 스쳐가더라도 쉽게 지워지지 않는 자그마한 혈흔을 남긴다. 우리나라나 일본의 아이돌 시장이 겉으로 십대를 위하는 척 하는 사이에, 이들이야말로 진짜로 십대가 원하는 것을 충족시켜주고 있는 것이다.

또한 탄탄한 연주력도 빼놓을 수 없다. 격렬한 라이브에도 연주 밸런스가 흔들리는 일이 없다. 평소엔 지나치리만큼 진지하다가도, 공연장에서는 자신의 모든 것을 발산하고 가는 반전남들이다. 그저 어깨를 들썩들썩하는 정도가 아니라 보러 온 사람들이 모든 열기를 꺼내놓을 수 있는 교두보 역할, 록 스타가 해야 할 의무를 혼신의 힘을 다해 임하고 있다.

아직 이들은 지나간 그 무엇이 아닌, ‘현재’의 스타이자 일본 록신의 중요인물이다. 무엇보다 데뷔 이후 오랜 시간이 흘렀는데도 계속해서 신규 팬이 생겨나고, 일정 비율의 객석을 계속해서 십대들이 점유하고 있다는 사실이 놀라울 따름이다. 누군가는 열도 특유의 중2병 가사라며 비웃을지라도, 반대로 생각하면 그것은 현재 십대들이 안고 있는 고민의 한복판에서 생겨나는 감정의 소용돌이다. 누군가는 하찮게 생각하고 있는 것들을 분명 그만큼의 누군가는 소중히 여기고 있을 것이라는 믿음, 그것이 래드윔프스가 가진 힘의 원천이다.

---

2 래드윔프스를 줄여서 부를 때의 일반적인 통칭.

통기타
싱어송라이터 시대의
서막을 열다

| 추천앨범 |

《CAN'T BUY MY LOVE》

2007

고민의 여지가 없다. 그의 시그너처 트랙인 〈CHE.R.RY〉, 〈Good-bye days〉가 이 한 장에 있다는 것만으로도 최고작이 될 자격이 충분하다. 절정의 작곡력을 보여주던 시기이기에 어느 곡 하나 버릴 것 없다는 것 또한 장점. 듣다 보면 어쩔 수 없이 과거를 반추하게 되는 작품이기도 하다.

새 시대는 곧 새로운 누군가가 도래할 것이라는 기대감으로 채워진다. 그리고 그 설렘은 항상 예상치 못한 곳에서 충족되곤 한다. 통기타를 한 손에 든 16세 소녀는 모두가 상상해왔던 화려함과 거리가 멀었다. 우타다 히카루(宇多田 ヒカル)를 떠올려보면, 그야말로 천지개벽과 같은 트렌드 변화가 채 10년도 되지 않은 시간만에 찾아온 것이다. 2005년에 데뷔해 그새 햇수로 10년을 꽉 채운 유이(yui)[1]. 그녀에게서 배어나오는 진실함의 향기는 사람들의 마음에 꽤 오랫동안 배어 있었다.

유이 하면 떠오르는 것이 바로 어쿠스틱 기타다. 미셸 브랜치(Michelle Branch)와 앨라니스 모리셋(Alanis Morissette), 셰릴 크로우(Sheryl Crow) 등을 들으며 자라온 그녀가 발하는 수수한 현의 울림이 세대답지 않은 공감의 힘을 발한다. 록 본연의 세련됨 안에서 포크의 정겨움과 발라드의 감성을 조율해내는 영리함이야말로 가장 큰 무기라 할 만하다. 물론 주연으로 출연했던 영화 《태양의 노래》가 인지도를 올리는 데 큰 몫을 했지만, 크게 히트한 삽입곡 〈good bye days〉2006를 만든 것은 다른 누구도

아닌 그녀 자신이었다. 자신에게 다가온 기회를 그간의 노력으로 다져온 직감은 놓치지 않았다. 탄탄대로의 시작이었다.

3집 《I LOVED YESTERDAY》2008의 수록곡 〈My generation〉의 가사에도 투영되어 있듯, 그녀의 학력은 고교 중퇴이다. 막연하게 노래쟁이의 꿈을 가지고 있었지만 학업과 아르바이트, 음악공부를 전부 병행할 수 없던 약한 체력은 그녀에

---

1 솔로 시절엔 대문자인 YUI로 표기했지만, 플라워 플라워 결성 후부터는 소문자로 표기하고 있다.

게 희생을 요구했다. 이렇게 양 갈래 길에 서게 된 소녀의 결단은 놀랍게도 현실이 아닌 꿈이었다. 그리고 '그려왔던 꿈을 끝까지 믿지 못했던 유약함에 그저 지배당해왔던'[2] 자신을 반성하듯 목표에 대한 구체적인 청사진을 더욱 힘차게 그려나갔고, 자작곡을 만들며 고향 후쿠오카의 번화가인 텐진에서 노상 라이브를 여는 등 본격적인 시동을 걸기 시작했다.

이처럼 데뷔전 스토리는 유이라는 가수를 정의하는 데에서 꽤 큰 부분을 차지하고 있다. 어려움을 딛고 성장해 꿈을 이룬다는 대기만성형 서사가 큰 빛을 부여하기 때문이다. 학업 중단을 현실의 불안이 아닌 목표에 대한 확신으로 만들고 싶었던 그녀의 의지는 《SONY MUSIC》 오디션을 최고점으로 통과하며 비로소 첫 단추를 성공적으로 끼웠다. 기타를 가져와 바닥에 앉은 채 〈Why me〉와 〈It's happy line〉을 부르던 순수함이 비로소 대중과 거리를 조금씩 좁혀가던 시기였다.

이렇게 후쿠오카를 떠나 메이저 데뷔가 정해진 후, 2집 《CAN'T BUY MY LOVE》2007를 통해 전성기를 맞는다. 앞서 이야기한 〈good bye days〉와 짝사랑하는 마음을 경쾌하게 풀어낸 업템포 〈CHE.R.RY〉2007, 지글거리는 디스토션을 장착해 날카로운 발톱을 드러낸 〈Rolling star〉2007 등, 솔로 고별무대의 대부분이 이 세컨드 앨범의 트랙들이었다. 이후 1년 주기를 두고 발표한 3집 《I LOVED YESTERDAY》 역시 〈Laugh away〉, 〈Namidairo〉 등이 고르게 사랑받으며 상승곡선을 유지해 갔다.

---

2 〈My generation〉 가사의 일부분. 원문은 "描いた夢を信じ切れない弱さにただ支配されてた".

그러던 중, 창작력 부재와 재충전을 이유로 2008년 잠정 활동 중단에 들어갔다.[3] 커플링 곡 모음집《MY SHORT STORIES》2008를 제외하고는 미디어에 얼굴을 내비치지 않으며 무언의 시간을 흘러보낸 뒤, 이듬해 6월 애니메이션《강철의 연금술사》의 주제곡〈Again〉2009으로 다시금 화려하게 비상했다. 이어 4번째 작품인《Holiday in The Sun》2010을 통해 우타다 히카루 이래 7년 만에 오리콘 앨범 주간 차트 4연속 1위라는 금자탑을 쌓아 올렸다.

하지만 송라이팅의 한계는 명백히 다가오고 있었다.〈Rain〉2010 이나〈Hello~paradise kiss~〉2011 같은 싱글은 예전의 매력을 찾아보기가 어려워졌고, 가까스로 유지되는 차트 성적과 무관하게 사람들 사이에서 돌고 도는 유행가 역할은 점점 버거워져 갔다. 〈Green.a.live〉2011 이후 1년 가까이 새로운 작품을 발표하지 않았던 그녀는 21번째 싱글〈Fight〉2012를 내놓으며 두 번째 활동 중지를 선언하기에 이르렀다. 휴식에 도달하기까지 과정은 비슷했지만 한 가지 다른 게 있었다. 바로 솔로 활동을 완전히 중단하는 듯한 유이 그 자신의 뉘앙스였다. 2013년《Rockin' On Japan》1월호에 실린 인터뷰에서 그녀는 이렇게 이야기하고 있다.

"(콘서트 중에 흘린 눈물에 대해 묻자) 정말 모든 걸 그만둔다고 생각하니까 이 팬들도 더 이상 만날 수 없는 거구나 싶었어요. 물론 음악은 계속 할 거지만, 이런 식으로 모두와 만나는 건 이제 힘들겠구나라는 걸 깨닫고 나니까, 너무 슬퍼지더라고요."

한계를 자각한 자신, 사람으로서 '유이'와 뮤지션으로서 'YUI'

---

3 우리나라야 1년에서 2-3년씩 가수들이 두문불출하는 것은 차기작 준비를 위해 당연한 것이 되어 있지만, 일본의 경우 대부분 싱글과 앨범을 번갈아 내며 큰 공백 없이 활동을 이어나가기 때문에 이러한 활동 중단 선언 자체는 이례적인 일이라고 생각한다. 하지만 오래 쉬면 쉴수록 대중에게 잊혀지는 것은 당연한 일이기 때문에, 대개 1년 이내에 휴식을 마무리하고 다시 무대에 서는 경우가 많다. 또한 이 시기에 온전히 곡 작업에만 신경 쓰는 뮤지션들도 있어

사이에 벌어지는 괴리감. 그로 인해 행복만큼이나 좌절이 커져 갔던 시기를 뒤로 한 채, 그녀는 좀 더 발전적이고 즐거운 음악 생활을 되찾으려 다시금 십대 시절처럼 과감하게 과거와 단절을 택했다. 헤어짐의 아쉬움도 잠시, 플라워 플라워(flower flower)라는 이름의 밴드로 2013년 5월 《Japan Jam》에서 공연하면서 공식적으로 활동을 재개하게 되었다. 2014년 공황장애가 심해지며 예정되어 있던 스케줄을 취소하는 등 불안정한 모습을 보였지만, 잠시 안정을 취하고 회복 후 대망의 정규앨범을 선보이며 재시동을 거는 중이다. 아무리 힘들어도 음악만큼은 놓지 않은 그의 근성 있는 인생, 솔로가 아닌 밴드로도 꽃이 피기를 기대한다.

서 비교적 충전기 없이 지속적으로 활동을 이어나가야 하는 제이팝 시장에서는 그 소모성으로 인해 전성기가 지난 후 갑자기 사라져버리는 가수들을 심심찮게 찾아볼 수 있다.

Ø 멤버
놋치(のっち. 1988~)
카시유카(かしゆか. 1988~)
아짱(あ〜ちゃん. 1989~)

Ø 멤버
놋치(のっち. 1988~)
카시유카(かしゆか. 1988~)
아짱(あ〜ちゃん. 1989~)

기존 아이돌 신의
룰을 파괴한 안티테제

|추천앨범|

《GAME》

2008

이 앨범이 없었다면 지금의 퍼품이 존재했을까. 그만큼 히트해야만 했으며
히트할 만한 이유가 충분한 작품이었다. 〈チョコレイト・ディスコ(Choco-
late disco)〉나 〈Baby cruising Love〉와 같은 싱글과 달리 빽빽하게
채워놓은 사운드로 일관한 〈GAME〉 같은 곡들로 인해 더욱 사랑을 받기도
했다. 일렉트로니카의 대중화를 이끌기도 한 작품.

《데스 노트》로 유명한 오바 츠구미(大場 つぐみ)와 오바타 타케시(小畑 健) 콤비의 만화 《바쿠만》을 보면 정도와 사도라는 단어가 나온다. 정석적인 셀링 포인트를 밟아나가는 것이 전자, 이와 확연히 다른 요소로 없던 길을 만드는 것이 후자를 의미한다. AKB48이 철저히 정도의 길을 걷고 있다면, 지금부터 소개할 퍼퓸은 일본 여자 아이돌 그룹 중 사도의 정점에 있다고 표현하는 것이 이들의 성향을 짐작하기에 도움이 되리라 생각한다.

아쨩(あ~ちゃん)과 놋치(のっち), 카시유카(かしゆか). 지금이야 꽤나 무게감이 느껴지는 이름들이지만, 그렇게 되기까지 장장 8년이라는 무명의 시간이 필요했다. 중학교 시절 액터즈 스쿨 히로시마의 1기생으로 입학해 연예인 수업을 받던 중 스스로 뭉쳐 그룹을 결성한 것이 2000년이니, 꽤 오래전 이야기다. 고향인 히로시마에서 지역 아이돌로 힘겹게 이름을 알리기 시작했고, 3년 후엔 꿈에 그리던 도쿄로 반경을 넓혔다. 이 과정에서 만난 이가 바로 은인이 되는 나카타 야스타카(中田 ヤスタカ). 지금 여기까지 읽은 이들이라면 이제 퍼퓸에겐 상승세만 남았구나 생각할지도 모르겠다.

그대로 히트했다면 지금처럼 이들의 서사에 힘이 실릴 일도 없었을 테고, 인기를 유지할 지구력을 기르는 것도 불가능했을 것이다. 상경 이후에도 방황은 3년이 넘도록 이어졌다. 바뀐 프로듀서와 함께 싱글 〈スウィートドーナッツ(Sweet donuts)〉2003, 〈モノクロームエフェクト(Monochrome effect)〉2004를 야심차게 내놓았지만, 100위 안에도 들지 못하는 수모가 이어졌다. 잠재력 하나만을 무기로 메이저에 진출해 〈リニアモーターガール(Linear Motor Girl)〉2005, 〈コンピューターシティ(Computer city)〉2006와

〈エレクトロ・ワールド(Electro world)〉2006에 와서야 소수의 지지층을 만들어냈지만, 소속사의 낯빛은 어두워져만 갔다. 직접 홍보지를 돌리고, 발바닥에 땀이 나도록 노상 라이브를 돌아도

상황은 좀처럼 나아지지 않았다. 그렇게 《Perfume ~complete best~》2006를 마지막으로 짧은 역사에 종지부를 거의 찍으려 했던 순간에, 갑자기 인터넷에서 이들의 노래가 회자되기 시작했다. 그야말로 기사회생의 순간이었다.[1]

곧이어 선보인 〈チョコレイト・ディスコ(Chocolate disco)〉2007를 들은 키무라 카에라(木村 カエラ)가 자신의 라디오 프로그램에서 이들의 노래를 틀기 시작했고, 클럽을 중심으로 퍼져나가며 음악 마니아 및 뮤지션들의 시선을 끌었다. 공연장엔 팬부터 음악관계자까지 섞여 있는 이색적인 풍경이 펼쳐졌고, 멤버들은 많은 경험을 토대로 한 퀄리티 있는 무대를 선보이며 호기심에 찾아온 이들을 단숨에 사로잡았다. 그야말로 기적적인 사건의 연속이었다.

그러던 중 NHK와 《公共広告機構(공공광고기구)》가 재활용 캠페인의 CM송 제의를 해왔고, 그렇게 그녀들을 스타로 발돋움하게 한 〈ポリリズム(Polyrhythm)〉2007이 태어났다. 최고 순위 7위. 판매량은 전작의 9배에 육박하는 7만 7000장. 2년 동안 일어난 이 놀라운 일들은 포기하지 않았던 멤버들의 의지와, 타협 없이 자신의 음악을 고집해온 나카타 야스타카의 장인정신이 만들어낸 우연 아닌 우연이었다.

이때부터 탄탄대로가 시작되었다. 정규작 《GAME》2008이 테

---

1 일본의 유명 동영상 사이트인 니코니코동화에 올라온 게임 《Idol Master》의 매드무비에 〈パーフェクトスター・パーフェクトスタイル(Perfect star perfect style)〉을 입힌 영상이 올라온 것이 붐의 시초였다. 이를 기점으로 〈아이돌 마스터〉 영상에 퍼퓸의 노래를 입히는 것이 유행이 되었으며, 이를 통해 일반 대중에게도 퍼퓸이 알려지게 되었다.

크노 음악으로는 옐로 매직 오케스트라(YELLOW MAGIC OR-CHESTRA) 이후 25년 만에 차트 1위를 획득하며 대세가 되었음을 입증했다. 디스코그래피 중에서도 가장 하드한 사운드를 담고 있는 이 작품의 히트는 당시 메인스트림의 흐름과 다른 물꼬를 텄고, 발군의 안무 감각은 '퍼퓸만의 퍼포먼스'를 각인시키며 훗날 경연대회를 개최하기까지 이르게 된다.

이들에게서 주목해야 할 점은, 바로 1990년대 이후 모든 아이돌이 구사하던 상업적 전술을 철저히 배제한 상태로 성공을 거머쥐었다는 사실이다. 특히, 그때만 해도 당연하게 여겼던 '유사 연애대상'의 아이돌이 가진 성적 어필이 전혀 없었다. '이성'이라는 매력보다는 '친근함'을 강조했고, 국지적인 팬덤의 의지 없이 성장해 범세대적인 대중에게 인정받는 오늘날의 퍼퓸이 되었다. 멤버들의 스캔들을 접한 뒤 CD를 부수고 인증샷을 올리는 팬들은, 적어도 퍼퓸의 경우에는 존재할 수 없었다. CD에 사진이나 투표권을 끼워 넣는 식의 전략도 전무했다. 비디오 클립 DVD를 추가하거나 앨범 커버의 차이를 제외하면 통상반과 한정반의 차이는 거의 없다시피 하다. 이처럼 팬덤의 폭발력을 포기했는데도, 여전히 싱글은 8만에서 10만 장 사이를 오가는 판매고를 보이며 꾸준함을 과시하고 있다.[2]

이런 과정을 거쳐 성립된 '음악으로 인정받은 걸그룹'이라는 포지셔닝이 이들의 최대 강점이다. 이른 나이에 벌써부터 레전드 반열에 오를 기미가 보이는 나카타 야스타카가 주조한 일렉트로 팝은 소위 '누가 들어도 부끄럽지 않은' 보편성을 갖추고 있다.[3] 또한 각 멤버의 디테일한 동작을 중심으로 한 난이도 높은 안무는 퍼퓸 아니면 불가능한 퍼포먼스의 신기원을 이루며 그 위용을

---

2 정확히 따지자면 AKB 사단 쪽이 비정상적이라 보는 것이 맞다. 현지 북오프에 가면 AKB의 중고싱글 1장이 50엔에 팔리는 모습을 쉽게 볼 수 있다. 지금의 오리콘 차트를 신뢰할 수 없는 가장 큰 이유는, 여러 아이돌이 상술을 통한 뻥튀기 판매량으로 차트 상위권을 점령하고 있기 때문이다.

뽐내고 있다. 퍼퓸식 일렉트로니카 팝의 절정을 보여주었던 《△ (Triangle)》2009과 좀 더 대중적인 노선으로 변신을 감행한 《JPN》 2011을 거치며 이들은 또 한 번 전환점을 맞게 된다. 바로 소속사를 《德間ジャパンコミュニケーションズ(토쿠마 재팬 커뮤니케이션즈)》에서 《Universal Music》으로 옮기게 된 것. 장르적 이점으로 파생된 해외 수요에 대응하기 위한 방편이었다. 이후 세 번의 월드 투어를 성공적으로 완수했고, 그와 동시에 일본에서는 돔 투어가 가능할 정도의 입지를 다졌다. 방송보다 공연, 특히 록 페스티벌엔 이미 단골손님이며, 《Rock in Japan 2013》에서는 맨 마지막에 해당하는 오오토리(大鳥)를 맡는 등 아이돌 노선을 완전히 탈피해 각계각층의 러브콜을 받는 걸그룹으로 자리매김하였다.

　어찌 보면 그들도 어느덧 커져버린 퍼퓸이라는 이름의 중량감이 당혹스럽지는 않을까 싶다. 한 인터뷰에서 카시유카는 "이제 되돌릴 수 없다는 것을 알았다. 그렇기에 나아갈 뿐"이라 했고, 놋치 역시 "진짜 나와 퍼퓸의 내가 이제는 거의 동일시 된 것 같다"고 언급한 적이 있다. 기존 아이돌의 안티테제로, 또는 록과 팝을 자유롭게 넘나드는 음악집단으로, 아니면 고난과 역경을

뚫고 나와 꿈의 가능성을 전파할 자격을 갖춘 이상전달자라는 과분한 위치를 가지게 된 퍼퓸. 이들은 여전히 그 무게를 스스로 짊어지며, 그래도 대중에게 환한 미소를 보낸다. 아픔을 즐거움으로 승화시킬 강함을 지니게 된 그녀들의 향기는, 아무도 모르게 은은하게 퍼져 사람들에게 기분 좋은 희망을 선사하고 있다.

---

3 〈ポリリズム(Polyrhythm)〉 때도 그랬지만, 초기에 제공했던 나카타 야스타카의 곡들은 아이돌 곡 치고는 너무나 세련되었다는 이유로 퇴짜를 맞는 일이 많았다. 어떻게 보면 이에 굴하지 않고 계속 자신의 뜻을 관철시킨 나카타 야스타카의 감각이 결국 시대를 앞서갔다고 보는 것이 맞을 듯하다.

일본식 아이돌
엔터테인먼트의 극한

《1830m》
2012

때로는 우리나라 아이돌의 음악보다 이들의 음악이 낫다는 생각이 들 때가 있다.
아키모토 야스시의 가사가 가진 힘, 앞만 보고 달려나가는 멤버들의 열정,
이 두 가지가 합쳐졌을 때 나오는 어떤 뜨거운 무언가가 있다. 그저 기획된
상품에 불과함을 알고 있는데도 이런 감정을 느끼는 건, 멤버들의 꿈이 진심에
닿아 있기 때문일 것이다.

　AKB48은 이미 하나의 거대한 왕국에 가깝다. 음악방송과 예능, 드라마, 라디오, CF, 잡지, 영화 등 각종 매스컴을 장악하다시피 하고 있으며, 거기에서 파급되는 효과는 일본경제에 적지 않은 영향을 미친다. 이들의 일거수일투족은 세세하게 방영되며, 상징과 같은 총선거는 공중파에서 중계권을 확보하기에 이르렀다. 부정적인 시각 또한 만만치 않지만, 이젠 필요악이라 언급할 정도로 무시할 수 없는 존재가 되어버린 그들. AKB사단과 그 시스템을 움직이는 것은 과연 무엇인가. 우리나라 사람들이 가장 오해하고 있기도 한 이들에 대해 몇 가지 이야기해보려 한다.

　이들의 시작은 아키하바라 소재의 한 극장에서 비롯되었다. 유명 작사가이자 프로듀서이기도 한 아키모토 야스시(秋元 康)가 '아키하바라48 프로젝트'를 발족시켜 아이돌 양성에 첫발을 내딛었다. 원래 《ザ・ベストテン(The Best Ten)》의 구성작가이기도 했던 그는 오냥코 클럽(おニャン子クラブ)을 통해 TV에 본격적으로 '아마추어의 시대'를 연 인물이기도 했다.[1] '프로'의 손에 다듬어지지 않은 미숙함과 그 안에서 엿보이는 연민. 이것이 가장 큰 세일즈 포인트임과 동시에 서로간 경쟁을 부추겨 팬덤을 결집시킬 핵심이기도 했다. 이를 모토로 8천명에 가까운 지원자 중 20명을 최종적으로 추려내, 짧은 연습기간을 거쳐 2005년 12월 처음으로 전용극장에서 첫 퍼포먼스를 펼치기에 이르렀다.

　이때가 흔히 이야기하는 '지하 아이돌'의 시기였다. 관객이 들지 않아 스스로 전단지를 돌리며 홍보에 나섰고, 인디즈 싱글로 〈桜の花びらたち(벚꽃잎들)〉2006을 발표하며 반등을 노렸지만 쉽지 않았다. 이와 함께 2기생이 들어오며 1기는 팀 A, 2기는 팀 K로 편성되었고, 팀 내 무한경쟁체제의 서막을 알렸다. 아키

---

[1] 츠츠미 쿄헤이(筒美 京平)는 당시 이런 현상에 대해 "지금까지의 시대에 존재하던 문화는 전부 끝나버린 느낌이 들었다"고 후술했다.

모토 야스시의 입김으로 《Music Station》에 출연하기도 했고, 이듬해 〈会いたかった(만나고 싶었어)〉2007로 메이저에 진출하기도 했지만 인기상승으로 직결되지 않았다.

'만나러 가는 아이돌'의 콘셉트로 극장공연을 이어간 지 햇수로 3년, 위기에 봉착했던 이들을 살려준 것이 바로 악수회였다. 〈大声ダイヤモンド(큰 목소리 다이아몬드)〉2008부터 극장반을 도입해 악수회를 체계화 시켰고, 10만 장에 육박한 판매량을 산소호흡기마냥 의지하며 조금씩 숨통을 틔워나갔다. 그리고 정확히 1년 후 〈RIVER〉2009로 오리콘 첫 1위를 거머쥐었고, 첫 총선거를 성공리에 정착시키며 신드롬을 위한 사전작업을 모두 끝내게 된다.

가장 결정적인 순간은 〈ポニーテールとシュシュ(포니테일과 슈슈)〉2010의 탄력을 등에 업고 발표한 〈ヘビーローテーション(Heavy Rotation)〉2010이었다. 국민 히트곡 반열에 오르며 남녀노소 모두에게 AKB를 알리는 계기가 되었고, 가라오케 차트에서는 2년 동안, 싱글 톱 100에는 100주 이상 머무르는 등 꾸준히

사랑받으며 상징적 트랙으로 자리잡았다. '시끌벅적한 여고 탈의실'을 콘셉트로 찍은 뮤직비디오는 1억 뷰를 달성했을 정도. 만년 2위였던 오오시마 유코(大島 優子)가 부동의 원톱 마에다 아츠코(前田 敦子)를 꺾고 정상에 오른 2회 총선거의 스토리와 함께 맞물리며 더욱 큰 화제에 오른 곡이기도 했다. 여러모로 최적의 타이밍이었다.

이후 비선발 멤버들에게도 기회를 주자는 취지로 기획한 가위

바위보 대회[2]와 투표를 통해 AKB사단의 인기곡을 뽑는 리퀘스트 아워가 정착되며[3] 졸업송 – 총선거 투표권 – 총선거 선발멤버 – 리퀘스트 아워 투표권 – 가위바위보 대회의 싱글 발매 사이클이 완성되었다. 싱글 구매로 팬이 자신의 영향력을 직접 행사할 수 있다는 점 때문에 판매량은 100만 장에서 총선거 시에는 200만 장에 육박하는 등 비정상적으로 높은 편이다.

철저한 시스템과 긴 연습생활을 거친 완성형 아이돌을 접하는 국내 대중은 이들의 인기에 대해 의문을 제기하곤 한다. 뛰어난 외모도 아닌 데다가 실력도 별로인데 어떻게 스타 반열에 오를 수 있냐고 말이다. 반론을 하자면, 이들은 '일본에서만 존재할 수 있는 아이돌'이다. 우리가 보는 관점으로는 절대 이 현상을 이해할 수 없다. 일단 셀링 포인트부터 다르다. 이들은 '프로'가 아닌 '아마추어' 상태로 활동한다. 그 미숙한 모습에서 연민을 느낀 팬들이 성원을 보내게 되고, 그 응원을 통해 자신이 좋아하는 멤버가 성장한다는 정서적 동질감을 가진다. 이것이 가장 기본적인 AKB 시스템의 토대이다.

여기에 옆집에서 볼 수 있을 법한 친숙한 이들을 선발해 유사연애대상의 요소를 삽입하고, 악수회 등을 통해 직접적인 커뮤니케이션을 유도하며 더욱 밀접한 관계를 유도한다. 그렇기 때문에 이들에게 '좋은 실력'이나 '뛰어난 외모'는 필요 없다. 오히려 세련된 스타일링을 앞세우면 오타쿠라 부르는 집단의 지갑을 여는 데에 부정적인 영향을 미칠 확률이 더 높다. 그들이 접근하기엔 너무 부담스러운 존재감을 내뿜게 되기 때문이다.

그렇게 심어 놓은 '동반성장'의 캐치프레이즈에 정점을 찍는 것이 바로 '총선거'이다. 자신이 좋아하는 멤버에게 가장 직접적인

---

2 다른 외부 요인 없이 가위바위보로만 선발멤버를 뽑는 행사. 역시 생중계된다.
3 기본적으로 AKB사단의 곡은 4~500곡 정도로 추산된다. 파생된 그룹도 많고 극장에서만 보여주는 곡도 많기 때문이다. 이중 투표를 통해 100위부터 곡을 선보이는 리퀘아워 투어를 매년 진행하고 있다.

영향력을 행사할 수 있는 기회이기 때문이다. 도움을 주고자 하는 마음이 CD 한 장을 다섯 장으로, 다섯 장을 열 장으로 만든다. 그렇게 해서 자신이 조금이나마 힘이 될 수 있다면, 하고 생각하는 것이다. 이런 상호관계가 AKB 시스템의 가장 커다란 축이라고 할 수 있다. 그 연결고리가 갖는 힘은, 상상하기 힘들 정도로 강한 집착을 만든다.

그렇게 십대가 아닌 구매력 있는 남성을 타깃으로 한 상술은 정작 본질인 음악이 도외시 된다는 점에서 큰 반발도 동시에 일으키고 있다. 일본의 중고샵을 가면, 수많은 싱글이 50엔이라는 가격표를 달고 주인을 기다리고 있다. 팬들에게 CD는 그저 부속품일 뿐, 궁극적으로는 그 안에 동봉한 투표권과 악수회권이 주목적이다. 잘 모르는 이들에게는 AKB48을 48명으로 이루어진 그룹이라 착각할 수도 있겠지만, 우리가 일반적으로 접하는 이들은 실은 수많은 자매그룹을 포함해 200명이 넘는 인원 중 총선거로 뽑은 상위 16명에 불과하다. 그렇기에 난공불락의 인기 멤버가 하나 둘씩 졸업하는 시기가 오면 자신이 좋아하는 멤버를 상위권으로 진입시킬 수 있는 아주 좋은 기회가 오는 셈이다. 전투적으로, 필사적으로 CD 구매에 열 올리는 이들의 모습이 AKB 붐의 지속 이유를 잘 보여주고 있다.

다만 앞서 언급했듯 부작용도 만만치 않다. 여전히 '성'을 부각시키는 프로모션이 많다. 매년 여름 싱글은 수영복을 입고 찍는 뮤직비디오가 관례화 되었고, 각종 잡지에 수위 높은 화보를 찍는 탓에 'AKB 사단 때문에 그라비아 모델이 설 자리를 잃었다'는 볼멘소리가 나올 정도다. 무엇보다 그 멤버들이 대부분 미성년자라는 점이 문제가 된다. 어린 아이들의 '성'을 매개로 유사

연애대상의 전략을 극대화함과 동시에 사생활의 희생을 요구하는 지금의 시스템은 부정적으로 바라봐도 전혀 문제될 것이 없는 상황에 있다.

또 하나 언급하고 싶은 것이 바로 AKB에 속해 있는 멤버들이다. AKB 사단의 주력멤버가 되는 일은 쉽지 않다. 겨우 13, 14세에 불과한 아이들이 가혹한 내부경쟁의 장에서 기약도 없이 고강도의 정신 및 육체 노동을 견뎌내야만 겨우 기회가 찾아온다. 인기 멤버와 비인기 멤버간 대우가 하늘과 땅 차이인 탓에 누군가는 밴을 타고 와서 담당 스타일리스트에게 메이크업을 받고, 누구는 대중교통수단을 타고와 스스로 화장을 해야 한다. 예전에는 이런 차이를 자신의 노력으로 어떻게든 메울 수 있었지만, 지금에 와서는 푸시와 비푸시 멤버간 격차가 커지며 그런 희망마저 장담할 수 없는 상황이다. 그만큼 '공정경쟁'은 점점 꿈과 같은 말이 되어가고 있다.

그런데도 가혹한 스케줄을 견뎌낼 수 있는 이유는 이 아이들의 '꿈'에 대한 신념이 아직까지 존재하기 때문이다. 이렇게 꿈에 대한 열망을 토대로 죽을힘을 다해 달리는 아이들의 희생과 고통, 눈물을 포장해 미디어에 내보내고, 응원의 명목 하에 의미 없는 CD들을 찍어낸다. 참 가혹하기 이를 데 없는 자본주의의 단면이기도 하다.

그래도 아직 이들의 인기는 현재진행형이다. 졸업한 인기 멤버들의 빈자리를 새로운 얼굴들이 잘 채워주고 있으며, SKE48,

NMB48, HKT48, 노기자카(乃木坂)46과 같은 패밀리 그룹의 CD 판매량 또한 하락할 기미가 보이질 않는다. 언제까지 이 붐이 지속될지 모르겠지만, 언제 무너질지 모를 모래성의 균열을 느끼면서도 멤버들은 여전히 앞만 보며 달리고 있다. 이들의 노래가 유치하게 느껴지다가도 문득 청춘의 여러 장면이 겹쳐지며 괜히 여운이 남게 되는 것은, 단순히 아키모토 야스시의 작사 실력이 아닌, 그 노랫말에 진심을 담아 부르고 있는 멤버들이 있기 때문이다. 극한의 아이돌 엔터테인먼트는, 그렇게 소녀들의 꿈을 연료로 나아가고 있다.

Ø 멤버
타카(Taka, 보컬. 1988~)
토루(Toru, 기타. 1988~)
료타(Ryota, 베이스. 1989~)
토모야(Tomoya, 드럼. 1987~)

원
오
크
록

겨우내 돌아온
인터내셔널
스타 탄생의 흐름

추천앨범

《Nicheシンドローム》
(NicheSyndrome)
2010

정말 미친 듯이 내지르기만 하던 시절이 있었다. 인생 곡이라 할만한 〈完全感覚Dreamer(완전감각드리머)〉를 비롯해 〈Liar〉, 〈じぶんROCK(나의 ROCK)〉 등 원 오크 록을 떠올리면 당연히 따라오는 대표곡 및 라이브 정평곡이 이 한 장에 담겨 있다. 전체 완성도로 보면 이후 작품들이 더 나을 수 있겠지만, 직관적인 매력으로 보자면 이 이상의 작품은 없다.

제이팝의 타깃은 어디까지나 자국이었다. 서구문물의 본격적인 유통이 일본 음악시장의 성장을 도모했지만, 시대를 관통해 온 열등감 때문이었는지 자신의 것을 공유하고 베푸는 데에는 인색했다. 세계적인 영향력은 그 규모에 비해 극도로 미미했고, 동시에 제이팝에 대한 존재감은 날이 갈수록 희미해져 갔다. '자신만 즐기는 문화', 큰 시장을 가지고 있는데도 그 가치를 좀처럼 알리지 못하는 일본의 사정은 우리나라의 케이팝 수출과 대비되며 '일본음악의 매력은 자국민에게만 유효한가'라는 의문을 낳기도 했다.

좋은 콘텐츠가 겹겹이 레이어를 쌓고 있는 열도이지만, 로컬 측면이 유난히 강하다는 사실을 부인하기는 힘들다. 팝과 달리 일본 음악에 정들이기가 쉽지 않은 이유는 접근성을 떠나 음악 자체에 적응하기 힘든 요소들이 자리 잡고 있는 탓이다. 이런 상황에서, 영미권의 영향을 직격탄으로 맞은 세대들이 2010년 이후 제이팝 시장을 새로운 국면으로 이끌고 있다. 이러한 신예들의 성공 및 해외투어 실현 소식은 '일본에서도 월드스타가 탄생할 수 있는가'에 대한 명제를 재고하게 만들고 있다. 펑크와 이모코어, 얼터너티브를 적절히 섞어 재구성한 음악으로 사랑받고 있는 원 오크 록은 바로 이런 흐름의 선봉장이다.

사실 원 오크 록을 이야기할 때는 보컬을 맡고 있는 타카(Taka)에 대한 배경 스토리가 먼저 언급되기 마련이다. 그만큼 이력이 화려하다. 우선 그는 각각 일본이 사랑하는 가수와 배우인 모리 신이치(森 進一)와 모리 마사코(森 晶子)의 세 자식 중 장남이며, 자니스 소속 그룹인 뉴스(NEWS)의 초기 멤버이기도 하다. 언론플레이를 펼치기에 충분한 과거사인데도, 결코 이것이 가벼운 가십거리로 소모되지 않는 것은 밴드 초기나 인기를 얻고 있는 지금이나 이를 이용해 프로모션을 펼친 사례가 없기 때문이다. 10년에 가까운 시간 동안 오로지 실력으로 경력을 증명해온 그간의 활동이력이 밴드에게 신뢰를 보내게 되는 가장 큰 이유이기도 하다.

타카가 중심인물이긴 하지만, 그렇다고 개국공신은 또 아니다. 본래 토루(Toru), 알렉스(Alex), 료타(Ryota), 토모(Tomo)로 구성되어 있던 상황에서, 보컬이 필요해 영입한 것이 타카였다. 자니스 탈퇴와 고등학교 자퇴 후 아르바이트를 하며 밴드를 하고 있던 타카였지만, 당시 결성되어 있던 원 오크 록의 음악이 좀 더 자신의 이상향에 근접하고 있다고 생각해 가입을 결심하게 된다. 이후 드럼이었던 토모가 탈퇴하고 토모야(Tomoya)가 가입하며 5인 체제를 갖추게 된다. 스튜디오에서 결심한 목표는, 통 크게도 일본이 아닌 '세계'였다.

2006년 《アミューズ(Amuse)》와 계약 후 메이저 데뷔, 첫 앨범 《ゼイタクビョウ(사치병)》2007을 발표한다. 아직 설익은, 그러면서도 날것의 느낌이 매력적인 작품이었다. 당시 타카의 능숙한 영어 워딩, 서양 본토의 느낌에 가까운 사운드가 평단의 주목을 받으며 차세대 록스타로서 성공 가능성 또한 높게 점쳐지던 상태였다. 이후 탄력을 받아 6개월 간격으로 정규작 《Beam of Light》2008, 《感情エフェクト(감정 Effect)》2008를 차례로 내놓지만, 눈에 띄는 성과를 얻는 데는 실패한다. 사운드의 숙련도는 서서히 높아지고 있었지

만, 확실히 대중을 사로잡을 킬링 트랙이 아직 없었기 때문이다.

이 고민을 단번에 날려준 곡이 바로 〈完全感覚Dreamer(완전감각드리머)〉2010였다. 명쾌한 기타 리프, 그루브가 극대화된 드러밍에 매력적인 선율과 절정부를 이끌어가는 샤우팅. 라이브에서 빠지면 아쉬운 노래로 자리매김한 이 노래가 그들을 정상권으로 견인했다. 같은 해 발표한 《Nicheシンドローム(NicheSyndrome)》2010이 오리콘 4위를 기록했으며, 5집 《残響リファレンス(잔향Reference)》2011와 6집 《人生×僕=(인생×나=)》2013을 거치면서 록 팬을 넘어 일반 대중에게 지지를 받는 대세 밴드로 거듭나기에 이르렀다. 한 번의 기회를 놓치지 않고 집중력을 발휘해 좋은 결과물과 라이브를 선보인 덕분이었다.

2012년 요코하마 아레나 공연을 완수한 이들은 이윽고 세계로 눈을 돌렸고, 이듬해 유럽 및 아시아를 아우르는 월드 투어를 개최해 열띤 반응을 이끌어냈다. 여기에서 끝이 아니라는 듯 남미까지 영역을 확장하였고, 이어 모든 녹음 작업을 미국에서 진행한다는 계획 하에 7번째 작품의 담금질에 돌입하게 된다. 그렇게 좌절과 희망이 교차하는 치열한 작업 끝에 《35xxxv》2015를 선보였고, 멤버들이 꿈꾸던 세계시장을 고려한 결과물을 통해 인터내셔널 시장에 본격적인 도전장을 내밀었다.

그야말로 일본에서 몇 안 되는 '세계를 상대로 해볼 만한' 밴드라는 데 이들의 존재의의가 있다. '이 정도면 됐어'에서 벗어나 팝의 본토에서도 괄목할만한 성과를 거두고 싶다는 의지가 내수시장 중심으로 규정된 일본 팝 신에 새로운 바람을 불어넣었다는 것은 자명한 사실이다. 일본 대중을 고려해야 하는 상황에 조금은 지쳤다는 타카의 말이 세계적인 관심에 대한 갈증의 정도를 대변하고 있다고 해도 지나친 말은 아닐 것이다.

언뜻 들으면 영미권 팝록으로 들릴 정도로, 이들의 음악은 일본의 영향권에서 벗어나 있다. 탈일본적 성격이 반드시 성공으로 이어지는 것은 아니지만, 적어도 서구 대중에게 거부감 없이 다가가고 있는 건 분명하다. 이는 헤비니스 뮤직에 아이돌 산업을 얹은 베비메탈(BABYMETAL)의 성공사례와 그 궤가 다르다. 베비메탈이 '일본만의 콘텐츠'라는 성격으로 접근해 호기심을 근간으로 한 반응을 이끌어내고 있다면, 원 오크 록은 그야말로 '본토 음악 듣듯' 이들을 소비하고 있다는 측면이 이를 말해준다. 이 덕분에 뒤늦게 일본의 음악이라는 것을 알고 놀라는 이들도 심심치 않게 발견할 수 있으며, 외양을 통한 팬덤보다는 순수한 '음악 팬'으로 밴드를 지지하는 사람들이 많다는 것도 특징이다. 요즘 일본 밴드들이 중시하고 있는 캐릭터성보다는, 음악 자체에 많은 부분을 할애하는 이들의 경향이 효력을 발휘하는 덕분일 것이다.

이처럼 원 오크 록은 뒤늦게 빛을 본 대기만성형 밴드다. 3집 후 불미스러운 일로 알렉스가 탈퇴하긴 했지만, 공백 없이 곧바로 팀을 재정비해 더욱 꼿꼿한 애티튜드로 지금에 이르렀다는 점에서 정상을 향한 투지를 엿보게 한다. 더욱이 처음부터 세계가 자신의 무대라 공언해 왔을 정도로 거대한 꿈을 간직해온 원 오크 록. 앞으로 이들은 얼마나 더 나아갈 수 있을까. 꽤 많은 이들의 기대와 염원이 바로 이 네 명의 록스타들 어깨 위에 얹혀 있다.

Ø 멤버
요시오카 키요에(吉岡 聖惠, 보컬. 1984~)
미즈노 요시키(水野 良樹, 기타. 1982~)
야마시타 호타카(山下 穂尊, 기타. 1982~)

2010년대가 낳은
첫 국민가수

《ライフアルバム》
（Life Album）
2008

빅히트 직전, 좀 더 자유로웠던 이키모노가카리의 모습을 담고 있다. 지금은
다소 보기 힘든 어퍼 록 튠 〈夏空グラフィティ(여름하늘 Graffity)〉를
비롯해, 명발라드 중 하나인 〈茜色の約束(자주빛 약속)〉, 복고풍의 〈青春ライ
ン(청춘 Line)〉 등, 전성기를 이끌었던 결정타를 만나볼 수 있는 작품이다.

가족 모두 TV 앞에 앉아 같은 프로그램을 보던 시대는 지났다. 네트워크 발달로 과거와 현재가 엉켜버린 세상은 '자신만의 취향'을 즐기고 만들어가는 데에 일조했다. 그렇기에 이키모노가카리라는 그룹의 존재가 더욱 각별하다. 일정 수요만 전제로 활동을 펴나가는 아티스트들이 많아져 가는 팝 신에서, 점점 희귀해지는 '남녀노소'의 구분이 없는 스탠스를 가진 팀이기 때문이다. 중장년층에게는 자식과 공유할 수 있는 이야기를 만들어주고, 젊은 층에게는 음악이 세대를 관통하는 위대한 힘의 매개체임을 알려주는 이들은, 반드시 기억하고 언급해야 할 2010년대 아티스트 중 하나이다.

1990년대 중반에서 후반은 포크 듀오 유즈(ゆず)의 성공으로 인해 노상 라이브가 인디 뮤지션들의 활동 방편으로 굳어지던 시기였다. 더군다나 같은 카나가와 현에서 선배들의 성공사례를 목격했던 이들이었기에, 기타를 메고 자연스럽게 길거리로 나서게 된다. 초등학교 시절 친구였던 미즈노 요시키(水野 良樹)와 야마시타 호타카(山下 穗尊). 둘이 손을 맞잡고 2인 체제로 시작했던

것이 1999년이다. 같은 해 11월 친구의 동생이었던 보컬 요시오카 키요에(吉岡 聖恵)를 영입하면서 지금의 모습을 갖추고 활동을 시작한다. 팀명은 미즈노와 야마시타의 부활동으로 가입했던 '생물계'가 그 유래이며, 후에 요시오카가 가입할 때 변경하려 했으나 지금의 팀명이 좋다는 그녀의 말에 이키모노가카리라는 이름을 유지하게 된다.

그 후 대학 입시, 슬럼프 등을 거쳐 2003년에 활동을 재개했다. 단순한 통기타＋노래에서 벗어나 밴드 편성 곡을 만들기로 결심하면서 원맨 라이브 개최를 목표로 삼았다. 그렇게 차곡차곡 오리지널 작품을 만들고 노상 라이브 역시 꾸준히 지속한 끝에, 라이브하우스에서 치른 첫 단독 공연을 성공리에 완수해 뮤지션으로서 첫걸음을 내딛었다. 그리고, 이것이 결국 초대 매니저를 만날 수 있게 해주었고 메이저로 향하는 문을 여는 계기로 발전한다. 역시 난 놈은 알아본다고 했던가.

그렇게 인디즈 생활을 시작해 2006년에 소니뮤직 엔터테인먼트 산하의 《EPIC Records Japan》을 통해 메이저 데뷔를 한다. 첫 싱글로 선보인 〈SAKURA〉2006는 지금도 많은 리퀘스트가 들어오는 명곡이며, 이어진 두 번째 싱글 〈HANABI〉2006는 첫 오리콘 톱 10 고지를 밟으며 창창한 앞날을 예감케 했다. 사실 이름이 퍼져가기 시작할 때부터 많은 방송관계자가 이들의 대중성에 주목했고, 그 덕분에 이례적으로 첫 작품부터 CM송으로 발탁되었다. 이어 애니메이션 《블리치》의 엔딩곡으로 기용되면서 프로모션 측면에서는 일찌감치 유리한 고지를 점령했다.

본격적으로 세일즈에 반응이 오기 시작한 것은 바로 싱글 〈ブルーバード(Blue bird)〉2008와 《My song your song》2008부터다. 전작의 두 배에 육박하는 판매량으로 전성기의 도래를 알렸으며, 이어 NHK 전국학교음악콩쿠르의 주제곡으로 선정되기도 하는 〈YELL／じょいふる(Joyful)〉2009의 히트와 《ハジマリノウタ(시작의 노래)》2009의 하프밀리언으로 대세가 되었다는 사실을 완벽하게 입증했다. 투어 역시 그 규모가 커져 2009년에는 6개월 동안 51곳에서 60회 공연을, 2010년에는 웬만한 인기가 아니면

하기 힘들다는 아레나 투어까지 완수했다. 최고 히트곡이라 할 만한 〈*ありがとう*(고마워)〉2010까지 이 시기에 선보이며 단기간의 주목도만큼은 어느 선배 뮤지션들도 넘어설 수 없는 수준에 도달했다. 그야말로 '이키모노의 세상'이었다.

베스트 앨범 《*いきものばかり～メンバーズ*BEST*セレクション ～*(이키모노바카리～Member's BEST Selection)》2010의 밀리언히트 이후 두 장의 앨범을 거치는 동안 그 폭발력이 조금 사그라든 감이 있긴 하다. 하지만 아직 아레나 투어를 수행하고 있으며 연예잡지 《*オリスタ*(오리스타)》에서 조사한 '좋아하는 밴드 랭킹 2012'에서 무려 비즈(B'z)와 미스터 칠드런(Mr.Children)을 꺾고 1위를 차지하는 등 그 지명도는 가히 2000년대 등장한 뮤지션 중 손꼽을 수 있는 수준이다. NHK에서 방영되는 드라마와 NHK 올림픽 테마송에 채택되고, 여태껏 발표한 모든 싱글이 타이업되었다는 사실을 돌이켜볼 때, 이들의 음악이 가진 보편성이 얼마나 대단한 것인지 새삼 깨닫게 된다.

이들의 강점은 누가 뭐래도 '정석에 가까운 팝 사운드'이다. 모든 디스코그래피의 수록곡들은 분명 일정한 스타일을 유지하고 있지만, 이것이 진부하게 느껴지지 않도록 만드는 부분에서 바로 팀의 저력을 엿볼 수 있다. 이는 일본의 많은 장수밴드의 경우와 유사한 케이스라 할 수 있는데, 고착화된 스타일을 좋은 멜로디를 비롯한 완성도로 버텨내며 그 자체를 '밴드의 정체성'으로 가져가는 것이다. 일본에서 흔히 국민밴드라 부르는 비즈, 미스터 칠드런, 스피츠(*スピッツ*) 모두 특별한 변화가 없었어도 긴 시간동안 사랑받아왔다. 이와 같은 일반 대중을 아우르는 '스탠더드'적 경향은 이키모노가카리를 설명할 때 반드시 언급해야할

부분이다. "15초안에 곡의 이미지를 대중에게 이해시키는 것이 중요"하다는 미즈노 요시키의 발언은 '쉽게 들리는 노래'의 중요성을 주지시키고 있다.

여기에 두 남자 멤버의 송라이팅을 훌륭히 소화하는 요시오카 키요에의 보컬에 대한 언급도 빼놓을 수 없다. 사실 과장을 조금 보태서 일본 대중음악사를 통틀어 '이렇게 자연스러운 가창을 보여주는 보컬이 있었나' 싶을 정도로, 그녀의 노래는 전혀 부담이 없으면서도 포인트가 확실하다. 특색 없어 보일 수도 있지만, 〈YELL/じょいふる(Joyful)〉에서 보여준 한 장르에 국한되지 않은 소화력, 호소력 있는 감정과 명확한 발성은 그녀가 얼마나 뛰어난 보컬리스트인가 확인시켜 주는 부분이다. 개성은 있지만 보편성은 부족한 제이팝 신에서, '많은 이를 설득시키는 재능'이라는 측면에서 요시오카 키요에가 가진 가창력은 보통 언급되는 것보다 좀 더 높게 평가되어야 한다는 점을 강조하고 싶다.

'익숙한 것이 가장 좋은 것'이라는 말을 어디선가 들은 적이 있다. 이키모노가카리는 이 명제에 충실하다. 자신이 하고 싶은 음악보다는 사람들이 듣고 싶은 음악을 한다. 대중가수로서 가진 투철한 사명감이 예정된 스타의 길로 이끈 셈이다. 여기에 더해, 이 스타일이 인디에서 메이저까지 물 흐르듯 진행되는 일본의 시스템에도 또 한 번 눈길이 간다. '인디'는 '하나의 창구'일 뿐이지 '일정 부류가 모여 있는 곳'이 아니라는 것을 명심할 필요가 있다. 수많은 가수가 난립하는 와중에도 결국 '좋은 노래'가 승리할 거라는 가설. 이키모노가카리는 이 가설이 2010년대에도 유효하다는 사실을 증명할 아티스트다.

Ø 멤버
후카세(FUKASE, 보컬, 기타. 1985~)
나카진(NAKAJIN, 기타. 1985~)
사오리(SAORI, 키보드. 1986~)
디제이 러브(DJ LOVE, DJ. 1985~)

21세기의
일본 음악 신이
록스타를 만드는 방법

|추천앨범|

《ENTERTAINMENT》

2012

1집과 2집의 방향성이 굉장히 다르기에 무엇을 듣던 진부함을 느끼지는
않을 것이다. 그중 이 앨범을 먼저 추천하는 이유는 초기의 이들과
지금의 이들이 고르게 담겨 있는 작품이기 때문이다. 어차피 다른 작품도
자연스레 섭렵하게 되겠지만, 일단 시작은 이 메이저 첫 정규작으로.

집필 막바지인 지금 시점에서 가장 핫한 라이징 스타를 고르라면, 조금도 망설이지 않고 세카이 노 오와리를 언급하고 싶다. 촉망받는 인디 신의 샛별로 등장해, 이제는 각종 커뮤니티와 게시판에서 아이돌만큼 지분을 차지하고 있는 밴드. 파란만장했던 과거를 극복하고 어느덧 록 신을 넘어 일반 대중까지 그 맹위를 떨치고 있는 이 4인의 '판타지 메이커'들은 '지금' 일본의 음악 신을 이야기하기에 가장 좋은 존재다.

그 인기의 근간은 역시 '좋은 음악'임에 분명하지만, 이에 못지않게 중요한 것이 그들의 '삶'이 지니고 있는 서사다. 밴드의 결성 배경이나 멤버들의 과거사 및 멤버들 사이의 여러 관계성에서 비롯된 감정의 소용돌이가 고스란히 노래에 실려 나오며 그물망처럼 촘촘한 이른바 '세카오와 월드'를 만들어낸다. 좀처럼 사생활을 노출하지 않는 다른 밴드들과 달리 일거수일투족이 여러 사람의 입에 오르내리고 공유되는 것은 대중이 음악을 넘어 '그들이 사는 세상' 자체에 매력을 느끼고 있기 때문이다.

밴드의 태동은 '지하실을 임대해 스스로 개조해 만든' 장소이기도 한 라이브하우스 클럽어스(clubEARTH)에서 시작되었다. 그 제작배경을 알려면 메인 보컬이자 중심인물인 후카세(FUKASE)의 과거로 시선을 옮겨야 하는데, 이는 멤버들의 과거에 대한 꼬리물기가 시작되는 지점이기도 하다.

유년시절의 후카세는 선천성 ADHD 환자로, 바람 잘 날 없는 학창시절을 보내던 아이였다. 감정제어가 서툰 탓에 주위의 마찰에 휘말리게 되는 날이 많았고, 결국 고등학교를 퇴학한 후 미국으로 거취를 옮기게 된다. 1년의 체류기간 동안 순조롭게 학업을 이어나가던 그는 갑작스레 심해진 정신병으로 귀국해야 했고. 곧바로 정신병동에 입원해 치료 받기 시작한다. 그렇게 그 곳에 속박되며 자라난 무력감은 자신이 절망적인 상황에 있음을 직감케 했다. 그 곳, 그 순간, 그 때의 상황이야말로 '세상의 끝'이라 느꼈던 것이다.

상태가 호전된 후, 아니 한 번의 세상이 끝난 후 그가 선택한 것은 바로 어렸을 적부터 조금씩 끄적였던 음악이었다. '이것 말고는 없다'고 생각해 반드시 음악으로 성공해야 한다는 필사의 각오를 다졌던 만큼, 우선 항상 연습이 가능한 장소가 필요했다. 그러던 중 발견한 빈 지하실을 라이브하우스로 개조하겠다고 결심했고, 여태까지 곁에 있던 모든 동료를 모아 빚까지 내가며 태초의 공간을 완성시키게 된다. 그 곳이 바로 앞서 언급한 클럽어스다.

뭔가 상상 속에서나 나올 법한 이야기지만, 이것이 실제 세카이 노 오와리의 스타트 라인이다. 그리고 멤버들은 모두 후카세와 인연이 깊은 이들이다. 사오리(SAORI)는 유치원 때부터 인연을 맺어 삶의 깊은 부분을 공유하고 있는 소울메이트이며, 나카진(NAKAJIN)은 초등학교 1학년 때 만난 입시 도우미이자 첫 음악 동료였다. 항상 피에로 가면을 쓰고 있는 디제이 러브(DJ LOVE)는 고등학교 때 친구로, 밴드의 마지막 퍼즐조각임과 동시에 신비스러운 이미지를 완성시킨 인물이기도 하다. 이렇게 겹겹이 쌓아온 인연과 이야기가 우연과 기적이 섞인 서장을 만들어냈다. 2006년의 일이었다.

악착같은 연습과 홍보 덕에 점차 클럽어스는 인디 신에서 주목하는 핫플레이스 중 한 곳이 되었고, 이와 함께 음악 관계자들의 입에 오르내리는 일이 잦아졌다. 확실히 이들은 포지션부터 통

넘에서 비껴나 있었다. 두 대의 기타와 피아노, 그리고 디제이 박
스. 드럼과 베이스 없는 흔치 않는 구성으로 내뿜어내는 음악은
어디서도 보지 못한 영롱함이 감돌았다. 염세적이면서도 끝끝내
희망을 놓지 않는 후카세의 노랫말은 특히 발군이었다. 기타 록
의 구성에 일렉트로니카 비트, 클래시컬한 피아노 터치가 조화
를 이룬 데뷔작 《EARTH》2010는 소문만큼이나 인상적인 결과물
로 완성되어 평단과 대중이 동시에 주목했다. 2000년대 후반 인
디 신에 꽤나 큰 영향력을 미치고 있던 그들이 비로소 본격적인
스테이지에 등장하는 순간이었다.

이후 순조롭게 《トイズファクトリー(Toy's Factory)》와 메이저
계약을 체결하고 곧바로 3개월만에 부도칸 공연을 개최했다. 메
이저 첫 싱글 〈スターライトパレード(Starlight parade)〉2011 역시
좋은 반응을 얻으며 순조로운 발걸음을 이어나가게 된다. 그러
던 그들은 〈眠り姫(잠자는 공주)〉2012와 〈RPG〉2013가 대히트하
면서 단숨에 전국구로 거듭났다. 지금껏 이어왔던 록적인 취향
을 배제하고, 대신 마칭밴드의 웅장함을 도입한 두 곡은 그야말
로 급격한 터닝 포인트였다.

첫 정규작 《ENTERTAINMENT》2011
가 20만 장이 넘는 판매고를 기록하며
확실하게 입지를 구축할 수 있게 했
다. 무엇보다 이례적이었던 것은, 장
르의 팬들로 수요가 한정되던 다른 록
밴드들과 달리, 태생을 극복하고 '일

반인'도 알아보는 국민스타 반열에 오르게 되었다는 사실이었
다. 여기에 기존의 '제프 → 홀 → 아레나 → 돔'으로 이어지는 투

어의 정석이라는 기존 흐름을 거부하고, 스스로 모든 것을 기획
해 자신들만의 판타지를 현실화 시킨 페스티벌《炎と森のカ
ーニバル(불꽃과 숲의 카니발) in 2013》로 정체성을 더욱 명확히

했다. 6만 명을 동원하며 대성공을 거
둔 이 축제는 그야말로 '세카이오와 월
드'의 절정이었다. 이렇게 여러 이야
기들을 다시 한 번 쌓아올려 완성한
두 번째 앨범《Tree》2015는 하프밀리
언에 가까운 성과를 올렸다. 이는 요
즘 같은 불황에서 록밴드로는 꿈꾸기
힘든 수치이기도 하다.

이들의 성공요인은 명확하다. '스스로 모든 것을 만들어낸다'는
명제 하에서 생겨나는 그 독자성이 많은 이의 시선과 청각을 붙
들었다는 점이다. 단순한 퍼포머에서 벗어나 송라이터와 엔지니
어, 앨범의 콘셉트, 앨범 커버아트 및 의상디자인 등을 총괄하는
아트 디렉터, 뮤직비디오와 라이브 무대 및 공연의 모든 것을 도
맡는 무대 연출가를 포함해, 활동에 필요한 모든 기획과 창작을
네 명이 주체적으로 소화해내고 있다. 어느 정도 정해진 길을 걸
어가는 이들과 달리 남들이 흉내 내지 못하는 것들을 착실히 구
현시켜 온 것이 바로 지금의 세카이 노 오와리인 것이다.

또한 이들의 캐릭터와 여러 에피소드에서 파생되는 가십이 대
중의 관심사로 이어진 것도 한 몫 했다. 많은 뒷이야기를 미디어
를 통해 발설했고, 그것이 한데 모여 많은 이의 관심을 유발했다.
본격적인 지명도 상승의 시작이었다. 그렇게 호기심을 가진 이들
이 음악으로 그 발걸음을 옮겼을 것이고, 그 음악에서 많은 동질

감과 공감대를 느끼며 완벽히 그 세계로 편입되어간다. 이것이 일반인에서 세카오와 지지자로 변하게 되는 과정이다.

그렇기에 결국 이들에게 중요한 것은 '어떤 음악을 하느냐'가 아닌 '(메시지를 전달하기 위해) 어떤 소리를 내야 하느냐'다. 공간감을 살리기 위해 클래식 홀에서 녹음을 한다던가, 피에로가 부리는 묘기의 긴장감을 극대화하기 위해 후카세의 심장 소리를 비트로 쓰는 등, 적확한 소리를 찾아내기 위한 실험이 이어진다. '가사'에 맞는 요소들을 구현하려는 집념, 그것이 바로 '無레퍼런스' 음악을 탄생시키는 요인인 것이다.

이러한 스타를 만들어내는 것이 바로 일본 음악계와 미디어 간의 독특한 관계성이다. 음악만으로는 성공할 수 없는 시대에 접어들면서 뮤지션들은 그 음악을 어떻게 전파할 것인지에 대한 '방법론'에 골몰하기 시작했는데, 고민 끝에 찾아낸 그들의 해법을 대중에게 정확히 전달하는 것이 최근 일본 대중음악 신에서 '미디어'가 가지는 역할이다. 세카이 노 오와리는 이런 경향의 최대 수혜자다. 각종 매체가 자신이 원하는 방향으로 대중에게 노출될 수 있는 기회를 수없이 제공해주었기 때문이다. 뮤지션과 미디어 사이의 디테일한 상호협력이 없다면 스타탄생 역시 불가능한 시기로 돌입했다는 증거를 이들의 커리어 안에서 명확히 찾을 수 있다.

좀처럼 눈에 띄는 신인이 나타나지 않는 일본 음악 신에서 이들의 존재감은 단연 돋보인다. 그리고 자세히 그 과정을 들여다보면, 지금 열도의 메인스트림은 어떻게 활로를 찾는가, 전세계 뮤직비즈니스의 침체를 어떤 식으로 벗어나려 하는가에 대한 굉장히 흥미로운 대답을 얻을 수 있다. 이들은 자신의 시대를 기다려왔던 아티스트이면서 시대가 그토록 찾아 헤맸던 제이팝 신의 영웅이기도 하다. '결핍'이 만들어낸 절망적인 세상에서 '평범함'이라는 환상을 찾아 헤매는 이들의 여정은 앞서 이야기했던 조력자들과 함께 더욱 거대한 지도를 그려나갈 것이다. 이들의 가상세계는 점점 현실이라는 이름으로 그 반경을 넓히고 있다.

Ø 멤버
나카모토 스즈카(SU-METAL. 1997~)
미즈노 유이(YUIMETAL. 1999~)
기쿠치 모아(MOAMETAL. 1999~)

전 세계를 뒤흔들고 있는
메탈 아이돌

|추천앨범|

《BABYMETAL》

2014

메탈과 아이돌의 조합이라는 과제를 음악적으로 완벽히 현실화시킨 문제작.
저음 리프로 일관하는 전주의 묵직함을 후렴의 밝은 분위기가 배반하는
〈ギミチョコ!!(Give me choco!!)〉, 살벌한 킥드럼과 신스 음을 중심에 놓고
일본의 전통 악기와 선율을 사용해 이국적인 매력을 한껏 끌어낸 〈メギツネ
(암여우)〉, 정통 멜로딕 스피드 메탈을 깔아놓고 "이지메는 안돼!"라고 외치는
〈イジメ, ダメ, ゼッタイ(이지메, 안돼, 절대)〉까지, 골수 메탈 팬들의 편견과
우려를 불식시킨, 헤비니스 음악에 대한 고정관념을 단숨에 깨부수는 작품이다.

세계의 메탈 팬들이 세 소녀의 노래와 퍼포먼스에 열광하고 있다. '메탈과 아이돌의 융합'이라는 기획 하에 탄생한 이 팀은 어느덧 자국을 뛰어넘어 세계적인 인지도를 가진 그룹으로 성장했다. 일본 로컬문화의 DNA가 낳은 돌연변이, 또는 세계 유일의 메탈 아이돌. 최근 주목을 한 몸에 받는 베비메탈의 활약상은, 한류와는 또 다른 아시아권 문화의 세계 진출 유형을 보여준다는 점에서 주의 깊게 살펴볼 필요가 있다.

나카모토 스즈카, 미즈노 유이, 기쿠치 모아. 사쿠라가쿠인(さくら学院)의 멤버였던 그들이 각각 SU-METAL, YUIMETAL, MOAMETAL이라는 이름으로 유닛을 결성한 것이 2010년. 당시만 해도 본체에서 파생된 여러 유닛 중 하나에 불과했고, 콘셉트 특성상 지나가던 사람의 눈길을 잠시 붙들 뿐이었다. 이런 상황에서 발표한 데뷔곡 〈ド·キ·ド·キ☆モーニング(두근두근 Morning)〉은 야심찬 기획을 받쳐주지 못한 범작이었다. 물론 금속성 기타 리프와 아이돌 뮤직의 만남은 생소하면서도 신기했으나, 메탈 팬들에게 이 어설픈 만남이 받아들여질 리 만무했다. 그 와중에 독특한 색채의 뮤직비디오가 세계로 퍼져나가며 소수의 마니아 층을 만들어냈다.

팀 컬러에 메탈을 본격적으로 각인시킨 것은 바로 두 번째 싱글 〈ヘドバンギャー!!(Headbanger!!)〉2012부터였다. 이 곡으로 밝은 기조를 배제하고 사운드도 완전한 밴드편성으로 전환하며 장르 팬들에게 흥미를 유발시켰다. 본격적으로 시동이 걸린 것은 바로 멜로딕 스피드 메탈 반주에 맞춰 왕따 근절을 노래하는 메이저 진출작 〈イジメ,ダメ,ゼッタイ(이지메, 안돼, 절대)〉2013. 이들을 쉽게 받아들이지 못하던 음악 팬들도 곡 자체의 높은 완성도, 몸 사리지 않는 YUIMETAL과 MOAMETAL의 안무, 강한 음압을 뚫고 나오는 청명한 SU-METAL의 삼위일체에 탄복하기에 이르렀다. 오리콘 위클리 6위라는 성적은 새로운 개념의 록스타가 출현했음을 알리는 신호탄이었다. 이런 반응을 놓칠세라 여러 록 페스티벌의 러브콜이 이어져 《METROCK 2013》과 《Rock in Japan 2013》에 출연하며 대중의 눈도장을 찍었다. 이 기세를 타 MR을 틀고 에어밴드를 세워놓던 이전과 달리 전문 세션을 기용해 100% 라이브로 무대를 소화해내기 시작했다. 또한 일본 특유의 정서를 삽입한 두 번째 싱글 〈メギツネ(암여우)〉 역시 호평을 받으며 정상권으로 쭉쭉 발돋움해 나갔다. 또한 월드스타들이 즐비한 《SUMMER SONIC 2013》과 가장 헤비한 성향으로 인해 출연 자체에 많은 이가 우려를 표했던 《LOUD PARK 2013》까지 출장을 완수하며 2013년을 완벽한 한 해로 갈무리했다.

재미있는 것은 이들의 이름이 조금씩 세계에 알려지고 있다는 사실이었다. 인터넷을 통한 전파력 덕분이었겠지만, 무엇보다 이들을 신기하게, 또는 기특하게 여긴 여러 해외 뮤지션들의 적극적인 SNS 활동 덕분이

기도 했다. 세계 유수의 장르 아티스트들과 찍은 사진들이 업로드되며 많은 사람의 관심을 사기 시작했다. 그 영향인지 2013년 12월과 2014년 2월에 각각 싱가포르와 대만에서 라이브를 개최했고, 4월에는 여성 아티스트로서는 역대 최연소로 부도칸 공연을 개최하며 각계에서 주목하는 빅네임으로 거듭났다.

〈ギミチョコ!!(Give me choco!!)〉를 필두로 발표한 첫 정규작 《BABYMETAL》2014은 오리콘 위클리 차트 4위와 함께 아이튠즈 앨범차트에서도 선전해 범세계적인 인지도를 재확인했으며, 본격적으로 대륙을 향한 항해의 닻을 올리게 해주었다. 영국 최대 페스티벌 중 하나인 《Sonisphere》를 포함한 세계투어를 실시, 프랑스와 독일, 미국, 캐나다 등지에서 열렬한 환호를 이끌어냈다. 기세를 이어 2015년에는 멕시코, 스위스, 이탈리아, 오스트리아 등 훨씬 넓은 지역까지 커버했다. 그야말로 일본음악이 일궈낸 세계진출사에 대표적인 케이스로 추가해도 무리가 없을 대활약이었다. 2016년 역시 웸블리 아레나 단독공연을 시작으로, 자국과 세계의 페스티벌을 오가며 여름을 뜨겁게 달군 후 도쿄돔에서 투어의 마지막을 화려하게 장식할 예정이다.

베비메탈은 일본 로컬문화의 세계 진출 사례이다. 최근 원 오크 록(ONE OK ROCK)이나 맨 위드 어 미션(MAN WITH A MISSION)의 해외 레이블 계약을 통한 현지화가 아닌, 정확히 반세기전 빌보드 넘버원의 기적을 일구어냈던 사카모토 큐(坂本九)의 사례와 동일선상에 놓아야 한다는 이야기다. 너무 자국지향적이라 더 이상 바깥에 영향을 줄 수 없을 것이라 생각했던 그 문화가, 도리어 내수의 힘을 입어 하나의 콘텐츠로 완성되어 각국에 퍼져나가고 있는 중이다.

메탈과 아이돌의 융합이라는 콘셉트에 투자해줄 수 있는 서포터의 존재 유무, 이를 뒷받침해줄 수 있는 프로듀서와 스태프, 어떤 기획이든 잘만 만져지면 어느 정도

수입이 보장되는 자국의 수요. 이를 거쳐 탄생된 베비메탈이라는 브랜드는, 오랜 시간 인터넷이나 방송을 통해 노출되어온 일본 아이돌 및 재패니메이션의 영상으로 인해 그 장벽이 낮아진 틈을 타 완벽히 전세계 대중의 기호를 파고들었다. 음악적 갈라파고스라는 평까지 들었던 일본의 문화가 현지화를 배제하고도 수많은 지역, 특히 서구 대중의 이목을 집중하게 만들었다는 사실. 이것이 무국적을 지향해온 한류와 대비되는 지점에 있다는 것은 분명한 사실이다.

'메탈인가 아닌가'에 대한 논쟁부터 시작해 '장르의 정통성을 교묘하게 이용한 상업적 작품'이라는 비난까지, 지금 시점에서도 이 그룹에 대한 논란은 현재진행형이다. 그렇지만 팀에게 쏟아지는 수많은 환호는, 이제 음악에서 엔터테인먼트의 비중이 그만큼 커졌음을 증명해주는 요소다. 누구도 맛보지 못한 즐거움을 선점하고픈 욕구가 탄생시킨 새로운 영웅. 베비메탈은 이제 단순히 붐이라고 하기엔 부족할 정도로, 시대에 가장 부합하는 흐름을 만들어내고 있는 중이다.

appendix

1 일본의 싱글 / 앨범 시스템 ___________________

싱글/앨범의 구분

싱글이라 함은 주력으로 홍보할 한두곡만 담아 판매하는 매체이다. 일본은 이 싱글시장이 특히 발달해 있다. 대부분 싱글을 통해 프로모션을 진행하며, 어느 정도 싱글이 쌓인 후 앨범을 내는 형태를 취하고 있다. 더불어 몇 주씩 같은 곡으로 음악방송에 출연하는 우리나라와 달리, 싱글 발표에 맞춰 한 번만 출연하는 것도 눈여겨볼만한 차이점이다. 때문에 일본의 신곡 순환 주기는 굉장히 빠른 편이다.

앨범에는 전작 발표 이후 공개한 싱글(들)을 수록하는 게 일반적이다. 여기서도 '앨범은 모두 신곡'이라는 인식이 강한 우리나라와 다른 점을 보여준다. 제이팝을 처음 접하는 이가 앨범을 사고 나서 "전에 발표했던 곡을 또 수록했다"며 불만을 토로하는 것은 이런 인식 차이에서 나온다고 볼 수 있다.

앨범을 완성한 후 타이밍에 맞춰 수록곡에서 싱글을 리컷하는 경향이 강한 미국 시스템과 비교해도 약간 다르다. 이는 앞서 언급했듯 대부분 '선 싱글 후 앨범'의 구조를 띄고 있으며, 싱글이 앨범 작업과 별개로 진행되는 경우가 많기 때문이다. 때문에 전체 콘셉트에 맞지 않는다는 이유로 앨범과 앨범 사이에 발표했던 싱글을 이후 앨범에 수록하지 않는 경우도 존재한다. 물론 별다른 싱글 발매 없이 앨범으로만 활동하는 뮤지션도 있다.

주요 일본음악 커뮤니티에서는 싱글 판매는 저조한데 앨범이 잘 팔리는 가수를 '앨범형 가수', 싱글은 잘 팔리는데 앨범 판매는 저조한 가수를 '싱글형 가수'라 지칭하기도 한다. 가격대는 싱글의 경우 약 1000엔, 앨범의 경우는 약 3000엔 정도.

A면 / B면의 차이

아날로그 매체인 LP는 양면을 모두 기록할 수 있다. 이를 A면과 B면으로 나누고 A면에는 주력으로 미는 프로모션 곡을, B면에는 상업성에서 약간 비껴나 있거나 기존 성향과 다른 마니악한 노래를 싣는 것이 일반적이었다.

이것이 CD로 주력 매체가 바뀌면서 A/B 양면 구분이 무의미해졌다. 이로 인해 B면은 '커플링곡'이라는 용어로 대체되어 지금까지 사용하고 있다. 물론 항상 첫 번째 트랙이 타이틀 곡, 두 번째 트랙이 커플링 곡이지는 않다. 그 반대인 경우도 있고, 커플링곡이 더 많은 인기를 모을 때는 A면으로 격상되어 재발매되기도 한다.

보통 앨범에 싣는 곡은 A면곡이며, 작품의 콘셉트 상 필요하거나 A면만큼 반응을 얻었을 경우 함께 수록할 때도 종종 있다. 인기 뮤지션의 경우 마니아들을 위한 커플링 베스트 앨범은 거의 필수코스에 가까운데, 이것을 들어보면 기존에 알고 있던 아티스트의 색깔과 많은 차이가 있다는 걸 느낄 수 있다. 아무래도 커플링 곡은 상업적 제약에서 비교적 자유롭기 때문에, 아티스트의 또다른 매력을 느낄 수 있는 창구가 되기도 한다.

가끔 '양 A면(Double A Side)'이라는 표현을 사용할 때도 있는데, 이는 수록한 두 트랙 모두를 타이틀 곡으로 삼고 있다는 걸 나타낸다. 이 경우 두 곡 모두 앨범에 실릴 확률이 높으며, 대개 타이업된 경우가 많다. 이와 같은 예외적 경우 때문에 트리플 A면이나 콰트로 A면도 간혹 발매되기도 한다. 이런 경우, 3곡이나 4곡 모두 프로모션 하는 사례로 보면 된다. 극히 드문 예이긴 하지만, 미스터 칠드런(Mr. Children)의 《4 dimension》이나 에브리 리틀 씽(Every Little Thing)의 《4 Ballard》 등 유명 아티스트의 작품에서도 간혹 이런 경우 경우를 확인할 수 있다.

대여점 활성화 및 음원 체제로 전환

일본의 음반판매량이 쉽사리 줄어들지 않는 이유는 '음반은 소장하는 것'이라 여기는 콜렉터 문화가 아직까지 일본 대중에게 존재하기 때문이다. 여기에 디지털 음원 발매를 거부하는 일부 아티스트들의 보수적 행보도 연관되어 있다. 그래도 최근에는 시대의 흐름에 맞춰 보다 많은 뮤지션이 디지털 싱글을 발표하고 아이튠스에 공개하는 등 온라인 프로모션에 적극 참여하고 있다. 레코쵸쿠(レコチョク)를 비롯한 음원 차트를 통해 니시노 카나(西野 カナ)나 스파이스 초콜렛(Spice Chocolate), 소나 포켓(Sonar Pocket) 같은 오리콘 차트와 또 다른 음악 트렌드를 주도하는 뮤지션들이 등장해 일본인이 즐길 수 있는 음악 통로도 다양해지고 있는 중이다. 참고로 일본의 디지털 음원 가격은 한 곡에 250엔, 한국 돈으로 치면 대략 2500원 격. (250원이 아니다! 25원은 더더욱 아니다!)

일본 대중음악에서 공연은 굉장히 큰 부분을 차지하고 있다. 록 밴드는 음악 특성상 그렇다 하
더라도, 다른 장르의 수많은 가수 역시 인지도를 높이기 위해 라이브를 적극 활용하는 경향을
보인다. 대형 기획사의 아티스트 데뷔 무대를 소규모 라이브하우스에서 갖는 경우도 많으며,
갓 데뷔한 인디즈 뮤지션은 노상에서 펼치는 스트리트 라이브를 주된 활로로 삼는다. 요즘은
콘서트를 주력 프로모션으로 내세우는 '공연형 아이돌'이 대세를 이루고 있는 상황. 그만큼
잘 발달한 공연문화야말로 일본 음악 신의 가장 큰 장점이라 할 수 있다. 일본 아티스트들의
라이브 투어는 라이브하우스(거나 제프(Zepp))에서 시작해 홀(HALL) – 아레나(ARENA) – 돔
(DOME) 투어의 단계를 밟는 것이 일반적이다.

라이브하우스 투어

　일본에는 수많은 라이브하우스가 전국에 고르게 분포되어 있는데, 막
시작한 아티스트들은 이런 곳에서 프로모션 활동을 펼치곤 한다. 어느
정도 관중 동원력이 올라왔다 싶으면 보통 제프(ZEPP)에서 공연하는 것
을 다음 목표로 잡는다. 제프는《SONY MUSIC ENTERTAINMENT》
의 자회사인《Zeppホールネットワーク(Hall Network)》에서 운영하는
라이브하우스 브랜드로, 삿포로, 도쿄, 나고야, 오사카, 후쿠오카(2016
년 5월 폐관 예정) 등의 지역에서 운영되고 있다. 이 곳들만 한바퀴 도는
것을 제프 투어라 하기도 한다. 스탠딩 기준 약 2000석 규모. 이 즈음이
면 어느 정도 인지도가 올라온 시점이라 할 수 있으며, 라이브하우스+
제프의 형태로 장기간 투어를 도는 모습도 흔하다. 이 경우 보통 제프 도
쿄(Zepp TOKYO) 혹은 제프 다이버시티(Zepp DiverCity)를 투어의 마
지막 장소로 정하곤 한다.

홀(Hall) 투어

　홀이라 함은 앞서 언급한 제프처럼 공연장 브랜드를 가리키는 것이 아
닌, 일반적인 공연장의 형태를 가리키는 용어다. 보통 클래식 공연을 주
로 개최하는 콘서트 홀보다는 여러 종류의 공연이 열리는 다목적 홀을
가리킨다. 크기도 천차만별이라《NHK 홍백가합전》이 열리는 NHK홀

(NHKホール)의 경우 약 3000석 규모이지만, 나고야 가이시 홀(日本ガイシホール)은 최대 1만석, 오사카 성 홀(大阪城ホール)은 스테이지 패턴 3를 사용하면 1만 6000석까지 수용할 수 있다. 홀 투어라고 하면 대개 3000~1만석 정도의 공연장을 도는 콘서트 일정을 일컫는다. 나고야 가이시 홀이나 오사카 성 홀은 이름은 홀이어도 그 규모 때문에 보통 아레나 투어에 포함되는 경우가 많다.

아레나(Arena) 투어

홀 투어를 지나 아레나 투어를 개최할 정도가 되면 의심할 바 없는 슈퍼스타임을 공언하는 셈이다. 흔히 경사가 있는 관객석으로 둘러싸인 경기장을 일컫는 말로, 1만 3000석의 국립요요기경기장(国立代々木競技場), 1만 5000석의 마린멧세후쿠오카(マリンメッセ福岡)와 1만 7000석의 요코하마 아레나(横浜アリーナ), 2만 2500석의 사이타마 슈퍼 아레나(さいたまスーパーアリーナ) 등 기본 1만석 이상의 공연장들을 도는 투어이다. 그 크기가 크기인 만큼 한번 투어에 10만 명 이상의 관객을 기록하는 건 예사.

돔(Dome) 투어

쿄세라 돔 오사카(京セラドーム大阪, 4만 명), 후쿠오카 야후 재팬 돔(福岡 Yahoo! JAPAN ドーム, 4만 명), 나고야 돔(ナゴヤドーム, 4만 명), 삿포로 돔(札幌ドーム, 5만 명), 도쿄 돔(東京ドーム, 5만 5000명), 이렇게 다섯 곳을 도는 투어를 보통 5대 돔 투어라 일컫는다. 평소에 야구장으로 쓰는 이곳은, 초특급 아티스트들만 설 수 있는 꿈의 무대다. 가수로서 꿈꿀 수 있는 최종 목표라고 해도 지나친 말은 아니다. 어마어마한 규모로 인해 한번의 투어만으로 50만 명의 관객을 훌쩍 뛰어넘는 일도 다반사. 알기 쉽게 설명하면 잠실 주경기장에서 연속으로 6회에서 10회 정도 공연하는 규모라고 보면 된다. 일본에서도 돔 투어를 주기적으로 할 수 있는 가수는 손에 꼽을 정도이니, 그 크기를 조금이나마 짐작할 수 있을 것이다.

닛폰부도칸(日本武道館)

본래 1964년 도쿄올림픽 유도경기장으로 쓰기 위해 세운 건축물. 약 8000석 규모로 돔이나 아레나에 비하면 작지만, 라이브하우스에 비하면 제법 큰 공연장이다. 이곳에서 공연을 개최한다는 건 메이저에 안착했음을 선언함과 동시에 흥행성을 인정받는 것과 같다. 그래서 많은 뮤지션이 목표로 삼는 곳이기도 하다. 유명 아티스트라면 이곳에 서지 않은 이가 없을 정도로 상징성이 큰 공연장이다. 해외 뮤지션 또한 이곳에서 공연을 갖는 경우가 많다. 그야말로 일본 공연장계의 '성지'.

닛산 스타디움(日産スタジアム)

변경되기 전 이름은 요코하마국제종합경기장(横浜国際総合競技場). 원래 용도는 축구 및 육상경기장이었다. 추가 좌석까지 포함하면 7만 5000석이라는 압도적인 정원을 자랑한다. 이로 인해 여기서 공연한 가수들은 그야말로 '최고의 흥행성'을 자랑하는 이들이라고 할 수 있다. 비즈(B'z), 야자와 에이키치(矢沢 永吉), 미스터 칠드런(Mr.Children), AKB사단, 모모이로클로버Z(ももいろクローバーZ) 등이 오른 바 있으며, 한국 그룹으로는 동방신기가 유일하다.

국립경기장(国立競技場)

고교 축구의 성지라 부르는 곳으로, 일본 스포츠 진흥센터가 운영하고 있다. 평균 수용능력은 약 5만 명 정도이나, 이용하기에 따라서 10만석까지 가능하다. 이로 인해 2014년 라르크 앙 시엘(L'Arc-en-Ciel) 공연 당시 한번에 8만 명이 넘는 인원을 동원하기도 했다. 천연 잔디 보호 및 밤 9시 이후 소음 규제 등 심사 조건이 까다로운 데다가, 가수가 가지고 있는 흥행성 및 진흥센터 고위 위원들도 알 정도의 인지도까지 더해져야 비로소 대관할 수 있다. 2005년 스맙(SMAP)을 필두로 연간 한 팀의 아티스트만 이 무대에 오를 수 있었으나, 현재 재건축중이라 사용할 수 없다. 마지막 공연은 세카이 노 오와리(SEKAI NO OWARI), 퍼퓸(Perfume), 맨 위드 어 미션(MAN WITH A MISSION), 라르크 앙 시엘 등이 참여했던 2014년 5월 29일의 《JAPAN to the World》.

3 일본 아이돌과 한국 아이돌, 그 서로 다른 소비방식 ___________

양국 가요계에 절대적인 비중을 차지하고 있는 아이돌이지만, 그 소비 방식은 굉장히 대조적이다. 일본의 아이돌은 아마추어에 가까운 이들로 팀을 만든 후 성장에 포커스를 맞춰 대중의 감정을 이입시키는 반면, 한국의 아이돌은 긴 연습을 거쳐 확립시킨 완성도를 기반으로 평가받는 경향을 보인다.

일본에 진출한 카라와 소녀시대를 예로 들어보자. 카라의 경우, 버라이어티 출연을 통한 친숙한 이미지 구축 및 비교적 쉬운 안무 및 노래를 통한 '성장형 아이돌' 성격이 일본에서도 통용된 케이스다. 이 성장과정에서 생기는 유대감을 인기 기반으로 삼으며, 기존의 일본 아이돌들과 유사한 방향성을 가지는 스타일이라고 할 수 있다.

반면에 세련된 스타일링, 고급스러운 안무와 트렌디한 음악으로 무장한 소녀시대는 '여성들의 동경'을 에너지로 한다. '나도 저렇게 멋있어지고 싶다'는 생각을 심어준다는 것이다. 이러한 극도의 세련미는 반대로 기존 아이돌 팬들에게는 거부감으로 다가온다. 그들에게 아이돌이란 '자신이 다가갈 수 있을 정도로 수더분한' 이들이어야 하기 때문이다. 소녀시대의 일본 콘서트에서 여성을 더 찾기 쉬운 이유가 바로 여기에 있다. 즉, 카라는 로컬 아이돌에 가깝게, 소녀시대는 해외 아티스트에 가깝게 소비되고 있음을 말해주고 있는 것이다.

이를 기반으로, '팬들의 참여'를 유도해 상업적 측면을 극대화시킨 것이 바로 AKB사단의 시스템이다. 아직 미숙한 멤버들의 희로애락을 통해 연민을 느끼고, 이에 따른 정서적 동기화를 통해 누군가의 팬이 된다. 그녀를 응원하는 마음은 총선거 및 기타 행사를 매개로 한 '물질적 소비'를 거쳐 실질적인 성장의 발판이 된다는 개념. 이것이 AKB사단이 누리는 비정상적인 인기의 기반이다. 또한 악수회에 참여해 멤버들을 직접 만나 이야기할 수 있다는 점이야말로 일방향이 아닌 상호 커뮤니케이션으로 정점을 장식한다. 우리나라의 아이돌 산업도 규모가 크지만, 일본의 아이돌이야말로 기획이나 전략이 무궁무진한 극한의 엔터테인먼트라 하기에 무리가 없다.

일본 음악계에서 미디어의 힘 또한 무시할 수 없다. 본문에 자주 언급되었고, 일본 대중음악 사에서 상징적인 의미를 지니고 있는 음악 프로그램에 대한 설명을 덧붙인다.

《ザ・ヒットパレード(**더 히트 퍼레이드**)》

1959년 시작해 1970년에 막을 내린 프로그램. 재즈 뮤지션이자 식스 조스의 리더였던 와타나베 신의 〈와타나베 프로덕션〉이 후지TV의 디렉터인 스기야마 코이치가 주도해 만들었다. 음악이 안방으로 침투하는 최초의 계기를 만들어준 방송이기도 하다. 미디어와 음악의 관계성을 완전히 재정립시킨 계기가 되었으며, 이를 기점으로 1960년대의 음악 방송 및 버라이어티 방송은 와타나베 프로덕션의 독점상태로 접어들게 된다. 대부분의 무대가 팝에 일본어 가사를 붙인 커버 중심으로 진행되었다. 그 덕분에 대중이 팝과 친숙해지는 데 일조하기도 했다. 이 프로그램을 통해 일약 스타로 떠오른 것이 여성 듀오 피너츠였는데, 이들을 참고해 태어난 가수가 바로 핑크 레이디다.

《夜のヒットスタジオ(**밤의 히트 스튜디오**)》

1968년부터 1990년까지 후지TV에서 22년간 생방송으로 진행되었다. 1960년대 음악방송의 중심이었던 팝 커버 위주 콘셉트가 아닌 '자국의 음악'을 중심으로 한 프로그램이었다. 경쟁 프로그램이었던 《더 베스트 텐》에서 볼 수 없던 뉴뮤직계 아티스트나 가창파트가 없는 퓨전 밴드까지 분야를 가리지 않은 다양한 뮤지션들이 이곳에 출연하였다.

《ザ・ベストテン(**더 베스트 텐**)》

역시 생방송으로, 10위까지 순위를 발표하고 랭크인한 가수들이 무대를 꾸미는 콘셉트의 프로그램이다. 1978년부터 1989년까지 방영되었다. 방송의 백미라고 할 수 있는 순위는 음반 판매량, 유선 방송 및 라디오 방송 리퀘스트, 엽서 등을 토대로 산정했다. 출연하지 않는 가수도 발표에서 배제하지 않아 순위의 신뢰도가 매우 높았다. 때문에 당시에는 오리콘 차트보다 베스트 텐의 순위를 인기의 지표로 삼는 경우가 많았다.

《三宅裕司のいかすバンド天国(미야케 유지의 멋진 밴드 천국)》

TBS 《헤이세이메이부츠테레비(平成名物TV)》의 한 코너로 방영되었다. 방송기간은 1989년 2월부터 1990년 12월까지. 보통 이카텐(イカ天)이라 줄여부른다. 매주 10팀의 아마추어 밴드가 나와 전주의 챔피언과 경연을 벌인다는 콘셉트의 프로그램으로, 5주 연속 우승 시 그랜드 이카텐 킹이라는 호칭과 함께 메이저 데뷔라는 파격적인 조건이 따라붙었다. 심야방송인데도 평균 5%가 넘는 시청률을 기록했으며, 결정적으로 '나도 록스타가 될 수 있다'는 인식을 사람들에게 심어줌으로써 밴드 붐을 불러온 프로그램이다.

이런 신드롬에 힘입어 1990년에만 600개가 넘는 밴드가 등장했으며, 때문에 밴드 붐이 아니었으면 각광받지 않았을 이들도 많았다. 이에 여러 관계자들은 "서툰 음악이 팔리는 시대를 유도하고 있다"고 비판하기도 했다. 이런 우려처럼 비정상적인 열기는 빠르게 식어갔으며, 여기에 나왔던 수많은 밴드 중 지금까지 언급되는 이들은 비긴(begin), 블랭키 젯 시티(Blankey Jet City) 정도에 불과하다. 그만큼 거품이 많았던 트렌드이기도 했다.

《Music Station》

TV아사히에서 방송되는, 현재 일본에서 가장 대표적인 음악 프로그램이다. 1986년부터 방영되었으며, 일본의 유명 예능인 타모리가 첫 방송부터 지금까지 진행을 맡고 있다. 보통 '엠스테'라 축약해 부르는 경우가 많으며, 이 방송에 나온 후 앨범 판매량이 급증하는 것을 일컬어 '엠스테 효과'라 말하기도 한다. 일본에 내한하는 해외 아티스트들이 반드시 방문하는 필수 코스이기도 하고, 일반 대중에게 낯선 록밴드들은 뮤직 스테이션 출연이 곧 '전국구급 인지도'를 쌓을 수 있는 증표가 되기도 한다. 중간중간 짧게 펼치는 토크와 각 가수들의 성향을 고려한 무대연출이 프로그램의 가장 큰 특징이다.

　일본음악을 듣지 않더라도 오리콘 차트는 들어봤을 것이다. 음악 정보 서비스를 제공하는 오리콘에서 제공하는 이 차트는 1967년부터 제작되어 현재 일본음악 신에 절대적인 영향력을 행사하고 있는 데이터이다. 일반적으로 정해진 판매점에서 데이터를 접수받아 집계되며, CD, DVD 및 블루레이 판매량을 일간, 주간, 월간, 연간으로 구분해 발표한다. 지금도 일본의 주된 음악 매체는 음반이기 때문에, 현지에서 오리콘 차트가 갖는 위상은 가히 절대적이라고 할 수 있다. 다만, 최근 피지컬 음반 시장이 축소되면서 오리콘 차트의 권위에 의문을 제기하는 이들이 많아진 것도 사실이다.

　이는 온라인 시장의 규모가 커지면서 CD 발표 없이 음원만으로 활동하는 아티스트가 늘어나고 있으며, 이들이 사실상 일본 음악의 현재 트렌드를 주도하고 있다는 측면이 크다. 음원성적을 전혀 반영하지 않는 오리콘 차트는 결국 지금 유행하고 있는 음악이 무엇인지, 어느 아티스트가 인기를 끌고 있는지 알 수가 없다는 것이다. 음원시장에서는 상위권에 올라 있어도 오리콘 차트에는 100위권에도 들지 못하는 등 둘 사이에 현저한 괴리가 있다. 최신 인기곡을 알기 위해 레코초쿠(レコチョク)나 유선방송 기업 유센(USEN)의 리퀘스트 차트를 참고하는 것이 더 효과적이라 할 수 있을 정도다.

　또한 아이돌의 상업적인 판매전략이 극에 달하면서 오리콘 차트가 마니아들에게만 유효한 차트가 되어버렸다는 것도 문제이다. 현재 AKB 그룹이 발표하는 싱글의 경우 한 주에만 50만 장에서 때로는 100만 장에 가까운 판매량을 보여주곤 하지만, 악수권 및 투표권으로 인한 뻥튀기 매상일 뿐 대중의 인지도와 전혀 연결되지 않고 있다는 것이 이를 말해준다. 그들 외에 아라시(嵐)를 비롯한 자니스나 엑자일(EXILE) 사단 등이 오리콘 차트의 상위권을 점령하고 있지만 이들의 노래가 좀처럼 부각되지 않는다. 그 이유는 CD가 그저 코어 팬들을 위한 '수집 목록'에 그치고 있기 때문이다. 보통 이들은 첫 주 판매량이 전체의 80% 이상을 차지할 정도이며, 실제로 '살 사람이 정해져' 있는 동시에 '살 사람만 사는' 아이템에 머물러 있다.

오리콘이 예전의 권위를 되찾기 위해서 빌보드 차트나 UK 차트처럼 에어플레이나 디지털 음원, 심지어 유튜브 조회수까지 포함시켜 모두가 납득할 만한 순위를 만드는 데에 초점을 맞추어야 한다. 하지만 아직까지 디지털 음원 발표에 소극적인 아티스트나 소속사들이 많고, 심지어 몇몇 레이블은 뮤직비디오 또한 자국에서만 볼 수 있게 락을 걸어놓는 등 폐쇄적인 애티튜드를 고집하고 있는 시장이기에, 개선이 그렇게 간단하지는 않을 듯하다.

6 인디즈와 메이저 ________________

인디와 언더그라운드의 개념이 뒤섞이며 그 의미가 다소 애매해진 한국처럼, 일본의 '인디즈' 역시 정확히 그 범위를 규정짓기 어렵다. 한 가지 확실한 것은, 한국에서는 인디가 '상업성보다 음악 본질을 추구하는 집단'에 가깝다면, 일본에서 인디는 상당부분 '메이저로 가는 교두보' 역할을 수행하고 있다는 사실이다. 즉, 인디 신에서 높은 인기를 누리는 밴드나 관계자가 보았을 때 가능성이 보이는 팀들은 메이저 레이블과 계약하는 것이 일반적이며, 이 전에 몇 장의 앨범을 발표했더라도 이후 공개하는 첫 작품에는 '메이저 데뷔'라는 수식어가 붙게 된다. 이처럼 인디에서 메이저로 자연스레 그 흐름이 이어지는 시장이기 때문에, 음악 스타일에서 우리나라만큼 극과 극의 양상을 보이지는 않는다. 물론 이는 메이저에 적합한 인디즈 아티스트들의 노출 빈도수가 현저히 많기 때문이기도 하다.

활동의 이점 때문에 인디즈 활동을 지속하는 팀들도 있다. 이는 언더그라운드에서 활동하더라도 작품만 좋다면 메이저 작품들의 매상을 능가하는 일이 가능한 환경 덕분이다. 앨범 《MESSAGE》로 280만 장이라

는 판매기록을 세운 펑크밴드 몽골800(MONGOL800)을 비롯해 엘레가든(ELLEGARDEN), 에이치와이(HY), 데프 테크(Def Tech), 최근의 골덴 봄버(ゴールデンボンバー)에 이르기까지 인디즈 활동을 고수하는 이들도 있다.

상황이 이렇다보니 자본 및 유통 측면에서 메이저와 연관을 맺고 있는 인디 레이블 또한 다수 존재한다. 이 연결고리를 매개로 자사 아티스트들의 상품성을 시험하려는 의도 하에 먼저 인디즈 데뷔를 시키는 경우도 많다. 인디즈 붐의 시초가 엑스 재팬(X JAPAN)의 메이저 레이블 계약을 목표로 설립했던 요시키의 《Extacy Records》였다는 점만 봐도, 의욕과 실력이 있다면 언제든 메이저 진출이 가능한 상업적 연관관계를 바탕에 두고 있다는 점이 바로 일본 인디즈의 가장 큰 특징이라 할 수 있다.